各界對《手勢心理學》的讚賞

「手勢無處不在，但我們經常沒有好好了解手勢有多重要。在這本書中，蘇珊·戈爾丁－梅多說明手勢如何與語言形成重要的平行關係，為我們提供一個獨特的窗口，了解自己的想法。《手勢心理學》揭露人類交流中隱匿未見的角度。」

——卡蘿·杜維克，《心態致勝：全新成功心理學》作者

「蘇珊·戈爾丁－梅多對手勢進行精彩研究，擴展我們對語言的認識。在這本書中，她說明手勢的本質，以及手勢跟語言交流之間的密切關係。《手勢心理學》包含了豐富的資訊和洞見。」

——史迪芬·平克，《語言本能：探索人類語言進化的奧秘》作者

「蘇珊·戈爾丁－梅多一次又一次地以獨闢蹊徑的研究發現，讓科學界大吃一驚。現在，她寫出一部傑作，讓世界各地的人也能從中獲益。《手勢心理學》是很少見的書，不僅讀起來很有趣、充滿有用資訊，而且還會改變讀者對自己和其他人的看法。任何曾經用手勢來表達想法或見過其他人比手勢的人，也就是所有人，都應該讀讀這本書。」

——伊森·克洛斯，暢銷書
《強大內心的自我對話習慣：緊張下維持專注，混亂中清楚思考，
身陷困難不被負面情緒拖垮，任何時刻都發揮高水準表現》作者

「現代人優遊於文字之海中，這些文字包括書面與口語的文字。蘇珊·戈爾丁－梅多揭露人類的交流，只是在交流之海底部更深層的洋流。她的書引人入勝，帶著讀者探索手勢如何影響我們的學習方式，以及我們該如何與他人互動等，甚至我們如何想像與創造。雖然《手勢心理學》是由重新塑立手勢研究領域的學者所寫的書，但好讀易懂，會讓讀者非常享受。」

——安妮·墨菲·保羅，《在大腦外思考：各領域專家如何運用身體、環境、人際關係，打破只靠大腦思考、決策、學習、記憶的侷限》作者

「這本引人入勝的書會讓你開始觀察他人的手——也會開始留意自己的手勢。你會對語言和交流的本質開始有不同的看法，也會用不同的方式來看待手勢如何以各種不同方式改變我們自己和他人的思想。」

——芭芭拉·特沃斯基，
《行動改造大腦：行為如何形塑我們的思考》作者

「《手勢心理學》用激勵人心的方式，概括地讓我們看到作者窮盡一生的研究。對人類這個物種來說，是某個至關重要的行為。蘇珊·戈爾丁－梅多以幽默又謙遜的態度，引領我們了解手勢的內部運作，看到科學家努力不懈地嘗試要理解人類手勢。她利用大量發人深省的例子，使她的解釋豐富又詳細，揭露我們的手如何幫助我們思考、如何傳達藏在我們內心深處，但未說出口的資訊；她同時也說明手勢可以幫助我們了解語言的演變；了解手勢可以幫助我們成為更好的父母、醫生和老師。這本書通俗易懂、令人大開眼界，引人入勝，而且作者毫無疑問是手勢研究領域最知名的權威。」

——西門·M·柯比，愛丁堡大學語言進化學系主任

「《手勢心理學》用很迷人的角度深入探討兒童和成年人比手勢的普遍現象。手勢是人類交流過程中至關重要的一部分，而這本書用很精彩又有趣的方式讓讀者進一步了解手勢。強烈推薦。」

——亨利·L·羅迪格三世，聖路易斯華盛頓大學
詹姆斯·S·麥克道奈爾傑出教授

「幼兒還不會語言的時候，就會利用手勢進行豐富的交流。習得語言後，幼兒的手勢會擔負新的功能——不僅幫助交流，還能支持思考。蘇珊·戈爾丁－梅多的新書，以她自己的研究做為主要的基礎，用睿智又有趣的方式，講述手勢的故事。」

——邁克爾·托馬塞羅，杜克大學

手勢心理學

我們為什麼會比手勢？
切勿讓手勢出賣你真實的內心！

蘇珊・戈爾丁－梅多
（SUSAN GOLDIN-MEADOW）
著

李姿瑩、高梓侑
譯

晨星出版

謹此以最深刻的愛與尊敬
把這本書獻給我已故的丈夫比爾

你是我見過最會比手勢的人、
也是我最關愛的丈夫、父親、好友、教練、教師、導師和醫師。
謝謝你一直擔任我們這個恆久團隊的另一半。

蘇珊‧戈爾丁－梅多的其他著作

《聆聽手勢：
我們的手如何幫助我們思考》

《靈活的語言：
聾人兒童自創的手勢如何幫助我們
了解所有兒童如何學習語言》

《腦中的語言：
語言和思想研究的進展》

《語言中的手勢：
一生的發展》

目 錄

導論

研究手勢的旅程

在影集《皇冠》第四季中,即將成為黛安娜王妃的黛安娜女勳爵上了一堂皇室禮儀的速成課,課程中教到在對談時,要如何使用(或不要使用)自己的手勢。黛安娜的老師居然用繩子把她的手綁起來,告訴她「手勢會曝露我們的想法,包括我們是不是很焦慮、不安或生氣,所以最好不要露出破綻,我們絕對不能洩漏自己的情緒。」黛安娜的老師跟大多數的人一樣,相信手勢會透露出情緒。[1]

我同意這位老師的說法。有很多針對非語言行為進行的研究顯示,手勢會洩漏你的情緒,但手勢傳達的訊息可不僅如此。手勢還可以透露你的想法,不僅可以告訴所有人你在生氣,還可以透露出讓你生氣的事情跟理由是什麼。而且就像下面這個例子一樣,手勢透露出來的想法,不一定會在你的話語中出現。

有一天,澳洲昆士蘭一位母語為辜古依密舍語(Guugu Yimithirr)的人出海釣魚,但他的船往西邊翻覆過去。他回到岸上後,跟一群旁觀者講述這個可怕的經歷,說自己的船翻了,一邊講,卻一邊比出從自己身體往前的翻滾動作。那時

候，他剛好面向西方，所以翻覆的手勢就變成由東往西翻。兩年後，在另一個場合，大家叫他再把這個故事講一遍，但這一次，他人是面向北方而不是西方。這一次，他又做了翻過去的動作，不過他比的方向變成是由右往左。換句話說，雖然動作有點不自然，但他手勢比的方向仍然是由東往西。這個講者從來都沒有明確的「**說**」自己的船是由東朝西**翻覆**，但其實也不用特別說出口——他的手已經替他講出來了。[2]

　　這本書主要會談我們在說話時，雙手會出現的動作——也就是**手勢**，以及這些動作背後所代表的想法。禮儀專家艾蜜麗·普斯特（Emily Post）說，如果要成為善於對談的人，我們可以用手來強調重點，但手勢過多則會讓人無法專注。她認為說話時應該要有適度的手勢，但所謂的適度是要符合禮儀，而不是看你想要說什麼內容。我認為艾蜜麗·普斯特對手勢的想法有誤——手勢應該是由你的想法和你想傳達的內容來決定，而不是由禮儀決定。[3]

　　要傳達想法，其中一個方式就是用嘴巴說出口，另一種方式則是用文字寫出來。事實上，大多數的人都認為語言是思想的基礎，有些人甚至認為，思想的先決條件是語言——習語前（Pre-Linguistic）的兒童沒有辦法思考，沒有語言的動物也是如此。我們認為，語言是一種媒介，讓我們可以彼此理解或誤解。如果你曾經想過自己孩子的成長算快還是慢，學生是否真的能夠理解你教授的內容，或是同事是否真的同意你的提案，那你很有可能只專注聽他們「**說**」了什麼。不過，我們之後就

會發現，孩子的手勢可以告訴我們，他們的發展是否屬於正常，學生的手勢會告訴我們他有沒有聽懂，同事的手勢會透露他們不想說出口（或自己也沒意識到）的想法。語言只是了解某個人的想法的其中一扇窗，而且這扇窗不一定是最適合的那一扇。不管是口語或手語，語言都是有規則的系統，會將訊息包裝在不同的範疇中。手勢呈現的是比較不離散、比較圖像化的語言形式。因此，手勢可以補充，同時我認為手勢也處於大腦中比較有利的位置。

　　我在書中要強調的重點是隱藏在雙手中的想法。你可能有這些想法，卻沒有意識到。會讓你很驚訝（或很擔心）的是你這些想法會從你的雙手透露出來，所以大家都會看到——每個人都有辦法讀出你雙手想傳達的想法。這也表示我們說話時，檯面下其實還進行著另一場我們沒有意識到的對話。如果我們想要好好的與他人溝通，或甚至是和自己溝通，就要了解雙手的種種舉措。

　　我也認為，只把語言當作溝通的基礎是錯誤的想法，這樣的想法對思維的運作還不夠了解，也因此阻礙我們可以完整了解其他人和自己的能力。五十多年來，我都在研究大家的手勢，以及為什麼會比手勢。我得到的結論是手勢不僅會透露我們對自己、聽眾及彼此間對話的態度與感受，手勢本身也會成為對話的一部分。黛安娜的老師把她的手綁起來，不只阻止黛安娜洩漏自己的情感，也讓她沒有辦法傳達自己的想法。

　　我們來看一個美國全國大學體育協會（NCAA）一級籃球

錦標賽「瘋狂三月」的例子吧。2022年3月20號，岡薩加大學
（Gonzaga University）對上曼菲斯（Memphis University）大學。
上半場比賽尾聲，岡薩加大學分數落後，隊上球員德魯·提姆
（Drew Timme）被判投籃犯規。德魯的教練馬克·費（Mark
Few）眉頭深鎖，讓人看出他的不悅，這個臉部動作洩漏了他
的情緒。不過他的手勢——他伸手指著計分板上，正在重播先
前犯規動作的大螢幕——讓他真正陷入大麻煩。或許大家都看
得出他在生氣，但教練指著大螢幕的動作，加上他對被叫犯規
的不滿情緒，讓體育館內每個人都知道，他覺得犯規判決有
誤。這個手勢導致他被判技術犯規，讓曼菲斯大學獲得額外的
罰球機會，也讓岡薩加大學的比數落後更多。規則分析師兼退
休裁判基因·斯特拉圖爾（Gene Steratore）就說：「你本來就
預期會有口頭抗議……可是你如果開始指東指西，開始出現手
勢和身體上的動作，呈現出來的肢體動作絕對不會對比賽有幫
助。」你的手勢會說出你的想法——就算你明知道不要說出來
比較好。

　　但為什麼我們明明已經有語言可以講話，還要比手勢呢？
要回答這個問題，我們就要先稍微了解一下大腦的運作方式。
想像一下，在一個所有語言形式（口語、手語或文字）都消失
不見，而且大家對這些語言形式的認知也全部消失，可是其他
事物都維持不變的世界。如果你要在這樣的世界生活，你會繼
續思考，但你卻無法用自己的語言來思考和溝通。這樣一來，
你要怎麼傳達自己的想法呢？

　　這件事情聽起來好像是很難執行的測試，但我的研究探索了更極端的情況。如果你從來沒有接觸過任何語言，你會和人溝通嗎？如果會的話，你的溝通方式會是什麼模樣呢？當然，從道德倫理上，我們不能剝奪孩童的語言輸入。但是，我們可以利用一個我們稱為「**自然實驗**」的方式——也就是孩子出於一些複雜的因素**沒有接觸**過語言的狀況。像是，當一個孩子的聽力受損很嚴重，聽不到聲音，因此沒有辦法學習跟聽力正常的家長用來溝通的口語語言。如果這個孩子沒有接觸過手語，孩子就缺乏有用的語言輸入，那這個孩子會與人溝通嗎？

　　我從早年在史密斯學院（Smith College）就讀大學時，就開始思考這個問題。史密斯學院位於美國麻薩諸塞州的北安普敦，跟克拉克啟聰學校（Clark School for the Deaf）位於同一條路。克拉克啟聰學校從過去到現在，都是專門訓練聾人兒童學習與理解口語的一流學校。經過一段時間，聽障教育的領域逐漸意識到，並非所有的聾人兒童都能培養口語能力，所以學校現在開始嘗試辨識哪些學生比較有可能學會口語。但是當我還是附近的大學生時，許多就讀克拉克啟聰學校的聾人兒童都無法學會口語。我在老師看不到的地方，確認了相關傳言。傳言說，在課堂上學習口語有困難的孩子，還是有辦法和其他人溝通——用手。即使孩子沒有接觸到對他們有用的語言輸入，他們還是可以，用手溝通。下一個問題則是，這種溝通方式與世界各地使用的語言是不是有充分的共同特徵，是否可以將其視為一種獨立的語言。

　　大學時期見到的一切,讓我決定到賓夕法尼亞大學（University of Pennsylvania,簡稱賓州大學）攻讀語言及語言發展研究所。在賓州大學,我認識了萊拉‧格萊特曼教授（Lila Gleitman）及研究所同學海蒂‧費爾德曼（Heidi Feldman）。萊拉和海蒂都跟我一樣,有意研究相同的問題,所以我們開始接觸聾人社群,並開始學習手語,直到我們發現我們想要研究的孩童並**不**屬於聾人社群。我們想要研究的孩子有聽力正常的家長。這些家長不會手語,而且很可能在孩子出生之前,從來都沒有接觸過聾人。同時,這些家長希望自己的孩子要學會開口說話,所以也不會尋找聾人社群。

　　於是我們開始拜訪當地的啟聰學校（像克拉克啟聰學校）,詢問是否可以讓我們觀察他們的學生。其中有六名聾人兒童,他們聽力正常的家長允許我們拍攝這六名孩童在家中跟家長,以及跟我們之間的自然互動。這些家長會和孩童講話,但孩子聽不到,所以也沒有辦法學習語言。這些家長也不懂手語,但這是他們的孩童可以學習的,卻沒有接觸的語言。就像剛剛請大家想像的那個極端情境,在那個假設的情境中,成年人突然發現自己失去可以使用的語言,而這些孩子身處現代的世界,卻沒有可以交流自己想法的方式。但是,我們研究的這些孩子,從來沒有用過任何語言,但我剛剛請大家想像的成年人在所有語言消失之前,是曾經有語言可以使用。

　　我們發現每個聾人兒童都可以和與他們互動的聽人溝通,而且是用手溝通。這些手的動作被稱為**「家庭式手語」**（因為

是在家自創的），而這些孩子則是所謂的「**家庭式手語者**」。所有的物種都會用某種方式交流，蜜蜂、螞蟻和海豚都會用視線、味道和聲音來進行交流，所以人類孩童在極具挑戰的環境下也能進行溝通，就不是什麼值得驚奇的事情了。[4]

　　最關鍵的問題是，這些聽障兒童用來溝通的手部動作與人類語言是否有相似之處。為了回答這個問題，我們將聽障孩童與在早期傳統語言習得階段的其他孩子進行比較。在當時，針對聾人兒童向聾人父母學習手語的研究相對較少，所以我們就以聽人家長學習口語的聽人兒童為主要目標。我們發現，聾人兒童和聽人兒童不只在溝通上有驚人的相似之處，這兩類兒童在建構溝通的方式也有相似之處。聾人兒童的家庭式手語相當簡單——他們畢竟還是孩童——但這些家庭式手語和自然語言，不管是手語或口語，都有許多相同的特色。從某個重要的層面來看，家庭式手語看起來跟用起來比較像是手語，比較不像搭配言談的手勢。

　　但你可能會因為某個可能性感到困擾，就跟我一樣——或許聾人兒童的聽人家長設計了這些家庭式手語來克服語言障礙，而這些孩子就只是模仿家長的手勢而已。如果是這樣，那發明這些家庭式手語的人就會是孩子的家長，而不是孩子自己。聾人兒童的家庭式手語唯一能觀摩的榜樣，是聽力正常的家庭成員與他們交談時使用的手勢——也就是「**搭配言談使用的手勢**」（*Co-Speech Gestures*）。但更重要的是，聾人兒童使用的家庭式手語跟家長使用的手勢看起來並**不相似**。我的合

作夥伴和我研究了來自不同國家眾多聾人兒童，包含美國、中國、土耳其和尼加拉瓜。這些孩童彼此間都不認識，但他們都做了同樣的事情：他們用自己的手，從零開始自創一個語言，而不是向他們聽力正常的父母學習語言。這些聾人兒童使用的家庭式手語及其聽力正常的家長使用的手勢之間的差異，突顯出兩個重點。首先，發明家庭式手語系統的是這些聾人兒童，不是他們聽力正常的父母。其次，家庭式手語和搭配言談使用的手勢看起來不一樣。

　　那家庭式手語看起來是什麼樣子呢？可能跟默劇很像吧。家庭式手語者跟默劇一樣，透過演出事件來傳達訊息。就像下面這個例子中，世界知名的默劇演員馬歇・馬叟（Marcel Marceau），流暢及不間斷的以默劇動作表演傳達吃蘋果的經驗一樣。默劇透過重現（有時候甚至是誇大）拿蘋果及吃蘋果的實際動作，來進行表演。

　　但家庭式手語者不是在表演默劇，他們不會重現某個事件的實際動作，相反的，他們會把一個場景切成好幾個部份，然後把每個部份的手勢組合起來，形成有架構的字串。他們的手勢看起來就像一串離散的動作，而不是一個完整流暢的動作。

家庭式手語突顯的「吃」是資訊的部分，沒有細微末節的細節——手指向蘋果，然後再做出「吃」的動作（手指跟拇指相觸，朝向嘴巴）。下面這張圖描述真正的家庭式手語者實際比手語的情況。他比手勢時湊巧手裡拿著玩具槌子，所以是手裡拿著槌子在比手勢，讓這些手勢看起來更不像吃東西的動作：他用槌子比蘋果，接著在手裡拿著槌子的情況下比出「吃」的動作，然後用手裡的槌子指向我，邀我一起吃蘋果。家庭式手語看起來比較是繩子上的串珠，而不是在空中畫一幅畫，就這個層面來看，家庭式手語比較像手語，而不像默劇。

　　家庭式手語是沒有接觸過傳統語言的孩童自創的。因此它可以透露兒童沒有語言可以學習時，會在自己溝通時加上什麼樣的結構。研究家庭式手語會移除語言傳統的影響，也就是語言隨著世代發展累積經歷的種種變化，讓我們可以更清楚地看到人的大腦如何構築語言。過去有些聾人教育工作者假設全聾和沒有辦法學習口語的兒童，會沒有辦法思考（當時，這些教

育工作者並不認為手語算正規的語言）。聾人兒童自創的家庭式手語，很清楚地證明這個假設是大錯特錯。家庭式手語者會思考，也可以表達自己的想法。家庭式手語是最佳證據，證明人類會賦予語言不同的特色。

但大多數人都是以嘴巴來使用語言。他們說話時，雙手會做些什麼呢？他們會比手勢。家庭式手語者的手勢要承擔溝通的重責大任——**就像語言一樣**。相較之下，口語人士會把手勢搭配自己的語言一起使用，手勢變成語言的輔助——**成為搭配言談使用的手勢**。沒有語言可用的時候，自然就能了解手勢的重要性，但這沒有辦法解釋為什麼我們明明有語言可用，卻還是會比手勢。

跟之前解釋過的一樣，搭配言談使用的手勢是溝通很常見的一部份，對就算是沒有看過任何人比手勢的口語者來說也一樣。生來就失去視力的人，在說話時也會跟明眼人一樣移動雙手。我們並不需要先看別人比手勢才能自己比手勢。世界各地的人都會比手勢，不僅口說文化中有這種情況，手語文化中也有。手語者的語言是用雙手表達，而這些手語和口說語言之間有相同的結構性質。就跟口語者一樣，手語者也會在使用自己的語言時搭配手勢。這些搭配手語的手勢與手語的形式及功能不同，和搭配言談使用的手勢則有許多相似之處。像這樣的事實讓我們深信，手勢雖然常常被忽視，但卻是無所不在的人類行為。這些事實也暗示了，語言本身可能沒有辦法完全表達人類的所有想法。

　　語言規則管理系統內的各種範疇，讓我們可以很簡單的（甚至有必要）表達特定類別的資訊。舉例來說，英文要求你依據所說的物體數量來選擇動詞。如果你說「the fish *is* swimming」（有一隻魚在游泳），很明顯你只說的是一隻魚。如果你說「the fish *are* swimming」（魚在游泳），那很明顯說的不只一隻魚。魚的數量可能和整個對話內容沒有關係，但這並不重要——英文要求你要明確點明到底是一隻魚，還是超過一隻魚。

　　單數及複數的動詞讓我們可以輕鬆傳達數量資訊，但卻沒有幫法幫你傳達其他類型的資訊。這時就要請手勢上場。如果你說「魚在游泳」時用食指勾勒出一個小小的圈圈，你正在告訴聽眾這些魚是在一個魚缸裡游泳。如果你畫出比較大的圈圈，可能是在說這些魚是在池塘或湖這種戶外游泳。你的想法若沒有辦法以語言中預先制定好的單位來表達，可以透過手勢來傳達。

　　包含在手勢中的概念，會明確反映你的想法，但大家平常不會明確地說這些想法——手勢的溝通效果對說話者和聆聽者來說都很細微。你口頭上不想說出口、不知道該怎麼說出口，甚至是你不想特別強調的想法，往往都會藉著雙手表現出來。而且，我們通常不太需要為雙手傳達出來的想法負責，因為我們主要的溝通工具是語言，不是手勢。

　　想像有個朋友很真誠的告訴你，他認為男性和女性，都是很好的領導者。但他講到男性的領導能力時，比出的手勢是與

視線等高，但講到女性的領導力時，手勢的位置會稍微低一點，落在嘴巴的位置。或許他自認為自己相信男女擁有相同的領導能力，但他的手卻出賣了他。不過這個例子說的並不是他想要隱瞞自己的看法而是這位朋友可能真心認為自己覺得男女都能擔任很好的領導人，但他的雙手卻顯示他認為兩性不平等。這是一種不明顯、內化的想法，是他自己也沒有意識到的想法。然而，他沒有說出口，也沒有意識到的信念就此表現出來，讓所有人都可以詮釋，就連質疑他抱持兩性不平等的說話對象也可以看到。這位朋友覺得自己被冒犯了，因為他明明就**說**自己相信男性跟女性都是很好的領導人，但他的說話對象卻覺得自己聽到不一樣的說法，雖然他也說不出個所以然。

在水門事件的聽證會上，作證的證人確信理查‧尼克森（Richard Nixon）說出會讓他被判有罪的話，但這些有罪的言論並沒有全部出現在錄音帶中，讓人懷疑證人的證詞真假。透過手勢「說出來」的有罪言論，只會存在於錄影帶中，**不會**出現在對話的錄音檔案中。大家認為說了什麼、沒有說什麼，因此那些算或不算「真相」的看法，都是依據當天在那個房間的人說的話及手勢，作為判斷基礎。若是只聽錄音，就只能以對話內容來判斷──所以大家的看法就會有所不同。你應該也聽說過，尼克森第一次跟約翰‧F‧甘迺迪競逐總統大位時（他最後落敗了），觀看電視辯論的人都覺得甘迺迪獲勝，但用收音機收聽辯論的人卻覺得獲勝的是尼克森。包括手勢在內的非口語世界，會影響觀察者從言論或對話中獲得的訊息。[5]

手勢似乎對真相有很大的影響。我之前的研究生，艾米・富蘭克林（Amy Franklin）在她的博士論文中，要求成年人描述一系列以翠迪鳥作為主角的《樂一通》動畫插圖。描述時，有一半要描述自己所看到的東西，另外一半則要故意用錯誤的方式描述插圖內容，例如看到貓撞到柱子，就要謊稱貓跳到柱子上。這些成年人都依照指示——他們都故意用錯誤的方式描述場景，至少口頭上講的內容是如此，但他們的手洩漏了真相。他們口頭上說看到貓跳起來，但卻比出了跑的手勢。[6]

有時候，有沒有說出口會有很重大的利害關係，就算你是訓練有術的律師，可能也不會有喜歡手勢讓你可以讀懂證人的想法。想像一下，有一名兒童證人描述被控對他施虐的人。講話的時候，這名兒童比出「眼鏡」的手勢——他用右手食指和拇指比出一個圓圈，左手也做出相同動作，然後把這兩個圈圈舉到他的眼前，但這名兒童在描述的時候並沒有說出眼鏡，所以證詞中沒有提到眼鏡。若律師接著問說：「他戴眼鏡嗎？」聽起來很像律師問了誘導性問題。但事實並非如此——律師並沒有在對話中提出眼鏡，而是這名兒童透過手勢在對話中提到的。這名兒童自己都沒有意識到他有注意到眼鏡——他只是無意識的記住了這件事，然後用手將眼鏡描繪出來。律師也沒有意識到這名兒童**沒有真的講出**「眼鏡」這兩個字。如果律師意識到眼鏡這個訊息是來自這名兒童的手勢，他就可以更明確地點出孩子的手勢。因為法庭的文字紀錄，會記錄口頭說出來的內容做為法律證據。律師會提到眼鏡，是因為他**覺得**自己聽到

這名兒童說了「眼鏡」，但兒童其實是比了手勢。

　　溝通是雙向的，律師不僅可以利用手勢了解證人內心的想法，更糟的是，他們還能影響證人的想法。一般而言，律師應該要提出開放性的問題，而不是誘導性問題，像是「他還穿了什麼？」，而不是「他戴的帽子是什麼顏色？」這種問題。不過，如果你在提出「他還穿了什麼？」這種開放式的問題時，比出**帽子**的姿勢（將拳頭稍微往頭部的方向傾斜），那就算實際上沒有，證人也很有可能會提到帽子──這就像律師在對話中問了一個誘導性問題一樣。（「他戴的帽子是什麼顏色？」）手勢可以成為物品或事件的提示信號，而且在比手勢的時候，會讓人想起來。手勢已經是相當強而有力的工具，但在對話受到高度約束的場景中，手勢會變得更加有影響力。

　　當然，手勢的存在不是為了洩漏你的想法。手勢還可以幫忙表達你快要理解的概念──你正在學習的概念。想像一下有兩個完全相同的瘦長玻璃杯，請小朋友確認過，兩個杯子內有等量的水。接著把水從其中一個瘦長玻璃杯，倒進另一個矮胖的玻璃杯中，再問同一位小朋友，裝滿水的瘦長水杯，和矮胖水杯裡面含的水，份量是不是一樣，你和我應該都會回答：「當然。」但在某一些成長階段，小朋友會覺得這兩個杯子的水量不同。請孩子解釋她的錯誤想法時，右面這張圖畫中的孩子說，兩個杯子的水量不同，「因為一個比較高，一個比較矮。」這位小朋友口頭提到的重點是液體的高度，但同時，她也用她的手勢告訴我們（而且只有用她的手勢），她注意到杯

子的寬度——她用雙手比出兩個「C」的形狀（左邊插圖）來
描繪那個矮胖的杯子，然後用一隻手比出「C」的形狀來描繪
那個瘦長的杯子（右邊插圖）。

因為這個　　　　　　　　　　比那個低

　　如果要完全理解水從瘦長的杯子倒入矮胖的杯子之後，水
量並不會減少這件事，就需要先理解矮胖杯可以用寬度來彌補
高度不足的問題。我們知道，這個例子中的小朋友就快要理解
這個概念了，因為，我們在此之後上了一門數量守恆的課後，
她就成功了。她的手勢告訴我們她已經準備好要來學習這個定
律了。

　　接下來，我們來看一個以成年人為主，難度比較高的例子
吧。如果要你證明兩個分子互為鏡像，且無法重疊，你會怎麼
做呢？這些分子叫做立體異構物，但你如果沒有學過有機化
學，就不會知道這個東西。所以你可能就不知道，要找到解決

方法，你需要讓其中一個分子繞著一條軸線旋轉。想像一下你的右手和左手，他們沒有重疊——想要用右手覆蓋左手、讓雙手的拇指相貼，唯一的方法就是讓右手轉向。所以，有人要求你解釋怎麼解題時，你不會**提到**任何跟旋轉分子有關的事情，但是，你會用手做出旋轉的動作，來搭配口頭解釋——你**的確**知道要旋轉，只是你自己沒有意識到這一點！下圖的學生就說明了這一點。他說「你沒有辦法把**這個**」（同時指著下方中間的圖版，被他左側身體擋住的分子圖片）「重疊到**那個**上面」（指向最後一個板子，也就是他右手邊的圖版）。他開始講話的時候，就用手指在空中畫圈，表示他知道要做旋轉（第一張圖）。

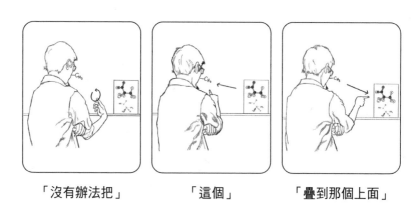

「沒有辦法把」　　　　「這個」　　　　「疊到那個上面」

　　如果你在解釋之後，再去學立體異構物的知識，可能會幫助你更了解這個概念，並認識到旋轉的重要性——會比你學習前**沒有**做出旋轉手勢時更能了解到這點。你比出來的旋轉手勢

也可以讓老師知道你有想到要旋轉,所以此刻是在課堂上介紹這個概念的最佳時機。用手來表達這樣的知識還可以幫助你發展、延伸和記住你的知識。

我們使用的「想法(Idea)」這個詞,來自希臘文的「看見(To See)」。手勢在思考和學習中扮演重要的角色,一部分是因為非常適合用視覺方式來捕捉想法——勾勒形狀、重現動作和展現轉變。這些想法、思緒或信念有很多都可以用語言表達——只是我們常常會覺得很難用文字來描述。舉例來說,如果你想要描述美國的東岸,你可以用字描述緬因州的形狀,再沿著海岸往下到佛羅里達州。但是一個勾勒海岸的手勢就可以有效又可靠的描述,而且還能涵蓋口語難以表達的細節,像是緬因州如何延伸到佛羅里達州東部的狀況。我們會用手勢來調整語言不太理想的部分,以滿足講者和聽者的需求。不過和語言不同的是,我們使用手勢時並沒有意識到手勢的優缺點。事實上,我們太過低估手勢的價值,所以很少會意識到自己正在比手勢。

你可能會覺得大家實際不會頻繁比手勢。讓我舉個例子,我專門研究大學生使用手勢的情況。在這個研究的最後,我們跟這些學生簡單說明,告訴他們我們一直在觀察他們的手勢。他們都為自己沒有比什麼手勢連連道歉。但事實上,這些人全部都有比手勢,而且比例相當多。他們知道自己有說話——我們在說話時都會意識到這件事——但他們沒有意識到自己在講話時雙手也有動作。我之後會在這本書中回答的其中一個問

題，就是如果我們讓人們意識到自己的手勢，會發生什麼事。人們會不會因為有這種覺知，就改變手勢中隱含、沒有講出口的想法呢？如果會，那我們叫大家留意觀察和比手勢的時就要特別謹慎小心。但如果不會，那有意識的觀察和使用特定的手勢，或許正可以讓我們的溝通能豐富、更深入，同時加強彼此的連結。

這本書會告訴你，你的思想、信念與想法如何轉換成手勢，也會告訴你，手勢如何迫使你重新思考你理解其他人的方式。了解手勢的運作，可以減少誤解和加深彼此的連結，也能讓你更清楚意識到通訊科技如何在無意間阻礙了手勢，並因此妨礙你和他人建立連結，以及彼此了解的能力。當我們手裡拿著iPhone，而且iPhone相機設定要追蹤臉的時候，我們透過手機進行的對話，怎麼可能會有手勢的存在？那透過Zoom進行視訊對話又是如何呢？Zoom的視訊對話框讓我們很難看到說話者的手勢，因此要用Zoom來進行教學，就變得很困難。如果學生的網路攝影機沒有辦法看到老師的手勢，學生要怎麼借助老師的手勢來學習呢？而老師如果看不到學生的手勢，又怎麼能透過手勢了解學生實際的想法呢？手勢會出現在各種情境中，不管是育兒、教學、當律師、當醫生或單純的出門見面。你可以辨識和利用手勢提供的觀點，從根本改變自己溝通的深度──或選擇完全忽視，也因此忽視一半的對話訊息。

在繼續談下去之前，我想要先提醒各位兩件事。大家聽到我在研究手勢時，常常會直接認定我是研究像**比讚、比OK、**

噓～這一類的傳統手勢，也就是只有處於特定文化的人才會知道的**象徵型手勢**。這些手勢在特定的文化中有固定一致的形式，像是把大拇指朝上，做出**比讚**的手勢。換成用小拇指做這個動作，就沒有相同的效果。事實上，小拇指朝上的手勢在台灣是代表**很糟**、**不好**的象徵型手勢。象徵型手勢不在我研究的範圍，因為這些手勢的型態不會根據說話者當時的想法變化——象徵型手勢就跟字典裡的單詞一樣，有固定的型態及意思。我感興趣的是隱藏在人類流暢的手勢中，固定手勢和文字無法傳達的訊息。

　　第二個提醒是，這本書中提到的研究大多和兒童有關，這是因為我是研究兒童期改變的發展心理學家。但是，我認為針對兒童搭配言談所使用的手勢而進行的研究發現，也可以延伸應用到成年人身上。我們針對成年人進行的幾個研究也證實了這個理論。相較之下，針對聾人兒童如何以家庭式手語自創語言的研究，就比較難拓展延伸到成年人。跟學習語言一樣，與成年人相比，兒童要創造語言可能會比較容易一點。但要找到一個從來沒接觸過語言，而且要從頭開始創造一個全新語言的**成年人**並不容易（幸好），所以我們不能確定針對兒童的家庭式手語進行的研究發現是否能延伸應用到成年人身上。

　　我將這本書分成三個部分，探索手勢研究的背景，同時說明了解手勢如何幫助我們更了解彼此。這本書的第一部分，會講述大家都會做，因此也都可以理解的部分——講話時的手勢。但我不想要仰賴大家對手勢的直覺來講解手勢，我想要告

訴大家科學如何證實這些直覺，或跟大家解釋為什麼這些直覺有誤。我自己的直覺也常常出錯，所以才需要科學。之後，我會告訴大家我的直覺在哪裡出錯，以及我們的研究如何點出，同時矯正這些錯誤。在第二部分，我會說明「無聲手勢」這種不說話時比的手勢會在什麼情況下出現，幫助大家了解無聲手勢與「搭配言談使用的手勢」有何不同之處。無聲手勢讓我們了解，如果移除口語的限制，大腦會如何進行溝通交流。第三部分會整合我們對手勢的了解，不管這些手勢有沒有同時搭配口語，並跟大家說明如何利用這些知識。

　　第一部分的開頭會先探討我們**為什麼**會比手勢——為什麼我們講話的時候會用手比動作？這些手部動作對我們有什麼幫助？接著我會分析孩童在學習新概念的時候會比出什麼手勢，並提供證據說明有些孩童會用手勢表達自己對某些概念的想法，但他們的話語中**不會**出現這些想法。因此，這些手勢提供了一扇獨特的窗，讓我們可以窺探自己的思維。不過手勢的功用可不只如此，除了可以反映我們的想法外，手勢更可以改變我們的想法。手勢有幫助我們學習的潛力——別人比的手勢以及你自己比的手勢都有。第一部分會說明手勢如何透露及塑造想法，並且以具體的場景說明如果我們留意手勢，就可以幫助我們在溝通時更有效、更周全。

　　第二部分則會進一步討論我從研究所就開始研究的現象——是**沒有**接觸過可用語言輸入，也因此沒有跟大人學習語言的聾人兒童，他們和聽人兒童一樣，會用雙手來溝通。但這

些聾人兒童使用的手勢，和聽人兒童使用的手勢看起來完全不同。這一點其實令人感到驚訝。因為，就像我之前提過的，聾人兒童唯一會看到的手勢只有雙親搭配言談使用的手勢。如果這些兒童的雙親提供了他們手勢的範例，那家庭式手語看起來應該會很像我們在第一部分所說的手勢——在空中畫圖，可是實際狀況並非如此。為何會這樣？我們的猜測是，搭配口語的手勢要和口語合作；沒有口語，這類手勢就沒辦法達到完整溝通的效果。如果家庭式手語者要使用這些手勢做為他們的主要語言，那他們就必須改變搭配這些言談使用的手勢，讓他們的手勢能獨立表達意思。事實也的確是如此。家庭式手語者自創的手勢會擁有語言的特徵——有離散的語言範疇，可相互結合來表達愈來愈長的想法。家庭式手語者會創造手勢來標示物體、行為和特色，然後將這些手勢結合串在一起建立架構，並且遵循一貫的順序。換句話說，就是變成句子。

　　家庭式手語者的手勢有主要語言的功能，也有語言的形式。相較之下，口語者比的手勢是語言重要的輔助工具，比較像在**空中畫圖**的形式。為了要具體說明這兩者的不同，本書的第二部分也會比較聾人兒童自創的家庭式手語手勢和其聽人父母搭配言談使用的手勢。家庭式手語顯示搭配言談使用的手勢的形式並非必然，也讓我們知道搭配言談使用的手勢有何特別之處——孩童若需要建立主要溝通體系，就不會使用這類的手勢。

　　在這本書第二部分的最後一章，我會探討家庭式手語者在

自創人類語言上可以走多遠。雖然家庭式手語者有可能可以完全自創所有自然人類語言的所有屬性，但這個機率不太高。如果他們沒有辦法完全自創一個語言，那要發展出我們現在使用的語言又需要哪些條件呢？這個章節會幫助我們了解語言的產生需要哪些壓力。

　　本書的第三部分則會說明，了解雙手溝通的方式如何怎麼讓你更了解其他人。父母、臨床醫師和教育人員不一定能意識到手勢提示我們，人們已經準備好要改變——嬰兒學習開口說話、中學生學數學、大學生學化學還有男性想了解女性領導力特質等，都只是其中一些例子而已。我會先談雙手如何幫助家長教養孩子，再探討雙手如何幫助我們辨識孩子是不是、或即將偏離一般的發展軌道，以及雙手怎麼幫助我們介入，幫助孩子回到常軌。最後，我會說明雙手如何幫助我們教育學生。手勢對所有學習者來說都極具影響力，但對有自閉症或唐氏綜合症的身障學生，以及來自弱勢家庭的學生來說，手勢至關重要。如果我們能善用手勢，手勢可能可以幫助我們讓擁有不同技能及來自不同背景的學習者公平競爭。

　　我們和自己雙手形影不離，雙手是我們身為人類必要的一部分，那我們何不好好聆聽雙手要告訴我們什麼呢？

第一部分

· · · · · · · · · · · ·

用手思考

第 1 章

我們說話時為什麼會
比手勢？

如果你曾經想過自己的手勢，可能會疑惑自己到底為什麼會比手勢？感覺上，比手勢好像沒有任何用處，但這個直覺可能有誤。就像我在導論中提到的，如果手勢能傳達有意義的訊息，對聽你說話的對象就相當有用。如果手勢可以讓你維持專注跟思考，就可以對身為說話者的你帶來助益。不管是對聆聽者還是說話者，了解我們比手勢的原因，會教導我們一些技巧，讓我們更有效運用手勢，這一點我們到第三部分會再提。現在，我們要來探討我們對自己為什麼比手勢的直覺想法，以及背後的科學。不過，我們要先花一點篇幅來說明我們對**為什麼**的定義。

英文中以**為什麼（Why）**開頭的句子很有趣。在英文中，這種以**為什麼**開頭的句子，其實隱藏了裡面**為什麼和如何做到**這兩個問題。要進一步解釋這一點，我們先來看看美國短吻鱷這個遠緣物種的例子。短吻鱷會在黃昏時游進密西西比河中。因為短吻鱷是冷血動物，而晚上的空氣會變很冷，比水的溫度

還低，所以短吻鱷之所以會在黃昏時游入河中，有個重要的目的——這樣做可以讓牠們在夜間維持體溫，避免凍僵。大家要記得短吻鱷跟我們不一樣——牠們沒有辦法調節自己身體的溫度。牠們的體溫會受到周遭環境溫度的影響。因為這個目的，我們可能會猜說短吻鱷之所以每到黃昏就游入河中，某方面來說是因為牠們的的體溫調節系統，但事實並非如此。短吻鱷之所以每到黃昏就游入河中，主要原因是光敏感，下午逐漸變淡的光線對短吻鱷來說是一種暗示，暗示牠們要游入水中。我們可以在**實驗室**研究中，以人工方式分開光線和溫度，從而得知這一點。如果溫度下降，但光線**沒有**變昏暗，短吻鱷還是會留在陸地上，不會進到水中，就算溫度變得越來越低也是如此。相反的，如果光線變得昏暗但溫度還是很溫暖，短吻鱷還是會進到水中，即便他們不需要游入水中保暖。調節溫度是黃昏時游入河中的目的，又或者可說是這麼做的**功能**，但這件事發生的原因，又或者可說是所謂的**機制**，是光敏感。[1]

　　所以當我們問說「人為什麼會比手勢」時，我們其實要問兩個截然不同的問題。**第一個問題**是關於手勢出現之前的事件，以及這些事件是否導致我們比手勢，也就是手勢背後的**機制**、比手勢的**原因**。**第二個問題**是關於手勢出現之後的事件，以及手勢是否跟這些事件之間是否有成果關係，也就是手勢本身的**功能**和比手勢的**理由**。我們先來探討手勢背後的機制，再來談手勢的**功能**，要記住二者可以有兩種截然不同的過程。

手勢背後的機制：我們怎麼比手勢？

　　所有的手勢都是身體的動作，是在空間當中的肢體動作，但有很多手勢也能呈現身體內部的動作。這裡可以舉一個很好的例子，如果我問你，你都怎麼綁鞋帶，你可能會一邊描述一邊比手勢，而這些手勢會模擬你綁鞋帶的動作。

　　另一個例子來自我以前的一名學生蘇珊・庫克（Susan Cook）和她博士後指導教授邁克爾・塔恩豪斯・潭能浩思（Michael Tanenhaus）所做的研究。在這項研究中，成年人需要以實際物品或利用電腦解決河內塔（Tower of Hanoi）問題。所謂的河內塔是用三根柱子和一疊圓盤進行的邏輯問題，一開始，所有的圓盤都會堆疊在同一根柱子上，這些圓盤會由大到小，從底部堆疊上去，最大的在下面。要解題，就要一次一個，將這疊圓盤移到另一根柱子，而且比較大的圓盤絕對不能疊在比較小的圓盤上。用實際物品或用電腦解題的最大差異在於，如果要移動實體的圓盤，你就要先把圓盤從柱子拿起來，再移動到另一個柱子。如果要在電腦上移動一個圓盤，只需要將圓盤從一個柱子滑動到另一個柱子就好，不需要先把圓盤拿起來。解題時用實際物品或用電腦，會對成年人後續講解自己解題的方式時比出的手勢，帶來很大的影響。在解釋怎麼解題時，移動過實體圓盤的成年人會比出弧形手勢，但在電腦上移動圓盤的成年人就不會比出弧形手勢，只會比出水平滑動的手勢。這些成年人的手勢會呈現他們的實際動作——但他們並**沒有**在言談中講述這些動作。

　　有趣的是，當其他成年人之後觀看這兩組成年人的錄影時，也會被自己看到的手勢影響。我們如果要求他們在電腦上解題，雖然不需要用弧形方式移動圓盤，但看到弧形手勢的成年人會先將電腦上的圓盤往上從柱子拿起來，而看到水平滑動手勢的成年人，則會把電腦圓盤往水平滑動，從一根柱子移到另一根柱子。第一組成年人把他們實際肢體動作的特色結合到手勢中，而這些手勢讓這些肢體動作在對話中活靈活現。[2]

　　就像我們所看到的，手勢善於表現動作。這個發現讓我之前的學生瑪莎・阿利巴利（Martha Alibali）繼續研究，並因此做出極具影響的貢獻，幫助我們了解手勢對教育的影響。而她的學生（我在學術意義上的孫子）奧頓・哈斯提特（Autumn Hostetter）還提出模擬行為手勢（The Gesture as Simulated Action，GSA）這個全新的框架。我們說「投擲」這個詞的時候，會模擬丟東西的動作。我們不一定會把這個動作做出來，但大腦的活動顯示投擲的動作會出現在我們的腦海中——實際做出投擲動作以及談到投擲時，大腦活化的區域相同。我們想到和講到動作時，會模擬這些動作的概念叫做**體現認知**（*Embodied cognition*）。模擬行為手勢（GSA）是以體現認知這個概念為基礎，假設行為的模擬會導致手勢。大腦活化達到特定閾值時（每個人的閾值不同），人就會在手勢中比出投擲的動作。[3]

　　這一切都表示動作是手勢會出現的主要機制之一。如果這個理論正確，說話者在描述自己已經做過的行為時，應該會有

很多手勢。確實如此——比起描述自己看到的模式時，說話者在講述自己親身建構的模式時，會有比較多的手勢。說話者表達的想法若需要模擬他們曾經做過的某些行為，他們就會比手勢。

要證明手勢的產生與動作有關，還有其他證據。這是來自一個有名的視覺錯視狀況。如果有人要求你判斷兩根橫條的長度時，你會發現雙箭頭往內縮「＞＜」的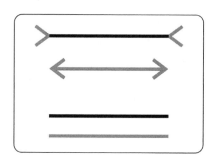橫條（右方深色的橫條）比雙箭頭往外擴「＜＞」橫條（淺色的橫條）還要長，事實上，這兩條橫條都是一樣長（從沒有接著箭頭的橫條就可以看出來）。

如果要你用拇指和食指來評估一下這些橫條的長度，就很容易會產生錯覺。橫條兩邊有接著箭頭圖案時，拇指和食指在量深色的線時會長得比淺色的線開——所以你的眼睛會被誤導。你用手去測量橫條的長度時，你的手也會出現這種視覺偏差。但雙手不一定會一直受到錯覺的影響。當你準備要去抓這兩條橫條時，不管是要去抓往內縮或往外擴的雙箭頭線條，拇指和食指張開的距離都會相同——所以雙手一旦準備行動，就**不會**被誤導。[4]

那如果你並不是要用雙手測量或比動作，而是要描述——也就是比手勢，會發生什麼事呢？首先，請你先以雙箭頭往內

縮的橫條比動作——把橫條拿起來並依照擬定好的路徑移動它的位置。再用口語描述你剛剛做了什麼，同時一邊比手勢。之後以雙箭頭往外擴的橫條，採取相同的步驟，再描述自己做了什麼。我們要關注的點是，你在比手勢時，看起來會比較像採取行動的動作（也就是不受錯覺影響。不管是描述自己拿哪個尺寸相同的橫條都不會有差），還是會比較像量測的動作（也就是會受錯覺影響，碰到雙箭頭往內縮的橫條會變寬、雙箭頭往外擴的橫條會變窄。）

答案是你比手勢時的動作會比較像採取行動的動作，而不是測量的動作。不管你要描述雙箭頭往內縮還是往外擴的圖案，拇指和食指張開的距離都會相同。雙手比手勢時，跟採取動作時，同樣不受錯覺影響，而跟測量時的雙手比起來，比較不容易受到錯覺影響。雖然說手勢和語言有緊密關係，但它的根源可能是源自於行動。[5]

要證明人會比手勢，背後的機制是行動，最後一部分的證據來自我們大腦的反應。功能性磁振造影（fMRI）會顯示你在做某件事時大腦哪個特定區域會有多少血液流過去——流過去的血液越多就表示那個腦部區域在做這件事時越活躍。兒童可以透過說話（例如說：「我要讓兩邊相等」或同時比手勢跟說話（在口語之外，加上手勢，在等式左邊用手劃一下，再到等式右邊用手劃一下），來學習如何解決數學問題（例如 $4 + 6 + 3 = \_\_ + 3$）。在兒童學會如何解題一週後，研究人員讓孩子進入磁振造影機中並請他們解一些數學題目。不過這一次，

孩子不能比任何動作。這兩組孩童的大腦活化的情況有很大的差異——透過手勢＋口語來學習的孩童，大腦內負責運動功能的區域會比僅透過口語來學習的孩童來得大，即使這些孩童躺在磁振造影機中，沒有任何手部動作也是如此。這些被活化的腦部區域和孩童利用實體物品採取行動（像透過手寫來學習字母）來學會一件事時，被活化的腦部區域相當類似。透過手勢學習會留下動作標識（Motor Signature），就跟利用物品做動作來學習一樣。這個效果替我們在本章最開始時提的「手勢是**如何**運作的？」這個問題提供了部分解答。答案是模擬動作似乎是人類比手勢背後的部分機制。**6**

　　但有一個問題，雖然我們要用身體來**表現**所有的手勢，但並非所有的手勢都會**呈現**身體的動作。當你講到火箭向上發射到空中，你會把手往上移動來呈現火箭的軌跡，但你的手勢呈現的是一種運動，不是身體的動作。或是當你在空中比劃一個S型來代表你家小狗的尾巴形狀，你的手勢甚至不是在呈現一種運動，更不是呈現身體動作。在這些情況下，身體沒有做出可以模擬的動作。模擬行為手勢（GSA）或許可以正確的解釋手勢會用來呈現身體執行的動作，但它不太能解釋呈現形狀、抽象想法甚至是物體運動的手勢。

　　來自一位叫IW的年輕人還提供了額外的證據，顯示手勢的運作不會和動作完全相同。IW在19歲時患了不明疾病，這個疾病影響了他的脊髓神經，導致他失去了**觸覺**和所有得依靠指示身體位置及方向回饋的運動控制，也就是我們所稱的**本體**

感覺反饋（*Proprioceptive Feedback*）。隨著時間，加上不斷努力，IW 學會藉由觀看自己的手臂和雙腿，在移動時引導自己的四肢。他重新掌控自己的姿勢和動作，但**先決條件**是他必須能夠看到自己的四肢。他在黑暗中沒有辦法行動，但他在黑暗中仍然可以比手勢。換句話說，IW 若被要求要做某個動作，例如拿起一塊積木，他如果看不到自己的雙手，就沒辦法做到，但他說話時卻能夠移動自己看不到的雙手。IW 的病影響他能針對物品採取的動作，但卻不影響他比手勢。這就表示說二者背後的機制不同。[7]

　　另一個例子是來自一名沒有手臂，但仍會感覺自己比手勢的女性。她的例子也印證同樣的論點。《腦中魅影》（*Phantoms in the Brain*）這本書描繪一位沒有手臂的女性，她從出生時就沒有手臂，所以應該不會了解何謂手勢——但事實卻不是如此。米拉貝兒出生時雙肩上就掛著短短的殘肢，但她卻能感受到自己從未擁有過的手臂。她的狀況是所謂的「幻肢」，人們在截肢後常會遇到幻肢的狀況。但米拉貝兒從來就沒有雙手，所以醫生對此感到懷疑。被問到她是如何知道自己有幻肢的狀況時，她回答：「嗯，因為我在跟你講話的時候，我的雙手會比手勢。我想指某個東西的時候，我的手會指那個物體，就跟你的手臂和雙手一樣……。醫生，我走路的時候，我的幻肢不會像正常的手臂那樣、不會像你的手臂一樣晃動，他們會像這樣僵在我的身側。」然後她站起來，讓她的殘肢從兩側直直垂下。「但是我說話的時候」她說，「我的幻肢會比

手勢。事實上，我在講話的此刻，我的幻肢也在比動作。」手勢不僅是移動手臂而已。[8]

手勢的功能：我們為什麼要比手勢？

手勢可能很有用，而且可能獨立於產生手勢的機制之外——換句話說，手勢可能有一個或甚至許多個，與動作無關的功能。普通人可以讀懂那些你自發性比出來的手勢。這也表示說你的手勢就像我們在導論中說的一樣，具有向聽眾傳達訊息的功能。[9]

手勢甚至可以讓你成為更有效的溝通者。我們來舉個例子。2021年4月9號，星期五，《紐約時報》報導了在德里克·蕭文（Derek Chauvin）被控殺害喬治·佛洛伊德（George Floyd）的審判中，馬丁·托賓醫生（Martin Tobin）的證詞。亨內平郡前主任公設辯護人瑪麗·莫里亞蒂（Mary Moriarty）針對馬丁·托賓醫生的證詞表示：「托賓是胸腔科醫師，其專業是呼吸力學……他身體靠近麥克風，領帶有一點歪掉，然後用雙手及手肘示範人類如何呼吸。」她接著說：「他看起來像是這個領域中，世界領尖的專家，而且用普通人也可以懂的淺顯英語來解釋。」我認為托賓醫生的證詞之所以極有效力，（除了他的思路清晰之外）原因在於他講話時比的手勢。托賓醫生可能是有意、也可能是無意要用手勢來修飾他的證詞，但這並不重要——這樣的訊息一旦公開，每個人都可以利用這些資訊。你的手勢可以幫助**其他人**理解你的想法。

　　直覺上，你似乎也知道自己的手勢可以做到這點。身處在吵雜的環境時，你會提高音量並讓自己的發音更清晰、明顯，尤其當口語是你唯一的溝通方式時更會如此。但當你可以應用手勢時，你也會利用手勢。你有好幾種方法可以進一步增加手勢的細膩度。你可以在手勢中加上訊息，例如要在一個吵雜的空間點莎莎醬和玉米片時，你會在做出「吃東西」的手勢前面，先做出沾醬的動作，表示把玉米片送進嘴裡前，要先沾莎莎醬。你也可以透過在不同空間重複相同的動作，或是在兩個動作間稍做停頓來強調這兩個動作，讓手勢的資訊更明確。有趣的是，可以用手的時候，大家就**不會**花更多心思在加強口語上，你會利用手勢以及比較誇張的嘴巴動作來達到這個效果。換句話說，在吵雜的環境與對方面對面時，雖然你會根據聽力受影響的條件來調整口語和手勢，但視覺上的溝通管道（包含手勢）似乎才是確保對方可以了解你在說什麼的主要方法。**10**

　　手勢可以提供其他人幫助，那手勢是否也能幫助**你**？雖然聽起來有點奇怪，但你講電話的時候，明明對方就看不到你，你為什麼還會比手勢呢？盲人和其他盲人講話時，明明彼此都看不到，為什麼還會比手勢呢？再來就是口語的口譯人員。你是否曾經抬頭觀察國際會議中在玻璃窗後面進行口譯的人員？他們的聲音會透過設備傳到適合的聽眾耳朵中，但他們的影像則不會被傳出去。聽眾不會看到他們，但是他們在將一個語言翻譯到另一個語言時，還是會不斷比手勢。我們最合理的推測是這些手勢其實可以幫助口譯人員。

　　我們先來想想，手勢有哪些你可能沒有意識到的助益。你會一邊說話一邊比手勢——所以手勢有可能可以幫助你產生口語。你試著回想「螺絲起子」這個詞的時候，可能會發現自己在轉動手，做這個動作會幫助你想起你要說的那個詞嗎？目前的證據還沒辦法得出定論：某些人會因為前面那個問題的答案是「會」就如此推測——但其他人的答案可能是「不會」，而覺得這個證據沒什麼效力。如果手勢可以幫助你說話，那阻止你做手勢應該就會阻礙你說話，但是這個假設一直很難找到讓所有人都能信服的證據。就算比手勢在我們說話時扮演重要的角色，我們也沒有理由相信這就是比手勢的唯一功能。比手勢會影響我們的思考，而且這種影響的方式很多元。[11]

　　手勢可以讓你更專注，有人在比手勢的時候，這些手勢會抓住你的視線，你就有可能因此變得更有精神、更專注。眼動儀會追蹤穿戴者的視線，所以我們在有比手勢跟沒比手勢的數學課中，用眼動儀來追蹤孩童的眼睛。當老師說：「我想讓這邊（比等式的左半邊）等於這邊（比等式的右半邊）」，孩童的眼睛會跟著老師的手勢，所以就會去看老師話語中提到的題目部分。所以毫不意外的，在課堂中看到老師比手勢的孩童跟沒有看到老師比手勢的孩童相比，更能聽懂老師所說的話。其他人比的手勢確實可以幫助你看對重點。

　　但我們還有一些其他的發現——如果說我們**只看**兩組孩童中，視線跟著老師說的話的孩童，就會發現有看到手勢的孩童會比沒有看到手勢的那組孩童，更容易在課後有所進步。這一

點讓人很驚訝，因為沒有看到手勢的孩童是靠自己聽懂老師說的話，所以應該要比那些需要依靠手勢來引導注意力的孩童，更能吸收老師所說的話才對。跟只是聽老師說話但**沒有**看到手勢的孩童相比，手勢看起來可以讓孩童從老師的話中收集更多資訊。手勢除了可以控制注意力，還可以幫助你從你聽到的口語內容中獲得更多資訊。[12]

我們剛剛討論的是別人比的手勢，但你自己的手勢也能幫助你保持專注。學齡前兒童在數東西時通常會指著那些物體，在數數時做出這些指示性手勢（與孩童數數時看著某個玩偶比手勢相比）可以幫助孩童在數數時協調他們的數字單詞，因此，孩童數數時的準確度會比沒有比手勢時來得高。[13]

自己比手勢確實可維持跟引導自己的注意力。但跟沒有比手勢相比，比手勢還可以幫你從你正在看的東西中獲得更多訊息。

手勢可以幫助你記憶。如果你在描述某個事件時比手勢，你覺得跟不比手勢相比，比手勢是否能幫助你回想那件事？我們請成年人看影片，裡面有玩具、動物和有人做奇怪的動作：一隻雞正往警察的方向滑過去、一名女性在摸狗、一隻鴿子飛進單輪手推車、一名慢跑者彎腰下去摸自己的腳趾頭、一扇柵欄自己闔上。看完影片後，我們請這些成年人立即描述影片內容，測試他們的記憶，並在三週後再測一次。相較於被要求描述時不要比手勢的成年人，被要求在描述事件時要比手勢的成年人記憶力會比較好，尤其是隔幾週後測試的結果特別明顯。

為了了解自己比手勢是不是也會得到相同的效果，我們又把這個研究再做一次，但這一次，我們沒有給參與的成年人任何關於比手勢的指示。我們發現了相同的模式——大家如果談到某個事項時，自發地比手勢，記憶力會比沒有做手勢的事項來得好。一邊說話一邊做手勢，不管你比手勢是自發性還是被指示要這麼做，都會讓你更容易記憶與口語有關的資訊。[14]

手勢可以減輕你的認知負荷。 我們一直都在研究跟要被記住的事項一起比的手勢——這些手勢讓這些事項比較好記。但手勢也可能會因為幫你減輕針對某件事的認知負荷，而間接影響你的記憶。為了證明這一點，我們要求成年人在解釋如何解數學題時 **比手勢**，在解釋其他相似的問題時 **不要比手勢**。

這個任務分成四個步驟。成年人：（1）解一道數學題目；（2）要記住一連串字母（例如：XR、QP、BN）；（3）解釋自己如何解決那道數學題；同時（4）試著回憶剛剛那些字母。每個成年人都要解24題因式分解題（例：$X^2 - 5x + 6 = （ ）（ ）$）。大家要注意的是，這些成年人在講解如何解題時還要試著記得那一串字母，所以他們得同時做兩件事情，而這幾件事都會造成大腦認知負荷。我們用成年人記得的字母數量來測量他們在講解如何解題時候花了多少功夫——答對的字母比較少就表示他們很努力在講解題目，所以只能回想起幾個字母；如果答對的字母比較多，就表示他們在講解題目上比較不費力，所以可以記得比較多個字母。當然，這個邏輯假設大腦的認知負荷有限，而要同時進行兩項任務時（一邊講解題目及一邊回憶字

母），就必須在認知負荷上有所取捨。前人的研究為這兩個假設提供了很好的證據。[15]

　　我們比較感興趣的是，在講解題目時比手勢會讓成年人要記的字母變得比較好記還是比較難記。也就是說，比手勢會減少還是增加認知負荷？手勢是一種和口語一起產生的行為。要將手試與口語結合可能需要花一點精力，也就表示比手勢時講解題目會比沒有比手勢更加困難。另一方面，手勢和口語會形成一個單一的系統，所以二者一起做要花的精力可能會比較少，也就表示講解題目時比手勢時會比沒有比手勢更簡單。那我們發現什麼呢？和不做手勢相比，成年人在講解題目時比手勢，能夠記得的字母數量更多。雖然說話時比手勢會再增加一個行為，但最終的結果卻是**會減輕**你的認知負荷。[16]

　　那如果是兒童又會是如何呢？我們給兒童的任務有稍微調整，並發現比手勢也可以減輕兒童的認知負荷，但針對兒童，我們還可以再問另一個問題。我們比較了知道我們給的加法題目怎麼算的兒童和不知道怎麼算的兒童——以成年人來，每位參與的成年人都成功解開因式分解題。我們可以問，兒童解釋的解題方法不正確時，他們比的手勢會和解題正確時相同嗎？答案是會。無論兒童提供的解題方式正確與否，比手勢都會減輕兒童的認知負荷。[17]

　　但有一點可能會讓你覺得怪怪的。我們**確實告訴這些**成年人和兒童不要比手勢，而聽指令不比手勢可能會造成認知負荷。因為被指示不要做手勢會造成認知成本，所以成年人跟孩

童不比手勢時記得的東西可能會比較少。由於受試者就算有機
會比手勢也不會一直比手勢，所以我們能夠排除這個可能性。
也就是說，每一個人會有三種不同的解釋狀況：（1）解釋
時，受試者選擇做手勢；（2）解釋時，受試者**選擇不做**手
勢；（3）解釋時，受試者**被要求**不要做手勢。事實證明，成
年人和兒童**選擇不要**比手勢跟被**要求不要**做手勢的時候，他們
能夠記得的東西數量是相同的——被指示不要比手勢不會增加
他們的認知負荷。換句話說，不管是出於選擇還是因為指示，
這些參與者比手勢時能夠記住的東西比不比手勢時還要多，也
就證明說手勢的其中一個功能是減輕認知負荷。

　　口頭任務好像很困難的時候，你可以邊說話邊比手勢來幫
助自己，

　　手勢可以讓你把自己的想法表達出來。如果你在解數學問
題的時候遇到困難，你可能會抓一張紙過來，把問題寫下來。
把問題寫在紙上可以減輕你的記憶負荷，讓你可以從不同觀點
來思考這個問題。或許把你的想法放在手中也能達到到同樣的
效果。

　　我們從一個關於孩童道德推理的研究中，獲得一些關於這
個可能性的證據。我們舉一個有關於道德的兩難問題來說，有
一對兄弟需要錢並試圖用非法方式得到這些錢，其中一個兄弟
從一位老人那裡騙錢，另一個則是從商店偷錢。我們請兒童決
定詐騙跟偷竊哪一個行為比較糟，並請他們在解釋自己的決定
時比手勢。這些兒童照著做，並在講話時比手勢。他們在說話

的時候，會把比手勢的雙手擺到不同的位置，每個地方都會反映不同的想法。只在一處比手勢是在描繪某個人的看法（左圖）；在好幾個不同位置比手勢是在描述好幾個不同的看法（右圖說明左右手各代表不同的觀點）。

　　兒童會把手擺到不同的位置，給了我們第一個徵兆得知兒童碰到道德難題時可以從多個觀點來看。兒童的口語也會開始出現好幾種觀點，但更重要的是，這個情況**只有**在兒童被告知要比手勢時才會發生。後來，等這些孩子接受完道德訓練後，先前被指示要比手勢的孩子會提出更進一步的道德推理來解釋碰到的難題——而這樣的推理需要考慮多種觀點，但是被指示不要比手勢的孩子則沒有這種狀況。請留意，道德是抽象的概念——跟空間概念完全沒有關係。孩童藉著比手勢，將自己的想法「空間化」（就像字面說的一樣，孩童會將自己的想法擺

好位置），而以這個例子來看，這麼做可以幫助他們在面對道德難題時，思考一個以上的觀點。[18]

藉由把想法放好位置，手勢除了可以展露想法，更能將想法放入空間框架。視覺─空間推理及協作認知領域的知名權威芭芭拉・特維斯基（Barbara Tversky）也將這點寫在她的著作**《行動改造大腦：行為如何形塑我們的思考》**（*Mind in Motion: How Action Shapes Thought*）中。她認為空間思考是想法的基礎──空間思考不是思考的整體，但是思考的根基。人類活動，包含手勢，都會在空間中發生，也能為我們的心智表徵（Mental Representations）建立基礎。手勢的行動可以為我們建立框架，讓我們碰到相同的問題，可以有不同的觀點。[19]

就算想法本質上與空間無關，但當我們把想法放到空間中，還是能幫助我們為仰賴空間的認知運作建立基礎。以**位置記憶法**（*Method of Loci*）這個記住一系列物品的策略為例子。位置記憶法的做法是：先想像自己把你要記得的物品放在房間各個不同的地方（例如，沙發上、桌子上、檯燈旁邊等等）。接著，你便可以在腦海中重溫你用到哪些位置，並回想放在那個位置的物品是什麼樣子（例如放在沙發上的物品、桌上的物品及靠近檯燈的物品等等）。手勢或許也能有類似的效果。我們用手勢把不同的想法擺在不同的位置，其實就是要把這些想法放好，同時，之後或許就可以利用這些空間來回想起這些想法。應該要有人來測試一下這個想法。[20]

手勢可以讓我們在思考時，有第二種模式。我們一直在討

論手勢比較不明顯的潛在功能，不過手勢有一個比較明顯的功能，是把（除了口語之外）的第二種模式帶入溝通過程。第二種模式很可能會影響思考及學習。《多媒體學習》（*Multimedia Learning*）的作者理查德‧梅爾（Richard Mayer）認為兩種模式同時出現時（而且不算多餘），會強化學習效果。口說學習是很有效的工具，但若能把口說和視覺素材混合在一起，會比只用一種素材，更能讓學習深化、持久。舉例來說，把「活塞在主汽缸中向前轉動」這句話裡的文字與活塞在汽車剎車系統向前轉動的圖片相連結，比起只以文字或圖片來思考，理解會更完整。梅爾的書著重在學習時要搭配文字與圖片。但我們也可以試著想像用文字搭配的視覺素材是手勢，而不是圖片。[21]

　　手勢和圖片之間有些很明顯的差異。手勢是動態，會隨時間慢慢發展，但圖片是靜態的。有些問題適合以動態方式呈現，例如要怎麼綁繩結。綁繩結的圖片很難看懂，尤其是你如果是以口語搭配手勢來解說來比較，更會覺得圖片很難理解。有些問題可能比較適合以靜態方式呈現，因為看一眼就立即了解不同元素之間的關係，例如在組裝抽屜櫃前先以圖片了解抽屜櫃長什麼樣子。相較於轉瞬間就消失的手勢，在組裝過程中有模型圖說明不同零件要怎麼組裝在一起，讓你可以參考其實更有用。

　　不過手勢還有另一個比圖片更好的優點——手勢可以跟口語產出與理解完美結合。也就是說你不需要思考要怎麼把口語跟手勢搭配。講話時比手勢本來就是自然而然的事。你在聆聽

別人說話的時候，也會自然而然地將說話者的手勢和你接收到的訊息結合。相反的，要在說話時有效結合圖片就得費點功夫。事實上，要結合文字與圖片，最簡單明瞭的方法似乎就是利用手勢，例如在解釋圖中某個部分的時候比著圖中那個部分的手勢。針對如何在課程中結合手勢與圖片的相關研究很少，但似乎是前景可期的未來研究方向。若是我，就會先觀察老師都怎麼做，因為老師才是專家。

手勢會把第二種表現模式帶入思考中。手勢和口語呈現的模式不同，但二者在另一個層面上也有差異。手勢會以連續的方式呈現資訊——在空中畫出圖像。相較之下，口語仰賴把離散的語言範疇組合成比較大的單位——聲音結合形成單詞，單詞再組合成句子。可能正因為手勢能呈現圖像形式，而不單純只是帶入第二種模式，讓手勢能幫助學習。我們無法在口語者身上探索這種可能性，因為他們比手勢的時候本來就會使用兩種模態——口說－聽覺模式使用語言，手動－視覺模式使用手勢。但我們可以從手語者身上找答案。

手語運用語言範疇的方式和口語相同。而且手語者在比手語的同時也會比手勢。差別在於，他們比手勢的模式與手語相同，都是——手動模式。因此，手語者在比手語和比手勢時會有兩種表現模式，但只有一種模式——手語的離散模式以及手勢的持續模式，二者都以雙手呈現。相比之下，口語者若有兩種不同模式，就會使用兩種表現模式——用嘴巴說出離散的語言，用雙手比出連續的手勢。這種組合讓我們比對兩種表現模

式以及兩種模式。手勢會幫助認知，原因是在於兩種表現模式並列呈現（離散的語言；連續的手勢），還是兩種模態並列呈現呢（手和嘴巴）？[22]

　　手語者和口語者的手勢會有相同的認知效果嗎？我們解答這個問題的方式是教導使用英文的聽人兒童和使用美國手語（ASL）的聾人兒童一個數學概念。如果關鍵是兩種表現模式並列，那手語者應該會跟口語者有相同的表現方式——不管是用口語還是手語，都會有離散的語言，但手勢會連續。但如果關鍵在於兩種模式並列，那麼手語者就會有不同的呈現方式，因為他們只能用一種模態——手。

　　第一個問題是這兩組孩童會不會在解題時比手勢。答案是會，而且比率大致相同。舉個例子說明。碰到「$3+6+8=3+$＿＿」這個題目，使用口語的孩童和使用手語的孩童都在空格處填入（錯誤的）答案17，因為他們把算式中的四個數字全部相加起來。口語者自己的解釋是：「我把題目裡面的數字都加起來了。」並且在說話的同時，指了指每一個數字。手語者用手語比出來的解釋則是「加」的手語，接著「全部」的手語。而她的手勢則是先用食指劃過等式右邊的3，接著再劃到等式左邊的8、6和3，之後分別在左邊的3、6、8和右邊的3點了一下。兩個孩子都用自己的語言（口語或手語）和手勢，傳達了相同的資訊——將數學題目中的所有數字相加。

　　下一個問題是，這些孩童會不會以手勢比出和自己用語言傳達的意思**不同**的訊息。答案是會，而且比率也是大致相同。

舉例說明。在碰到「7＋4＋2＝7＋＿＿」這個題目時，兩個孩童都在空格填了13，因為他們將等式左邊的數字全部相加。口語者以及手語者都用自己使用的語言，告訴我們，他們就只是把這些數字相加——口語者說：「我就把7和4加起來，再加2，然後在空格填了13。」手語者（如下圖）先在等式左邊的7、4和2比出了「加」的手語，並在空格處比了「放（這裡）」的手語。但在兩名孩童的手勢中，他們都傳達了不同的資訊。口語者的手在等式右邊的7旁邊比了拿掉的手勢。手語者將手掌平放在等式右邊7這個數字上，像是要把它抵銷一樣（這個動作是手勢，不是美國手語中的動作）。在這兩個例子中，手勢都傳達了口語者的口語或手語者的手語中沒有傳達的訊息。換句話說，孩童的語言和手勢間出現「不相符」的狀況。先前的研究讓我們得知使用口語的孩童在上數學課前碰到這類數學題目若出現口語和手勢「不相符」的情況，「不相符」的次數可以用來預測這個孩童從那一堂課學到多少。[23]

　　對我們來說，這裡的關鍵問題是手語者的行為是否也相同——手語者在課前出現手語和手勢不相符的次數，是否也能用來預測課後遇到同類問題的學習成果？我們在課前先將孩童依據手勢–手語不相符的次數進行分組，從0到6，總共分成6組。然後，我們再觀察學生上完課後，是否能夠成功的解題（就算有一題算錯，還是可以算是成功解題）。如果教學前不相符的次數可以預測成果，那完全沒有出現不相符狀況的孩童學習成果應該會最糟，而出現6次不相符的孩童，應該會表現最好，其他孩童的學習效果會落在這兩者之間。我們的實驗結果正是如此。手語者和口語者的表現一樣。這也就表示說手勢之所以會有認知功效，關鍵是兩種表現模式並列（離散的語言；連續的手勢），不是兩種模態並列。[24]

　　手勢會讓認知注意到身體。手勢帶給思考和學習的表現模式很重要，但造成這種模式的模態可能也很重要。手勢是由身體產生的，它本身就是一種動作。我們的動作會影響思考方式，因為動作會把我們的想法、感受、情緒、甚至是我們對語言的了解深植到我們用來與世界互動的感覺運動系統中。舉個例子，假如你在沒有看見自己動作的狀態下學習一個新舞步，之後就算你從來沒看過這些動作，眼睛還是可以辨識和分辨這些動作。你的動作會影響你怎麼看待這個世界。[25]

　　就像動作可以影響我們後續的想法一樣，手勢也有同樣的效果。請回想一下之前提到河內塔任務的研究。任務中的圓盤不僅有大小的分別，還有重量的分別。最大的圓盤最重，必須

用兩隻手才能抬起。最小的圓盤最輕，一隻手就能舉起來。成年人解題後，我們請他們描述自己做了什麼，想當然爾，他們比出手勢說明。在解釋怎麼解題時，有些成年人會選擇在描述移動比較小的圓盤時用單手比手勢，有些成年人則選擇用雙手做手勢。

　　所有的成年人都被要求再解一次題，但這次我們做了調整——我們在解題者不知道的狀況下把圓盤換掉了。現在，最大的圓盤會變得最輕，最小的圓盤會變得最重，而且要用兩手才抬的起來，只是圓盤外觀上看起來跟原本的一模一樣。讓人驚訝的結果是，當我們換掉圓盤的重量，但沒有改變其外觀後，解題者先前描述時選擇使用的手勢會影響他們這次解題的能力。在解題前用單手比手勢的成年人在拿被換掉的圓盤前，就已認定小圓盤很輕。當他們發現小圓盤很重時，他們的表現就會受到影響。圓盤重量的資訊已經藉著手進入成年人的身體——而且這個資訊就存在手部——而這個資訊會影響他們後來解題的方法。**26**

　　如果手不是你自己的，那你的手勢會變怎樣呢？如果使用義肢，你還會比手勢嗎？如果你認為義肢算自己身體的一部分，會不會產生什麼影響？因為先天或後天失去一隻手臂的人常常會安裝義肢，事實顯示這些人說話時也會用義肢來比手勢。但他們比手勢的速度不太一樣。在問卷中回答自己覺得義肢是身體一部分的人，用自己完好無損的手跟義肢比手勢的頻率會比那些覺得義肢不太像身體的人來得高。這個結果很有

趣，原因有兩個。首先，業者可以透過人們用義肢做手勢的頻率做為指標，來看這些人「擁有」自己新手臂的程度，這也是人機介面的終極目標。因為從來沒有人明確的說手勢是任務的一部分，所以手勢是測量具身化時，不會偏頗又容易實行的方法。第二點是，如果你的手臂（不管是天生的手臂或是義肢）是自己的一部分，你就會用手臂來比手勢。[27]

顯然你自己比手勢時會啟動身體。但如果是看**別人**比手勢，也可以啟動你的身體嗎？研究顯示**看到**別人採取某個動作，跟自己計劃**要去做**相同動作時，啟動的神經迴路其實有很大的重疊。這種重疊的神經元叫**鏡像神經元**。如果你的運動系統在你嘗試理解別人的**動作**時啟動，從而減少你能運用的運動資源，就也會影響你如何理解那個動作。[28]

我們用相同的邏輯來探討觀看別人比手勢會不會也有相同的效果。我們請成年人在做一項需要運用到講者透過手勢傳達的資訊才能進行的任務時，只移動他們的雙臂及雙手，**或是**只移動他們的雙腿和雙腳（藉此先佔用不同的運動資源）。移動雙臂及雙手會讓他們比較難理解說話者的手勢，但移動雙腿和雙腳卻不會。所以移動雙臂及雙手——不是雙腿和雙腳——會造成妨礙，讓你無法好好運用講者透過**手勢**傳達的訊息。要理解別人的手勢，至少有一部分，需要靠你自己的運動系統。[29]

手勢可以提升抽象概念。手勢和動作都會對認知產生影響，但二者的影響並不完全相同。對物體採取的動作會對世界帶來直接的影響。扭動瓶蓋後，瓶蓋就會被取下來。相反的，

如果你在瓶子附近做扭轉的手勢（沒有直接對瓶子做），這個瓶蓋還是會在原本的地方——當然，如果有人把你的手勢當成是請對方打開瓶子的請求並且照做，就是例外了。但重點就在這裡。動作會對打開瓶子造成直接影響。手勢可以透過其溝通和表現的特色造成間接影響。這種差異可能就表示手勢和動作會有些不同的功能。

我以前的學生米瑞米安・諾瓦克（Miriam Novack）帶頭探討了這種可能性。她分別用下面三種方式教導9歲和10歲的孩童如何解決數學等值問題。其中一組的教法是以動作模擬**組合**的解題策略，另外兩組的教法則是採用代表相同策略的具體或是抽象手勢動作。以「4＋2＋8＝＿＋8」這個題目為例，這個題目會用數字磁鐵擺放在白板上。在以動作模擬的那一組，老師教孩童把數字4、數字2拿起來，再把這兩個數字放在空格處的下方，模擬將數字4和2相加，再把這兩個數字的總和寫到空格中。在採用具體手勢的那一組，老師教孩童比出拿起數字4、數字2的手勢，再比出把這兩個數字放在空格處下面的手勢。在採用抽象手勢的那一組，老師教孩童把食指和中指伸出來指向數字4、數字2，然後用食指比空格處。這些孩童在數學課開始之前，都被教導在做這些動作的時候要同時說：「我要讓等式的兩邊相等。」在課程中，老師會叫孩童說出這句話，以及在要解每一道數學題前、後都用手做動作。老師自己在教課時不會做出任何的動作。

課程結束後，所有的孩童都接受數學等值的測試——在上

課前，他們都無法正確回答數學等值的問題。題目如果和在課堂上學過的題目屬於相同題型（像是「3＋4＋7＝＿＋7」），三組孩童都有進步，而且進步的程度相同。動作和手勢都能促進學習。

但這兩者的相似之處僅止於此。以動作模擬的那一組，孩童無法將他們學到的知識延伸應用到不同題型的數學等值問題，例如，3＋4＋7＝3＋＿。注意到了嗎？你沒有辦法把等式左邊的前兩個數字相加，直接放到空格來解題，你必須要真的理解這個題目——等式兩邊要相等——才能解題。模擬動作的孩童沒辦法解開這些題目，可是採用具體跟抽象手勢的孩童都成功了。

我們又給這些孩童另一個測試，測試他們是否能延伸應用或類化。這些題目裡面沒有相等的加數，例如「3＋4＋7＝＿＋5」。同樣的，模擬動作的孩童仍然失敗，而這一次，有些採用具體手勢的孩童也失敗，但採用抽象手勢的孩童卻都有很好的表現。手勢的好處似乎是會讓學習者擺脫問題的細節，以抽象的方式深入思考要怎麼解題。[30]

你現在可能會說我們要孩童做的動作並不是常見的動作——這些動作會動到物體，但動作本身無法解決問題。於是我們又做了一次研究，這次是由我的前博士後研究生伊莉莎白‧衛可菲（Elizabeth Wakefield）主導，用動作和手勢教導三、四歲的孩童新的動作詞彙。我們教導孩童「tiffing」這個字代表捏擠新玩具圓形的地方。實際動作那一組的孩童會直接

捏擠紫色的玩具（如左邊的插圖），採用手勢那一組的孩童則在同一個玩具附近（沒有直接對玩具）做捏擠的動作（如右邊的插圖）。全部的孩童在做動作的時候，都會說出「tiffing」這個字。

　　教學結束後，所有的孩童都接受測驗，以了解他們學習新詞彙的狀況。兩組孩童都學到「tiffing」這個詞可以用在捏擠他們在學習時用的那一個紫色玩具上。但當我們要求孩童將「tiffing」延伸應用到另一個也可以捏擠的橘色玩具時，實際動作那一組的孩童表現得比手勢那一組的孩童差，在一週後和四週後的測試更顯出差異。透過手勢學習新詞彙的孩童能夠將自己的知識類化，用在一般的捏擠動作。透過動作學習的孩童比較有可能認為「tiffing」專指捏擠紫色的玩具，而不是捏擠這個動作。這些孩童其實沒有錯——他們只是比較保守，把自己所學類化應用到學習情境外的速度比較慢。[31]

　　動作和手勢都可以幫助學習，但手勢能幫你學會跳脫特定的學習情境，延伸應用。動作和手勢都能把身體帶入認知，有助於促進學習。不過要解釋為什麼手勢比動作更能促進類化，我們就不能只考慮到身體。

　　手勢會填補口語留下的空白。 我們先前提過語言有規則，並且會將訊息包裝成語意範疇。你說的特定語言已經有既定的語意範疇，讓它可以輕鬆地傳達特定種類的訊息，但這些語意範疇會漏掉一些你可能會想表達的訊息。像是，如果你說：「杯子在牛奶旁邊」，你講的是杯子和牛奶並排放在一起，而不是要說這兩個物品之間有多長的距離。這兩個東西可能離很近，或者二者中間還有蠻大的空間。你可以利用手勢釐清這部分的資訊。英文「over」這個詞也一樣。你可以說：「麥片盒在糖的上面」。但這個句子沒有點出麥片盒是在糖的正上方、在糖的右上方還是糖的左上方。當然，你可以在句子裡面加上其他的詞語，讓語意更清楚，但手勢也可以幫你釐清，還可能更有效率。

　　手勢讓你可以幫自己語言中，把預先包裝好的語言單位去解釋想法並填補畫面，調整不完美的語言，以其更符合目前說話者或聽眾的需求。會出現這樣的調整，是因為你的語言可能需要用很多字才能表達一個用手勢輕而易舉就能描述的想法，像是說明物品所在的位置。會出現這樣的調整，也可能是因為你在那個當下沒有足夠的能力，去用口語表達想法。想想我們在導論中提到正在學化學的學生，他們還不知道談到立體異構

體時，可以用「旋轉」這個字，但他們可以比出旋轉的手勢。
這種調整會出現，也可能是因為你對於要用口語表達某個想法
感到不自在，例如先前提到那位堅信自己認為男女領導者有相
同能力的朋友，他談到男性時比的手勢位置會比談到女性時
高。手勢可以顯露你心裡想著，但沒有以口語表達出來的想
法。

　　手勢可以帶出靜態圖片中隱含的、難以言喻的訊息。空間
思考專家瑪麗・赫加蒂（Mary Hegarty）與她的同事一起探討
手勢在心智模擬中扮演的角色。他們讓成年人看機械系統的靜
態示意圖，請這些人想出系統的各個零件會如何移動。這些成
年人碰到9成以上的題目都使用手勢，而且其中有很多手勢描
繪圖片中沒有明確講到的機械動作。說話者自然而然地會用手
勢表達自己看完機械系統圖後，對這個系統做出什麼推論。[32]

　　這個討論讓我們重新回頭比較手勢和圖片。手勢比圖片更
具優勢的地方是手勢的形式可以包含動作。數學會有很多動作
跟變動的數字，但數學方程式不會很明確的呈現這些動作或變
動。拉斐爾・努涅斯（Rafael Nunez）以研究數學和手勢聞
名。他曾經請數學系的研究生兩人一組，黑板上證明數學定
理。其中有些動態數學概念——例如遞增函數、連續函數和交
集；其他定理則是相對靜態的概念——例如包含和相似性。
各組都寫出近乎完整的證明，而且除了一名學生外，所有學生
都比了手勢。這些手勢之後經過編碼，分成動態（帶動作的手
勢）或靜態（沒有帶動作的手勢）。[33]

　　一如我們的預期，談到動態概念（如遞增函數、連續函數和交集）時，伴隨口語出現的手勢就會帶動作，談到靜態概念（如包含及相似性）時，伴隨出現的手勢就沒有動作。舉例來說，一位研究生在集合符號中處理不等式，他說「所以這與遞增矛盾」並搭配向上飛的手勢，他的食指延伸變成指東西的手型，彷彿在畫一條軌跡。這名學生先寫下一串等式後，才比出這個帶動作的手勢。他的手勢告訴我們，雖然以靜態等式描述，但他對遞增函數的理解基本上是動態的。換句話說，在他腦中遞增函數和序列都是動態概念，都是會移動的實體。高等數學家即使以靜態方式去完全定義微積分中的概念，但仍會以動態方式概念化，這種動態性可從他們的手勢中看出。比方說，老師在解釋一連串靜態概念時，會比出動態手勢，透過他們的雙手，就能看出數學概念的動態本質。如果學生能夠收集老師手勢中的種種訊息（我們也知道他們確實能），他們就能了解這些只能以雙手呈現的重要數學概念。**34**

手勢是「完美風暴」

　　那為什麼你說話的時候會比手勢呢？我們不知道確切原因，但有很多很好的線索。行動是帶動手勢的部分機制，但卻不是完整的原因。而且手勢有很多很多功能。不管你想不想要，你的手勢都會向聽者傳達訊息；同樣的，不管你想不想要，手勢也可以對你帶來幫助（或傷害）。手勢究竟會不會影響你的說話，目前尚無定論，但它確實會影響你的思維。手勢

可以幫你專注，讓你的想法聚焦。手勢可以幫你記得自己比過的資訊。手勢可以減輕認知負荷。手勢會展示你的想法，把你的想法放置在空間框架中，這樣一來就可以幫助你使用需要依靠空間的認知運作。手勢會把第二種模態帶入思考，而有兩種思考模態會比只有一種更好。手勢會替思考帶來第二種表現模式，讓傳達連續的資訊變得相對簡單。手勢會讓認知注意到身體，幫助你學習許多任務。手勢可以提升抽象概念，而且提升的效果會比直接以物品來做相同動作的效果還要好。手勢會填補口語留下的空白（可能手語也可以），再把知覺動作訊息加入表達和對話時，使效果更好。但沒有一個功能可以定義手勢，

　　手勢的各個功能都可以藉由其他方式達到。比方說，螢光筆可以讓你專注；圖片可以為思考帶來第二種表現模式；行動可以讓認知注意到身體。但是手勢獨特的地方在於它能夠發揮這些效果以及其他效果，而且是同時辦到。事實上，手勢很有可能是極其有效的教學及學習工具，**因為**它同時擁有這些功能。手勢是一場擁有獨特情境組合的「完美風暴」，會讓事件急遽改變，以我們的案例來看，就是會改變學習活動。雖然「完美風暴」這個詞通常是用來描述某個具有破壞力的現象，但我這裡是要描述，不同因子匯集在一起形成**強大且天然**的情況。某些狀況下，少即是多，但手勢可以**同時**對你的認知，帶來這麼多的影響，就表示以這個狀況來看，手勢可以把所有因素匯集成一場「完美風暴」。

第 2 章

雙手會反映我們的思想

我們已經知道說話時使用雙手會對我們有幫助，這也顯示手勢不僅僅是揮動雙手那麼簡單。我在本章的目標是要告訴大家手勢可以提供一個極佳的窗口讓我們進入別人的思想。不過開始之前，我要告訴各位，手勢跟其他非語言行為如何結合，以及手勢的獨特之處。

將手勢融入非語言行為

你的身體會傳達和你有關的訊息，手臂動作、臉部表情和音調都是身體語言的例子。你若把雙手交疊在胸前，傳達出來的訊息會是你不想和人互動，或是可能有點防衛。你若把雙手放在臀上，傳達出來的訊息是你已經準備好要採取行動，或自己可能感覺有點強勢。大眾媒體已經寫了很多關於如何解讀——以及產生——身體提示，以及我們和其他動物共享哪些身體提示的文章。像是，動物（包含人類）會透過向外伸展的非口語姿勢來展現自己的主導地位。這些權力姿勢會有預期的效果——動物面對擺出主導姿勢的同類會畏縮退卻。這些姿勢

會傳達力量，而且經常被用來（至少非人類動物常這麼用）避免肢體衝突，而不是助長衝突。[1]

以人類來說，權力姿勢不僅可以告訴其他人，你是如何看待自己，還可以影響你對自己的感受。研究人員請幾個人採取高權力姿勢（也就是四肢向外伸展打開的姿勢），或低權力姿勢，（也就是四肢向內收縮的閉合姿勢），並維持姿勢兩分鐘。擺好姿勢後，這些人會參與賭博活動，並對自己在活動中感受到的「權力」以及「控制」程度進行評分。擺出高權力姿勢的人，跟採取低權力姿勢的人相比，在賭博的時候會冒更多風險，而且他們也回報說自己覺得更有權力、更有控制。在一些研究中，發現賀爾蒙變化會和權力感同時發生，但這些生理上的改變很難複製。所以我們還不清楚你透過將身體擺出伸展姿勢時感受到的權力感是不是賀爾蒙變化造成的，但有充分的證據顯示採取權力姿勢會改變你的感受和自我知覺。[2]

身體可以進行交流，這就是為什麼大家都稱之為「**肢體語言**」，但肢體語言不是傳統意義上的語言。肢體語言沒有口語或手語中存在的結構，甚至不需要和語言一起出現。你可以什麼都不說就擺出權力姿勢——而且默默這樣做的效果可能會更好。相較之下，我在本書這個部分要專注的動作是身體動作——特別是和語言一起發生的手部動作。這些手部動作的影響，至少有一部分，是因為它們實際上和我們最強大的溝通系統——語言緊密連結。

保羅·艾克曼（Paul Ekman）和華特·佛萊森（Walter

Friesen）這兩位心理學家是研究情緒與臉部表情的先驅。1969年時，兩位學者將非語言行為分成五個類別：（1）會顯露情緒的臉部表情——舉例來說，笑容、皺眉或皺鼻子。（2）會調整談話節奏的調節動作（regulators）——像是點點頭來鼓勵說話者繼續說話。（3）自我調適的動作（self-adaptors），這類動作有其功能，但即使這個功能現在已不存在了還是會出現——例如，沒有戴眼鏡還是可以做出把眼鏡往鼻子上推的動作。（4）象徵型動作（emblems），這類動作屬於標準形式的傳統手勢，可以和語言一起出現，但並非必要——像是，揮手告別、伸出一個手指頭在嘴巴前面要大家安靜。（5）解說動作（illustrators），解說動作是必須跟語言一起產生的動作，和語言時時候候的起伏息息相關——舉例來說，說出「你往左扭，就可以打開」的同時，手做出「逆時針旋轉」的動作。就像導論中說的，解說動作也被稱為**搭配言談使用的手勢**，而且顧名思義，它和口語緊密相關。[3]

手勢與口語密不可分

　　許多年前，還是一年級研究生的珍娜·艾佛森（Jana Iverson）來到我的實驗室，問了一個非常有趣的問題。她想知道先天失明的人是否會比手勢。先天失明的人從沒有看過任何人比手勢，但這有關係嗎？珍娜觀察先天失明的孩童和青少年一項執行一項一般視力正常的人通常都會比手勢的任務，發現先天失明的人也會比手勢——就算他們知道自己是在和其他失

明人士交談，對方很明顯看不到自己的手勢，也是如此。而且他們在執行這個任務時，比的手勢和視力正常的孩童及青少年相同。我們不需要看到手勢就可以在說話時比出手勢。[4]

　　珍娜的研究發現告訴我們手勢的主要機制——它運作的方法——但卻沒有告訴我們是不是一定要看過手勢，才能比出跟該語言的母語人士一樣的手勢。對視力正常的人來說，說話時比的手勢會受到說話結構的影響。舉例來說，英語使用者會在「I skipped across the street」（我用踏跳步過馬路）這一個子句中描述途徑（穿過）和方法（踏跳步），並且會比出一個包含方法和途徑的手勢，在手比出穿過的動作時，同時擺動手指頭——藉此涵蓋方法和途徑。但世界上也有別的語言會將途徑和方法分開包裝在子句中，土耳其語就是一個例子——途徑放在一個子句，方法放在另一個子句。（若寫成英文，意思等於「I went across the street skipping」（我踏跳著過馬路）。）土耳其語使用者不僅會將途徑和方法放在兩個不同的子句，他們的手勢也會將二者分開——他們會比兩個手勢（先擺動手指頭，然後把不擺動手指頭，手穿過空間），或是以比較常見的方式，比出只含有途徑意思的手勢（手指頭靜止，手穿過一個空間）。下面的圖片呈現這兩種模式，左邊是英語使用者，右邊是土耳其語使用者。

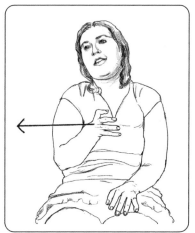

那**盲人**英語及土耳其語使用者的手勢會不會也呈現這些專屬於某個語言的特色呢？這全都要取決於手勢是**如何**形成的──也就是手勢的機制。如果我們必須**看某個**來自相同文化的人比手勢，才能學會跟母語者比出一樣的手勢，那天生失明的人就應該**沒有辦法**呈現這種文化上的差異──所有盲人比手勢的方法都會一樣。但如果只需要**學習怎麼說**英語或土耳其語，你比的手勢就會跟母語者一樣，那盲人英語使用者比的手勢就應該會跟視力正常的英語使用者一樣；而盲人土耳其語使用者比的手勢會跟視力正常的土耳其語使用者一樣──而我們研究的結果也正是如此，如圖所示。（左邊為盲人英文使用者；右邊為盲人土耳其語使用者）。[5]

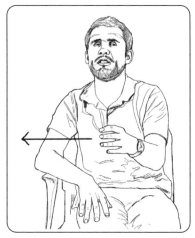

你只需要學習一種口語語言，你搭配言談使用的手勢就可以和那個語言的母語人士相同——不過要學會跟母語人士一樣比手勢需要時間，就跟學習把語言講得跟母語人士一樣，也需要時間一樣。當然，這不代表盲人比的手勢和聽人之間會毫無差異。像是**沒問題**以及**比讚**等特定文化象徵型手勢就需要學習，需要看過，或者以盲人來說，需要讀過跟這些手勢有關的資訊，或明確學過這些手勢才行。這類手勢會依循語言架構，是你學習一個語言時就會自然而然學會的東西。

發現先天失明者也會比手勢，讓我們解決了另一個與手勢有關的重要問題。手勢是為**誰比**的呢？一個從來沒有看過手勢的人，在講話時對著另一個也從來沒有看過手勢的人比手勢，那這個人應該不太可能是要比手勢給聽者看。盲人說話者很可能是為了自己而比手勢——他們的手勢可以幫助自己組織思

緒。這不代表他們的手勢對（視力正常的）聽者來說沒有用，只是說這些手勢不太可能是**特別比給聽者看的**。

不過，我們先回頭看看手勢和口語結合的不同方法。手勢出現的時間會和伴隨的詞語完美搭配。如果你說：「要修理這個水管，你要把它扳回來」這句話，你就會比出使勁**向後扳**的手勢，在說「扳回來」時做出手扳回來的動作。如果你放慢語速，你也就會跟著放慢手勢，而且時常會維持手勢，直到口語跟上為止。讓我一直覺得很驚訝的地方是就算口語的產出有誤，手勢還是會與口語維持同步——口吃者在口吃時會停止比手勢。手和嘴會同步並進。[6]

我們對手勢的了解與不了解

我們都認為自己對手勢瞭若指掌——也或者，比較可能是，我們完全忽略手勢的存在。但我已經在導論中跟大家講過我們對手勢的誤解，其中最大的誤解是手勢只會透露我們的感受，但不會透露我們的想法。艾克曼和佛萊森提出非語言行為的分類十年後，英國社會學家邁克爾・阿吉爾（Michael Argyle）在1975年，列出非語言行為在人類溝通中扮演的各種角色。阿蓋爾認為，非語言行為可以表達你感受到的情緒；可以跟你交流的夥伴傳達你的態度；可以展現你的人格特質，還可以幫你管理溝通時的輪替、接收及給予回饋，和掌控夥伴的注意力。列表中最讓人訝異的是，它完全沒有提到非語言行為還可以傳達訊息的主旨。[7]

　　就我自己來看，阿蓋爾對非語言行為及手勢的理解跟一般民眾一樣。還記得之前我們在導論中提到，黛安娜女勳爵的老師不希望她在講話時比手勢，因為她怕戴安娜會透露情緒，讓人可以利用她的情緒來對付她。但她不擔心黛安娜的手勢會透露她的想法或意見——雖然以黛安娜無拘無束的個性來看，她其實應該要擔心這一點。同樣地，我們認為手勢可以讓別人看出我們在說謊，但我們卻不認為手勢會透露謊言的內容。民間通俗的看法在這方面算正確——我們的手**勢確實會**讓別人看出我們在說謊，也會透露我們的情緒。但手勢也會透露我們的謊言，甚至透露出真相。換句話說，非語言行為——手勢，可以透露我們的實質想法，以及我們對這些想法的感受。回想一下導論中艾米·富蘭克林在博士論文中描述的例子，成年人按照要求講出錯誤的描述，說動畫中貓跳到柱子上，但他們的手勢洩漏出貓實際是在跑。有些成年人在講這些不符合真相的描述時，甚至會搖頭表示「不是」的動作，就像是要全世界不要相信他們一樣。新的研究也發現，臉部表情這個常被認為會反映感受及情緒的另一種非語言行為，也可以成為資訊來源，以了解其他人對事情的看法。人們回應世界的方式常常會顯露於臉上，而其他人，包括嬰兒和孩童，都可以閱讀這些情緒反應。臉部表情和手勢都能讓觀察者了解說話者的情緒狀態，但只有手勢可以讓人了解說話者的想法。**8**

　　我們可能還是會想將對話局限於從嘴巴說出口的文字，不包含手勢。傳統上就是以這個方式來定義溝通——這個定義將

溝通分成語言及非語言兩個部分，但不太注意這二者傳達意思的互動方法。亞當・肯登（Adam Kendon）是世界級的手勢權威，也是第一個挑戰這種觀點的人。他主張非語言行為至少有一個型態——手勢——是無法與對話本身分開的。美國心理學家大衛・麥克尼爾（David McNeill）在他開創性的研究中延續了肯登的觀點。順便一提，大衛・麥克尼爾的名字本身也與「手勢」同義。大衛讓我們看到，你說話時比的手勢會與你說出口的文字緊密連結。二者不只在出現的時間點，甚至是意義上都彼此緊密相連。對手勢視而不見，就是對談話的一部分視而不見。**9**

　　到目前為止，我們已經想過人類為什麼比手勢的理由，也了解到手勢與其他非語言溝通不同，手勢可以在對話中加入實質的想法。那手勢可以替對話增加什麼內容呢？手勢可以讓人們把注意力專注於在場的人、地方和事物上——用手指一下和你對話的夥伴、天花板或一本書。手勢也可以把人們的注意力帶到不在場的人或事物上——手指一下你朋友先前坐過的椅子來指他，或是指一下房間裡的某本書來指示你放在樓上的那本書。手勢可以強調物體的形狀和動作的軌跡——比如劃蛇的 S 型，或移動你的手來呈現蛇滑動的動作。手勢還可以表達「隱喻」——談到和配偶之間的緊密關係時，把手指頭交纏產生一個形狀。

　　手勢能「說出來」的這些事情其實也可以用口語表達，但手勢傳達的訊息和口語傳達的訊息都**不會完全一樣**。如果你談

到咖啡壺的時候指著咖啡壺,你是以文字說它是**什麼東西**,但用手勢說它在**哪裡**。手動模式非常適合在空中畫畫、描繪軌跡以及指出要看哪裡。手勢為口語增添圖像和動態的內容,讓口語更豐富多彩。

但手勢的功用有時還不只如此。手勢可以添加相搭配的口語中**沒有**的訊息,但必須有這個訊息,人們才能理解口語的內容。有個成年人在談他剛剛看完的一部卡通,他說:「這隻手正試圖要發動車子。」這個描述很奇怪,如果沒有相搭配的手勢就很難理解──一隻手一直在繞圈圈。藉著手勢可以告訴聽者這台車非常舊,需要藉曲柄才能發動。在其他的狀況下,口語**可以**獨立存在,但詮釋時利用手勢說明語境,會讓訊息更清楚。有位先生坐在客廳和太太討論兩人的孩子今天做了些什麼。他說:「他們做了蛋糕,對不對?」這句話感覺很直接了當、毫不模糊對嗎?但是,說出「蛋糕」這個詞時,丈夫指向花園。這個手勢很清楚的顯示蛋糕這件事不是在廚房,而是在花園裡面進行的,而且這個蛋糕不是用麵粉,而是用泥土做的。手勢可以傳達相搭配的口語中找不到,甚至沒有暗示到的訊息。如果你閉上眼睛,你就會錯過這些訊息,因此而可能誤解說話者想要表達,又或者可能不想要表達的訊息──我們又再次看到對話不是只有口語而已。[10]

我們已經看到手勢和口語之間有很多不同的關係。一方面,手勢可以增強與補充相搭配的口語所傳達的訊息,替口語增加圖像和動態的內容。另一方面,手勢可以替口語增加口語

本身**完全**找不到的資訊。在剩下的章節，我會專注談手勢跟口語的第二種組合，因為這種組合強調，如果你不好好注意手勢，你會錯過多少資訊。

當手勢傳達和語言不同的訊息

我的第一個研究生R·布蕾肯妮奇·丘奇——我都叫她布蕾奇——發現我們後來所謂的「手勢－口語不相符（Gesture-Speech Mismatches）」的現象。前情提要一下，每一年在我的發展心理學課程中，我都會播放羅切爾·傑爾曼（Rochel Gelman）給我的一捲錄影帶。羅切爾是知名的發展心理學家，也是我在賓州大學的指導教授。這支影片說明一名孩童參與知名瑞士心理學家尚·皮亞傑（Jean Piaget）開發的一項數量守恆的研究。實驗人員讓這名孩童看了兩排數量相同的棋子，然後問孩童這兩排棋子的數量是否相同，孩童回答這兩排棋子的數量是相同的。接著，實驗人員將其中一排棋子打散排放，再問孩童這兩排棋子數量是否還是一樣。你或我可能會回答「對啊，當然。」，而已經了解棋子數量不會因為我們動手移動就受影響的孩童也會這樣回答。但所謂**「無數量守恆概念者（*non-conservers*）」**，就會認為棋子的數量改變了。這是皮亞傑極具洞察力的發現。為了充分了解孩童的思想，皮亞傑請孩童解釋自己的答案。無數量守恆概念者會說散開排放的棋子比沒散開的棋子多是因為「你移動了棋子」或是因為「散開的棋子佔比較多空間」。但皮亞傑漏掉這些解釋中的某些東

西——每個孩童在講解自己的無數量守恆概念時，都會比手勢。年復一年，我把錄影帶播放給我教的班級看，有一次我終於**注意到**這些手勢，並建議布蕾奇開發一個系統來描述這些手勢。[11]

　　皮亞傑從孩童的口語中發現的每一種解釋都有相對應的手勢，布蕾奇為這些手勢開發了一個編碼系統。到了一個階段後，我們決定要確保我們的口語編碼不會受到手勢編碼的影響。所以，布蕾奇把畫面關掉，只聽口語進行口語編碼；要針對手勢進行編碼時，則把聲音關掉。她因此得到了一個很有趣的發現——有時候孩童以手勢提供的解釋，會和孩童在口語中給的解釋**不相符**。讓我給大家一個例子。有個孩童說：「它們不一樣，因為你移動了它們」，這個解釋與實驗人員關注的事情有關。但是，與此同時，這個孩童的食指會從第一排的第一個棋子連到第二排的第一個棋子，然後從第一排的第二個棋子連到第二排的第二個棋子，以此類推，畫出了一個鋸齒波浪狀。在孩童的手勢中，他一一指出兩排棋子要一對一對應，這是了解數量守恆的重要步驟。右圖這個無數量守恆概念的孩童，他**說**這兩排棋子的數量在其中一排棋子被散開來擺放後就不一樣，但他似乎還是知道一些數量守恆的概念——或至少他的手知道！

　　將這個孩童和另外一個無數量守恆概念的孩童相比，這個孩童也說：「它們不同因為你移動了它們」，但第二位孩童，就像下圖顯示的，藉手勢傳達了移動的資訊——他比出往外展開的手勢。這個孩童的手勢與口語提供相同的資訊，是手勢－口語相符的狀況，沒有證據顯示他對了解守恆概念。

　　事實證明，有些無數量守恆概念的孩童會產生很多這類「不相符」的回應，手勢會傳達與口語不同的資訊，但有些孩童卻不會有這種狀況。我們假

設出現很多這類不相符狀況的孩童，跟出現不相符狀況較少的孩童相比，可能比較了解自己要做的任務，所以會從數量守恆的教學中學到更多。我們替所有的孩童上了一堂數量守恆的課，然後計算在課後，數量守恆概念的理解增加的孩童有幾位。就跟我們預想的一樣，課前出現手勢－口語不相符狀況的

孩童上完課後比較會進步——比沒有出現不相符狀況的孩童的可能性更高。手勢－口語不相符是很好的指標，可以幫助我們知道誰已經準備好要學習某個概念，誰又還沒有準備好。[12]

　　為什麼這是很重要的發現？手勢反映學習者的想法，並告訴我們有多大的可能性可以改變學習者的想法。課程開始**前**知道哪些學生已經做好學習準備，可以讓老師在教學時因材施教——針對手勢與口語不相符的學生，以及相符的學生，提供不同的教學。本章之後就會提到，老師自然而然就會這樣做，不需要我們特別提供建議！手勢可以提供資訊，而且老師不但會看到，也會利用這些手勢。除了有實際的溝通意義之外，孩童的手勢及口語間的關聯還具有認知的意義。在數量守恆的研究中，所有的孩童都有比手勢，所以孩童是否準備好要學習數量守恆概念，跟孩童有沒有比手勢沒有關係。我們要看的，是孩童的手勢是否可以傳達出相搭配的口語不具備的資訊。這一點才是幫助我們預測誰做好準備，要做出這類認知改變。

　　但我們要怎麼知道用手勢－口語不相符現象來預測進度的能力，是不是僅適用於數量守恆這個概念，或是不是僅限於5到8歲這個年齡區間的孩童呢？為了探討這個現象有多普遍，我們轉向數學。美國四年級的小學生不太會解「$4+6+3=\_\_+3$」這類的題目。等式右邊的3讓他們感到困惑——這些孩童不知道要拿3怎麼辦。有些孩童會把等式左邊的所有數字加起來，然後在空格處填上13；其他孩童會把問題中的所有數字都相加起來，然後在空格處填入16。

　　我的第二個研究生蜜雪兒・派瑞（Michelle Perry）就出了一組這類問題給9到10歲大的孩童，請他們解釋自己是如何解題；這些孩童給的答案都是錯的。這個時候，我們已經知道要把手勢和口語獨立分開來看，所以蜜雪兒在替語言編碼時把圖像關掉，在替手勢編碼時把聲音關掉。她注意到的第一件事是，大多數孩童都會在解釋時比手勢。講述自己的解題策略時，有些孩童的口語和手勢會相符——他們是手勢－口語相符者。像是，他們會說「我把4、6和3加起來，就得到13。」也會比全部的數字（等式左邊的數字4、6和3），也就是**等號前都相加**的策略。但有大約三分之一的孩童在口語和手勢中，傳達了不同的解題策略——他們是手勢－口語不相符者。舉例來說，他們都在口語中傳達了**等號前都相加**的策略，但他們的手勢是以V形比向數字4和6後，再用食指比空白處——也就是**組合式**策略；這就顯示等式左邊的兩個數字可以被組合在一起並相加，然後把兩個數字的總和填入空白處。同樣的，我們認為手勢－口語不相符者對這個數學題目的了解比他們在口語中透露的來得多，也比手勢－口語相符者來得多。我們挑出所有問題都沒有正確回答的孩童，幫他們全部都上了一堂數學課。如果手勢與口語不相符的學生已經準備好，學會如何解決數學等值的問題，那他們課後的表現就會比手勢與口語相符的學生好——結果也確實如此！手勢－口語不相符的現象，不是只適用於5到8歲面對數量守恆題目的孩童。[13]

　　事實上，許多任務和年齡層都會出現手勢－口語不相符的

現象——像是大量吸收詞彙的幼童、解釋怎麼玩遊戲或怎麼數一系列物品的學齡前兒童、談論季節變化的國小生、預測材質和厚度不同的桿子什麼時候會彎曲的青少年、講解齒輪如何運作或與會持續變化的問題的成年人,都會有這種情況,還有各年齡層在討論道德難題或解釋如何解決邏輯問題(河內塔)的時候也會有這種情況。[14]

　　安佳娜‧拉克希米(Anjana Lakshmi)目前是我實驗室的研究生,她正在將手勢-口語不相符的現象帶入一個新領域——社會評估。她請成年人討論不同族群的能力,然後觀察這些人講話時比什麼手勢。大部分的人在比關於能力的手勢時,都會使用垂直的軸線。換句話說,談到一般認為是比較有能力的族群時——例如外科醫生、事業有成的商人、出色的運動員——若手勢從高到低來看,這些人的手勢會擺在比較高的位置;談到一般認為是能力較差的族群時——例如老人、街友、孩童時——他們的手會擺在比較低的地方。安佳娜之後請這些成年人比較兩個族群,例如比較男女的能力。許多領域都不能接受有人說男性的能力優於女性,但當然,還是有許多人有這種想法。她的發現就像我在導論中講的一樣,有些人會說男女能力一樣好,但是當他們講到男性的時候,比的手勢會擺在垂直軸線比較高的位置,講到女性時,比的手勢會擺在垂直軸線比較低的位置。雖然這些人可能真的相信男女一樣有能力,但手勢卻傳達不同的訊息。成年人說男女一樣有能力,但手勢的不平等,就反映出說話者本身的矛盾心態,也說明說話

者的心態還不是很確定。說話者之後會不會變得更相信男女平等，取決於他或她在不確定狀態下接收到的訊息種類和說服力。[15]

　　手勢會透露各年齡層的人對各種事情沒有說出口的信念。把手勢和伴隨的口語放在一起看，就可以用來推測說話者對改變的開放態度。牙牙學語的幼兒一次只能說出一個詞——他們正處於單詞期（One-Word Stage）。但他們能夠結合單詞及手勢。有的時候，手勢的意思和單詞的意思會重疊——手比著鳥，加上說出「鳥」這個詞。但是，其他組合中的手勢和單詞之間基本上沒有重疊——指向鳥，加上說出「nap（睡午覺）」這個字，來描述圖片上一隻閉眼的鳥。第二種類型的組合相當於有兩個單詞的句子：「bird nap（鳥睡午覺）」。果不其然，我們再隔幾個月之後去看，就發現先前用手勢與口語分別傳達不同訊息的孩童（指著鳥＋說「睡午覺」這個字），已經開始產生他們第一個包含兩個單詞的句子。但手勢和口語重疊的孩童（指著鳥＋說出「鳥」這個詞）則沒有這種情況。以這個情況來看，口語和手勢傳達不同訊息，同樣代表你已經做好準備要學習。[16]

　　我們在年紀較大的學習者身上也看到類似結果。在一份研究中，我們測試上過基礎化學，但是沒有上過有機化學的大學生，看這些學生對立體異構物的理解程度。立體異構體指的是一組互為鏡像且無法重疊的分子。他們不了解立體異構物——沒有人成功完成這項任務——大家都畫不出分子的立體異構

物。但是，當研究人員要求學生解釋自己的答案，有些學生比出跟問題相關，但與口語所傳達的訊息不相同的手勢。導論中描述的就是這樣的學生——他在口語中沒有提到旋轉，但卻比出一個旋轉的手勢。我們幫所有的學生上了一堂簡單的課，教他們要怎麼分辨兩個分子是否為立體異構物，然後再讓他們進行測試。學生在上課前如果比出越多與問題有關的訊息，**而且**這些訊息和口語傳達的訊息不同，那他們課後出現進步的可能性就越大。雖然我自己的手勢研究大多以兒童為主，但我深信我們在兒童身上的發現也都適用於成年人。手勢是了解年輕人和老年人思想的窗口。**17**

　　我們的思想會藉我們的雙手說話，而且常常在我們不自知的情況下，並以這種方式告訴世界我們已準備好接收新的資訊。但世界準備好聆聽這些資訊了嗎？

聽眾可以解讀我們的手，藉之了解我們的思想

　　普通聽眾沒有辦法像我們這樣回播影片，那他們有辦法注意到手勢和口語傳達不同訊息嗎？也許更重要的問題是，手勢若傳達口語中沒有的訊息，普通聽眾是否可以從手勢收集資訊？布蕾奇第一次處理數量守恆的錄影帶時，會同時針對口語和手勢進行編碼，但有時候，她沒辦法看到，手勢傳達與口語不同的資訊。她需要刻意把兩個方式分開（以錄影帶先進行口語的編碼，然後再針對手勢進行編碼）去辨識手勢和口語可能不相符。為什麼會這麼困難？這是因為，身為聽者，我們會將

我們從手勢中看到及從口語中聽到的訊息完美結合——而且我們也不知道哪些資訊分別來自哪裡。但這並不表示我們沒有辦法從手勢中收集資訊。我在這一節的目標是要評估沒有受過手勢編碼訓練的人，是否可以從手勢收集資訊。[18]

　　要了解聽者是否能從說話者的手勢收集資訊，最簡單的方法就是問他們聽到什麼。大衛・麥克尼爾是手勢研究的權威，也是我在芝加哥大學的同事。他的團隊請成年人看一段其他人描述翠迪鳥**金絲雀的**動畫內容。這些成年人都沒有看到卡通內容，只有看到他人提供的描述。他們不知道的是，這些描述者提供的其實是一連串精心演練過，與故事不相符的手勢。成年人的任務是把這個故事再講一遍，他們重述的故事以錄影記錄下來。另一組成年人則是聽描述影像的音檔，但是沒有看到描述的人。

　　麥克尼爾和他的同事發現，成年人會從描述人員的手勢吸收資訊，但他們並不知道自己有這樣做。我們來舉個例子。描述者說：「他從水管底端出來」，但同時上下擺動他的手，像在彈跳。描述者的口語並沒有提到傻大貓（追著鳥的那隻貓）是怎麼從水管底端出來，但他的手勢顯示傻大貓跳下來的。其中有一個成年人在重講故事的時候說「然後下樓梯」，並比出直線向下移動，沒有彈跳的手勢。這個成年人吸收了**只出現在**描述者手勢中的上下彈跳動作，然後把這個動作轉化成口語中的內容（「然後下樓梯」）。她一定是用類化的方式儲存這個上下彈跳的動作，之後這個資訊就讓她有基礎想出**語言發明**

（「樓梯」）。她並沒有說她之所以會說傻大貓下**樓梯**，是因為她看到描述者的手勢——我猜她自己也不知道她為什麼會有這個想法。手勢之所以如此有影響力可能有部分原因在於手勢非常細微。[19]

我們還知道就算不是刻意製造出來的手勢－口語不相符狀況，普通的聽眾還是可以從手勢中收集資訊。我們從數量守恆及數學研究中，挑出一些孩童產生的手勢和口語為例。有一半是手勢－口語相符，另一半是手勢－口語不相符。我們讓成年人每個例子都看兩遍，接著要求這些成年人針對孩童提供的解題說明，告訴我們他們的想法。我們認為每天都跟孩童互動，需要不斷評估孩童技能的人，解讀手勢的表現可能會比較好——所以我們在這個研究中安排的成年人有一半是老師，有一半是大學生。[20]

成年人碰到孩童手勢－口語不相符的狀況，應該要怎麼應對呢？如果他們只會回應孩童移動的雙手（而不是回應手勢傳達的訊息），那不管手勢－口語相符或不相符，他們的回應應該都不會有差異。然而，如果他們會回應孩童手勢傳達的**資訊**，那他們碰到手勢－口語相符或不相符的狀況，就應該會有不同的回應。不相符會出現兩條訊息，一條在口語中，另一條在手勢中。如果成年人會從手勢收集資訊，那他們在評估產生手勢－口語不相符的孩童時，給的評論就應該比手勢－口語相符的孩童還要多。結果確實是這樣。在這兩項研究中，成年人評估手勢－口語不相符的孩童時，都會提到孩童口語中沒有出

現的訊息，但針對相符的孩童提供的評論就沒有這種情況。更重要的是，在大多數情況下，這些額外的資訊都可以回推到手勢－口語不相符的狀況。

　　舉例說明。我們給成年人看本章前面描述的數量守恆，手勢－口語不相符的狀況——孩童在兩排棋子上面那一排被打散排放後，說兩排棋子數量不同，並說「因為你移動了它們」，但是孩童的手勢卻顯示其中一排的棋子可以和另一排的棋子，一對一的相配對。成年人先重複孩童說的話：「你移動了它們。」但她也注意到孩童的手勢，並接著說：「他指了……雖然沒有講出來，但他用手配對棋子。」這位成年人把只出現在孩子手勢中的資訊轉為孩子的解釋（一對一配對），同時也把出現在孩子口語中的資訊轉為孩子的解釋（棋子被移動了）。在這個例子中，成年人明確的提到孩童的手勢，但並不是所有成年人都這樣——有時候成年人會把孩童手勢中傳達的資訊翻譯成自己的口語，就跟麥克尼爾和其同事研究中的參與者一樣。

　　讓我們吃驚的是，老師收集孩童手勢資訊的表現並沒有比大學生好。但這個結果其實也不該讓人感到意外——整合手勢和口語的知識是**每個人**溝通系統的基本特質。[21]

　　透過我們選出來，放在影片中手勢－口語不相符的範例，沒有經過訓練的成年人也能獲得實質的資訊。比方說，我們挑選了清楚顯示孩童將第一排的棋子與第二排的棋子配對起來的例子。可能這些成年人很難不注意孩童的手勢並從中獲得實質

意思。但我們設定的情境與現實世界截然不同。因此我們採取
了兩個步驟,讓解讀手勢的情境更自然:我們讓一些成年人**觀
察**,讓另外一批成年人**教導**現實生活中會依照自己心情比手勢
的孩童。

我們請成年人觀看一群兒童個別碰到皮亞傑數量守恆題目
的反應。每個成年人都要觀察4到7個隨機從課堂上挑選的學
童。當然,這樣一來我們沒辦法像觀看錄影帶那樣,在每道題
結束後都要孩童停下來,並請成年人評量孩童對題目的了解情
況。我們需要找到方法,讓成年人可以即時對孩童進行評量。
為了解決這個問題,我們給每位成年人一張檢核表,裡面的項
目跟與孩童要做的任務相對應。檢核表中提供了都執行這個任
務的孩童一般會提供的解釋,包括正確跟不正確的解釋。成年
人的工作是要在孩童進行每項任務時,勾選孩童表達的每種解
釋。檢核表讓成年人能夠在孩童執行任務時評量他們的表現。

收集完這些研究的所有數據後,我們對孩童提供的解釋進
行了編碼和分析。我們很幸運,這些孩童有手勢－口語符合以
及不相符的情況,所以我們可以判斷成年人是不是能收集只在
手勢裡出現的資訊。一如我們的預測,成年人確實勾選了只在
孩童手勢出現的解釋(手勢－口語不相符)——而且當孩童只
用手勢解釋時,跟孩童完全沒有這類解釋相比,成年人勾選的
機率更高。就算手勢沒有經過編輯且轉瞬即過,成年人聽眾還
是抓到手勢要表達的意思。孩童聽眾也可以。[22]

不過我們研究中的成年人不算真的聽眾——他們最多只能

算是旁觀者，旁觀孩童跟其他人進行的任務。我們真正需要研究的是參與對話的成年人。當時實驗室內的研究生梅麗莎‧辛格（Melissa Singer）請專業的老師先旁觀我們給一名孩子進行數學等值測試。這些老師的工作是關注這個孩子的回覆和解釋，讓他們在跟孩子互動前，先對每位孩子有所了解。觀察孩子接受數學測試後，老師再幫那個孩子上一堂課，說明這類題目要如何解題，而且可以使用任何她決定的教法——換句話說，老師是對話的一方，也是實際的聽者。總共有八位老師參與了這項研究，一次一位，每位老師都觀察及教導了大約五名孩童。有趣的是，老師們都會注意到，孩子在進行數學測驗時，以及上數學課的時候，是否有出現手勢－口語不相符的現象。他們沒有明確地說自己已經讀懂這些孩童的手勢，但我們可以看出他們確實讀懂了，因為他們對待手勢－口語不相符者的方式和對待手勢－口語相符者不同。跟沒有手勢－口語不相符現象的孩童相比，老師會為產生手勢－口語不相符現象的孩童提供更多不同的解題策略，而且老師們在跟產生手勢－口語不相符現象的孩童互動時，自己也會出現更多手勢－口語不相符的情況。這些老師並不是在模仿孩童的手勢－口語不相符現象——他們自己出現的不相符情況會包含兩種不同，但**正確的**解題策略；孩童的不相符現象則至少會有一種**不正確的**解題策略。老師自己也會出現手勢－口語不相符的情況。[23]

為什麼老師也會出現手勢－口語不相符的情況呢？這些老師並不是不太確定自己對數學等值的理解，但我認為他們可能

不太確定要怎麼教導口語及手勢傳達不同資訊的孩童。這種不確定可能導致他們自己在教導手勢－口語不相符的孩童時，也出現手勢－口語不相符的情況。

　　看起來，教學內容中包含兩種正確的解題策略，似乎蠻適合教導準備改變的孩童。但真的是這樣嗎？為了找出答案，在後續的研究中，梅麗莎和我就用老師們碰到手勢－口語不相符的孩童時，自發想出來的教學方式來教導孩童。讓我們很驚訝的是，我們發現手勢－口語不相符的教學方式促進學習的成效非常好，比其他類型的教學方式更好——我們到第三部分會再回來討論這一點。[24]

　　本章所舉的例子說明手勢提供一個極佳的窗口讓我們進入別人的思想。手勢讓你可以看到孩童與成年學習者腦中正在發展的想法，即使這些想法還沒出現在他們的口語中。提早了解學習者的想法，讓你有機會可以讓這些想法發光發熱，替你面前的學習者量身打造指導方式。當然，要量身打造，你必須有辦法先從學習者的手勢收集到實質的資訊——而你真的有辦法。你可以讀懂每位說話者產生的手勢，不只是孩童說話者而已。要讓手勢幫助學習，最後一步是要回應你看到的手勢，並配合改變你的行為。而你確實也會這麼做，不只在觀察實驗人員特別挑選的手勢時會這樣，和其他人互動時，看到他們自然而然做的手勢，你也會這麼做。

　　所以這就是關鍵重點。說話者常常透過雙手，透露他們剛剛形成的想法，包括對認知任務的理解，以及對社會族群的評

估。他們的雙手也會透露他們是否準備好要改變這些理解及評估。聽者可以利用說話者的雙手了解說話者在想什麼，提供回應，促進他們改變。這就表示所有年齡層的人，只要邊講話邊比手勢，都有機會針對自己的認知和社會成長，影響自己會從其他人身上的意見。

第 3 章

雙手可以改變我們的思想

我們前面已經看到手勢會透露你自己都沒注意到你有的心思。但手勢同時也可以改變你的思想。記不記得，我們在導論中提到一位朋友，從這位朋友的手勢就可以看出他對男女的領導潛能有一些不言而喻的信念？這種信念跟他口頭上說男女都是優秀領袖的觀點不符——他的手勢跟口語不相符。我們在上一章已經看到，碰到某項任務時，手勢－口語不相符的人，已經準備好要學習這個任務。口頭上擁護男女平等，但手勢卻顯示他並未平等看待的這位朋友正處於改變的臨界點。但他會朝哪個方向改變——會更相信，或是更不信男女平等——要看他在這種狀態下獲得什麼資訊。

我們來讓這位朋友跟一位不僅口頭上說男女都是優秀領導者，手勢也支持平等的人互動——也許這個人在談論男女的時候會把兩個手掌都放在同樣的高度。看到這個人的手勢也展現平等，再加上一堂跟性別及領導風格有關的課程，可能會促使我們這位朋友解決手勢與口語不相符的問題，更明確地相信兩性平等。如果我們能讓他在比手勢的時候也展現平等，他就比

較有可能讓自己的信念朝著兩性平等的方向發展——不僅僅只是他用手勢暗示的信念，還包括他以口語明確表達的信念。我會在本章探討這些可能性。我們會看到手勢——你看到的手勢，以及你自己比的手勢——**可以**改變想法。

看到別人的手勢可以改變你的想法

下一次跟人談話時，請留意手勢——每個人，包括你，都可以讀懂其他人的手勢——儘管你可能不知道自己正在解讀別人的手勢。但是，能夠解讀手勢並無法提供科學證據，來證明其他人的手勢可以改變你的想法。我們需要提供一批學習者帶有手勢的教學，另一批學習者沒有帶手勢的教學，再來觀察大家都學到什麼。如果看到別人的手勢會改變我們的想法，那麼跟接觸單純教學而沒有帶手勢的學習者相比，接觸到搭配手勢教學的學習者在課後的表現應該會比較好。瑪莎・阿利巴利（Martha Alibali）跟她的學生妮可・麥克尼爾（Nicole McNeil）（我學術意義上的孫女）就做了這樣的研究：她在教小學生數學時，有些搭配手勢，有些不用手勢。學生要依據影片中講者的指示來堆積木。講者說：「有一塊積木上畫了朝上的箭頭跟一個笑臉，笑臉上方還有一個長方形，請找到這塊積木。」講者說話的時候，臉部表情沒什麼變化，但他比出下列其中一種手勢——加強手勢（在說「朝上」和「上方」時，比出向上和跟上方的手勢）、相衝突手勢（在說「朝上」和「上方」時，比出向下和下方的手勢），或是不比手勢。看到加強手勢的孩

子在課後的表現比看到相衝突手勢或沒有手勢的孩子更好。瑪莎進行的第二個研究，也有類似的操作，但她教導學齡前兒童的東西是對稱（對稱是指一個物品可以分成完全相同的兩半）。她也發現，看到加強手勢的孩子，跟沒有看到手勢的孩子相比，表現會比較好。[1]

最後，布蕾奇，你可能還記得，就是發現手勢跟口語不符的那位研究者。她教的是守恆。她在教導兩組小學生時，也是有些搭配手勢，有些不用手勢。她教的對象是學習英語的西語母語人士，以及英語母語人士。英語母語人士在上完課後，完成任務的表現比西語母語人士好。這一點並不值得驚訝，因為測試是用英語進行。但讓人驚訝的是手勢帶來的效果。這兩組的孩子，如果在課堂上有看到手勢，課後表現會比沒看到手勢的孩子更好。在教學中使用手勢對母語以及非母語人士同樣都有幫助——教學如果包含手勢，兩組學生課後進步的概率會是不包含手勢的兩倍。手勢可以幫助孩子學習，不管他們已經精通某個語言，還是才剛開始學習那個語言。[2]

在這三項研究中，課堂上的手勢都與講課內容相符。梅麗莎・辛格（Melissa Singer）和我很大膽地在課程中加入與口語不符的手勢。主要是為我們發現老師在數學課中，會不自覺比出跟口語內容不符的手勢。我們要研究的問題是課程若包含與口語內容不符的手勢（手勢中表示正確的某個策略，跟口語說的正確策略不同）的課程是否能幫助學習。我們先老實說——我們認為這一定行不通。但我們大錯特錯。

　　前面提過，我們以口語方式教導所有孩子數學等值教學（平衡型解題策略）。例如，針對 $5 + 2 + 7 = \_\_ + 7$ 這個題目，實驗者會跟所有的小朋友說：「大家要讓兩邊的值相等。」有些小朋友會看到實驗者使用相符的手勢——手掌先滑過等式左邊下方，再滑過等式右邊下方。有些小朋友則會看到不相符的手勢——先指指等式左邊的 5、2 和 7，再在等式右邊的 7 下方做一個拉開的手勢，來代表**加減**的策略（「將左邊所有數字都相加，再減掉右邊重複的數字」）。有些小朋友不會看到任何手勢。課後再測試孩子的數學等值練習。

　　讓我們大吃一驚的是，在數學課上看到不相符手勢的小朋友居然表現最好——比看到相符手勢的小朋友更好，也比沒有看到手勢的小朋友好。手勢展示一種策略，口語又展示另一種策略，結果居然證明有利於學習。你可能會說，「當然啊，不相符的手勢會比相符的手勢包含更多資訊——口語的**平衡型**解題策略和手勢的**加減**策略，相較於口語跟手勢都用**平衡型**策略。教兩種策略**應該**會比只教一種策略更有利於學習。」但這個問題，我們已經透過以口語方式教導另一組小朋友兩種不同的策略（**平衡**策略和**加減**策略）解決了。這組小朋友的表現比只用口語教導一種策略的小朋友都差，不管在教的時候有沒有搭配手勢。教兩種策略是很好，但前提是一種要用口語，另一種要用手勢展示。手勢若能為口語補充相關資訊，就會成為非常有效的教學工具。[3]

　　所謂「搭配言談使用的手勢」就是跟口語一起出現的手

勢。那手勢是否一定要跟口語**同時出現**才能幫助學習？教師可以在言談中提供一種策略，接著再用手勢教第二種策略。也許依序提供這兩種資訊會比二者同時出現更能幫助學習。

為了找到答案，我以前的一個研究生愛麗莎・康登（Eliza Congdon）主導一項研究，用口語教導兒童平衡型解題策略。有一組小朋友會在聽到這個策略的同時，看到用手勢教導的加減策略（口語1＋手勢2同時）。另一組小朋友會在先聽到平衡型解題策略，接著才會看到用手勢教導的加減策略（口語1接著手勢2）。第三組小朋友先聽到平衡型解題策略，接著聽到加減策略（口語接著口語2）。

我們教課的時候，最優先的目標都是要讓學生在上課後會比上課前有更好的表現。但我們的第二個目標是要維持學習效果——也就是我們希望學生可以記住自己學到的東西。所以我們不只會在學生上完課後立即測試，我們還在上課一周後跟四周後再進行測試。我們想了解孩子是否能**記住**自己學到的東西。

第三個目標是要讓學生能夠拓展自己學到的知識。我們在每個時間點讓小朋友接受的測試，都使用相同的問題類型（只是具體數字不同）。例如，小朋友學習如何解4＋5＋7＝＿＋7，測試的時候會問他們3＋4＋6＝＿＋6；所以只有數字不同。我們的測試中也有孩子需要類化的問題，換言之，這些問題在形式上會超出老師教的範圍。例如教完4＋5＋7＝＿＋7之後，測試孩子是否會解3＋4＋6＝＿＋8。請留意，這次不

僅數字不同，等式右邊也沒有跟左邊重複的數字——要解這一題，孩子不能按照死背的策略，而是要真正理解等號的含義。我們要看的是孩子是否能將所學內容**類化**。

考量到我和梅麗莎‧辛格先前一起進行的研究結果，手勢和口語同時呈現的學習效果，果不其然的非常好。課程中同時以口語和手勢教導的孩子，相對於只依賴口語教導的孩子，**學習保留**的成效比較好。事實上，即使沒有提供額外的指導，同時以口語和手勢教導的孩子也會隨著時間，表現越來越好。這些孩子，跟單純以口語教授的孩子相比，更能把自己學到的東西**類化**，並且時間一長，他們碰到需要類化的問題，也會有越來越好的表現。看起來，即使沒有額外指導，手勢也會為孩子的持續進步奠定基礎。手勢是一個可以給我們帶來源源不斷驚喜的事物。

那教導的時機重要嗎？簡單來說，重要。課程中使用的手勢必須要跟口語同時出現才會有效，而不是在口語後才出現。事實上，如果依序用手勢和口語教導孩子（或依序用口語加口語教導孩子）時間一久，孩子的表現會越來越差，特別是碰到需要類化的問題時。換句話說，課程好不好的重點不是有沒有使用手勢——而是有沒有同時呈現手勢與口語。手勢若在口語說明後才出現，學習者很難整合這兩種模式傳達的訊息。二者同時出現才能讓二者完整結合。[4]

在教學中加入手勢是不是一**定**能幫助學習？我們請老師指導孩子數學等值的時候出現這樣的交流情況，請各位想一下：

老師請孩子解的題目是7＋6＋5＝＿＋5，孩子把題目中的所有數字加起來，把18填在空格內。老師以**口語**跟孩子說明，他用了**相加後等於**的策略。她解釋：「你把這三個數字相加，所以得到這個答案。」但她的手勢先指了等式左邊的7、6、5、又比了等式右邊的5。然後她繼續跟孩子解釋要怎麼正確解題，但她還沒講完，孩子就又有新的答案——23。注意到了嗎？23是把老師指到的每個數字相加之後得到的結果。學生提出的新答案，讓老師大吃一驚。她完全沒有意識到是自己讓孩子覺得應該要把問題中的所有數字相加起來。孩子看到的手勢會影響他們從課程當中吸收到什麼，也會因此表現更好或更差。手勢可以幫助學習，但也可能阻礙學習。重點是手勢有強大的影響力。

自己比手勢會影響你得到的資訊，因此改變你的想法

那如果你自己比手勢呢？你的手勢會讓別人知道你在想什麼。如果其他人可以了解這些手勢傳達的訊息，並且利用這些資訊，為你量身打造要給你的回應，那你就會因為比手勢而獲得更好的回應。我們在前面看到，一般聽者可以解讀說話者不自覺比出來的手勢，儘管他們很可能只是下意識收集這些資訊。但這種機制要發揮作用，聽者不僅要留意說話者的手勢，還要根據這些手勢改變自己的回應，最好還是對說話者有幫助的回應類型。

梅麗莎・辛格的研究讓我們看到，老師碰到手勢與口語不

相符的學生，跟手勢與口語相符的學生，回應時會提供不同的資訊。有趣的是，老師碰到手勢與口語不相符的學生，自發給的回應，居然比碰到手勢與口語相符的學生時給的回應更有助於學習。一般來說，我們都會建議老師要為孩子提供很多解決問題的方法，因為這樣的教學方式，可以大幅提高學習效果。我們的研究中比較新鮮的一點是，老師碰到手勢與口語不相符的學生時，會自發地教導孩子好幾種策略，而這些孩子也已經做好準備要好好跟老師學習。孩子與口語不符的手勢似乎會讓老師意識到學生已經準備好要學習，而老師的回應也是可以幫助學習的指導方式。[5]

　　在早期語言學習研究中，我們看到孩子和老師——或以這個案例來看是父母——之間步調協調的舞蹈。我們先前看到指向鳥＋「睡午覺」的例子，幼兒將單詞跟手勢結合形成字串，傳達與用兩個單詞造的句子相同的意義（例如，指向媽媽＋「杯子」）。同時，幼兒會在開口說出兩個單詞的句子（例如，「媽媽杯子」）前，先用單詞加手勢。這些手勢＋單詞的組合表示孩子已經做好準備，要進入下一步，開口說出兩個單詞的句子。父母會回應這樣的組合嗎？會，父母會把孩子比的手勢＋單詞翻譯成口語的句子，回答說：「沒錯，那是媽媽的杯子」。不過，父母翻譯的頻率會因人而異，而這樣的差異至關重要。如果父母經常將孩子的手勢＋單詞「句子」翻譯成口語句子，孩子就會比較早開口說出有兩個單詞的句子。父母具體的回應會幫助孩子踏出造句的第一步。不過，請注意，孩子

要先比出手勢＋口語單詞，才會引起父母的具體回應。孩子只是動動自己的手，就能讓旁人給予他們需要的資訊。[6]

自己比的手勢會影響你的思考方式，因此改變你的想法

你比的手勢不僅會影響其他人回應的方式，進而間接改變你的想法，手勢也會直接改變你的想法，從而直接影響你的心智。我先跟大家談談自己比手勢會妨礙思考的情況，再來介紹手勢會幫助你思考的情況。

你自己的手勢可能會害你失敗。肖恩·貝洛克（Sian Beilock）還在芝加哥大學跟我共事的時候，我們設計了一個情境，成年人為了完成某個任務所做出的手勢，可能會影響成年人隨後在這個任務的表現。我們用的是河內塔（TOH）任務，因為人們幾乎無法在不比手勢的情況下解釋自己怎麼執行這個任務。前面提過，河內塔是用三個柱子和一疊圓盤進行的邏輯問題。目標是將所有從大到小疊在某根柱子上的圓盤移動到其他兩根柱子上，並且要遵循這兩個規則：一次只能移動一個圓盤；大圓盤絕對不能放在小圓盤的上面。所有的成年人都成功解題，雖然有些人會比其他人需要花更多時間，移動圓盤的次數也比較多。接著，我們請這些參與者解釋自己是怎麼解題的。我們使用的圓盤都有重量——最大的圓盤最重，最小的圓盤最輕，但沒有人談到圓盤的重量。大家只談到他們把大、中、小圓盤移到哪裡。不過，他們的手勢，把圓盤重量的問題也加入解釋內容。大家談到最小的圓盤時，有些成年人會用一

隻手比手勢（左圖），有些人則會用兩隻手（右圖）。[7]

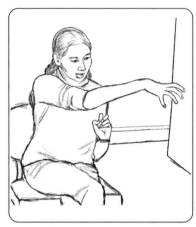 

　　最小的圓盤可以單手或雙手移動，所以大家在這個部分出現分歧很合理。不過事實證明，選擇單手或雙手會影響這些人下次，也就是他們解釋完後，解題的情況。

　　我先前跟大家說過，這些成年人第二次試圖完成河內塔任務時，其中有些人大吃一驚。有一組成年人使用同一疊圓盤第二次解題，其中最重的圓盤仍然是最大的圓盤。但另一組解題時，使用的是一疊看似相同，但卻在某個關鍵點很不同的圓盤──現在最重的圓盤是最小的圓盤，最輕的圓盤是最大的圓盤。對這群人來說，就代表他們第二次解題時，不能再用單手拿起最小的圓盤，得用雙手。

　　用同一組圓盤解題的那一組，第二次解題時，速度變快，移動的次數變少。但是圓盤被換過的那一組，第二次解題時，

速度變慢，而且移動次數變多。很有趣的一點是，我們只要觀察這些成年人在解釋時比什麼手勢，就可以預測誰在第二次解題時，速度會變慢。參與者在討論到最小的圓盤時，若是比出單手手勢，在第二次解題時，表現會比用雙手來表示的成年人較差。在移動圓盤前以單手手勢來說明讓這些成年人落入失敗的陷阱——他們的腦中會想像最小的圓盤可以用單手拿起來，而這對他們沒有幫助，因為第二次的圓盤得用雙手才拿得起來。一個人解釋的時候使用越多單手手勢，在第二次要解題時，表現就會越差。但這僅限於圓盤被換掉的那一組。在另一組，因為兩次都使用相同的圓盤，成年人的手勢無法用來預測他們之後的表現，因為最小的圓盤可以用單手或雙手拿。

　　不過，或許這些成年人在描述最小的圓盤時，會使用單手，是因為他們腦中已經認定小圓盤就是最輕的圓盤，所以才會用單手。若果真如此，那麼這群成年人比的手勢並沒有影響他們的思維——反而是他們的思維影響他們比的手勢。為了解情況是否確實如此，我們用相同的步驟再做一次研究，但這一次，我們沒有要求參與的成年人解釋他們是怎麼解題，所以沒有人比手勢。如果手勢**反映**的是這些人的想法，那有沒有手勢應該無關緊要——研究結果應該不會改變。但假若是手勢**改變**這些人的想法，那結果應該就會大不相同，因為他們沒有比手勢。事實證明，結果大不相同。這一次，兩組在第二次執行河內塔任務時，結果都一樣——他們的速度變快，移動次數變少。這就表示，成年人比手勢的時候，他們的單手手勢會影響

他們怎麼看最小的圓盤（他們覺得小圓盤最輕），並且也因此影響他們第二次解題的方式（得花更多時間，多移動好幾次）。他們如果沒有比手勢，第二次解題就不會出現任何問題。[8]

　　大家要說明怎麼繫鞋帶、怎麼轉動齒輪或平衡積木時，都會比手勢。這些手勢傳達的資訊往往會反映說話者對這些物品執行了什麼動作。而且這些資訊只能透過手勢傳達——換言之，跟著手勢一起出現的口語本身沒辦法傳達這個資訊。河內塔的研究顯示，這些行動手勢會帶來影響，不僅是對聽者造成影響，對比手勢的人也會造成影響——而且有時候是負面影響。[9]

　　你的手勢可能會減緩你學習的速度。我們再拿一個例子來說明你的手勢會如何造成阻礙。這是由芝加哥大學的兩位博士所做的研究。瑪莎・阿利巴利研究手勢在數學教育中的應用，喜多壯太郎（Sotaro Kita）則是把手勢研究推廣到歐洲和英國。這兩位研究人員推斷，如果手勢擅長強調及建構知覺動作資訊——也就是我們看得到也感覺得到的動作——那麼手勢應該可以用來推廣與知覺動作資訊有關的想法。他們請一群成年人想像一組連動的齒輪，請他們預測，如果第一個齒輪朝特定方向旋轉，那最後一個齒輪會往哪個方向旋轉。要解決這個齒輪問題，有兩種方法：（1）你可以應用奇偶策略：把每個齒輪的齒輪數相加——如果總數是奇數，那最後一個齒輪旋轉的方向會與第一個齒輪的旋轉方向一樣；如果總數是偶數，則最後一個齒輪就會朝相反方向旋轉。（2）你也可以觀察這整

組齒輪中，每個齒輪的旋轉路徑來模擬齒輪運動，觀察最後一個齒輪轉動的方向是否與第一個齒輪的方向相同。

有一組成年人可以在解題的時候，大聲說話，也可以比手勢。另一組則不能用手。可以比手勢的那一組比較常使用模擬策略，而不能比手勢的那一組則不太使用模擬策略（而使用奇偶策略）。成年人的手勢突顯知覺動作資訊，而這反過來可能會讓他們沒想到可以應用奇偶策略來解題。請注意，以這個案例來看，比手勢弊大於利，因為它會妨礙你想到可以解決齒輪問題的有效策略。雖然兩種策略都可以幫你正確解題，但奇偶策略的效率比較好，碰到另一組齒輪，也能應用相同的概念。最重要的是，手勢不僅僅只是反映我們的思想——以這個案例來看，手勢還會讓我們想到特定行動，因而改變我們的想法。手勢可以強迫我們用手思考，而這些想法會對認知造成影響，不管是好是壞。[10]

我們在河內塔任務中設置的情境，讓手勢足以影響參與者之後的表現。但我們並沒有控制這些參與者的手勢——他們想什麼時候比，要比什麼手勢都可以。要求參與者以特定方式比手勢會變成是從另一個角度來看待這個問題。如果我們要求他們要比手勢，而比手勢會影響他們的思考方式，那他們的想法應該就會改變。我們來看看我們按照這個方式進行的一系列研究，首先是控制幼兒在學習單詞時比的手勢，接著是控制學齡兒童在學習數學等值時比的手勢。以這兩種情況來看，手勢都可以幫助學習。

鼓勵幼兒比自己的手勢可以增加他們的詞彙量。在孩子開口說話前，大家多半都會用手勢跟孩子溝通，這些手勢會預告孩子在嬰兒期以及學齡前時期的單詞學習情況。例如，孩子在18個月大的時候，用手指的物品種類越多，入學時，這個孩子的詞彙量就會越多。問題是這些發育初期的指示性手勢是否確實有助於孩子的詞彙發展。比手勢能否幫助孩子更有效率地學習單詞？假如手勢確實會影響學習成果，又假如我們藉著實驗增加孩子比的手勢，那我們應該能夠增加孩子比的手勢，從而增加孩子之後學到的單詞數量。[11]

伊芙‧勒巴頓（Eve LeBarton），我實驗室的一名碩士生，先試圖了解她有沒有辦法藉著實驗操作，增加孩子比手勢的次數。她在孩子16個月大的時候去拜訪這些孩子的家庭，觀察孩子在自然環境下跟父母之間的互動。這些觀察讓伊芙可以估算孩子在家裡會比多少手勢跟說出多少單詞。這是第一步。

接著，她會跟孩子一起看一本圖畫書。看著其中一張圖片——例如一件洋裝——她會說，「你看，這是一件洋裝。」她同時也會指著洋裝的圖片，並請孩子把食指放在洋裝的圖片上（「你可以這麼做嗎？」）。所有的孩子在她提出要求的時候，都很合作地指著圖片。另外兩組孩子也聽到伊芙說的話，但他們會有不太相同的手勢體驗——有一組看到伊芙指著洋裝以及其他目標圖片，但自己沒有動手指著圖片，最後一組則是完全沒有手勢（他們既沒有看到手勢，也沒有比手勢）。這是第二步。

　　伊芙每周都會再來拜訪這些孩子，重複相同的兩個步驟，持續七週。她在造訪期間，會先花半個小時觀察孩子與父母之間的自然互動，自己再用半小時的時間跟孩子互動。第八次的造訪要用來進行研究後的評估，觀察父母和孩子在家裡的互動（這次伊芙自己不跟孩子互動）。

　　在第八週結束時，伊芙先前要求要比手勢的孩子，在與伊芙一起互動的實驗環節，自然而然地手勢變多。他們只是依照伊芙的指示。比較有趣的是，他們在跟父母的自然互動中，比的手勢也增加。伊芙成功地讓孩子增加比手勢的次數。相較之下，另外兩組不管是在跟伊芙一起的實驗環節，或是在自然環境中與父母互動，比手勢的次數都沒有增加。

　　但我們要問的問題是，被要求要比手勢的這些孩子，比手勢的次數增加是否也會讓他們的口語詞彙量增加。答案是，會。在第八次拜訪時，在研究期間被要求要比手勢的孩子，在跟父母互動時，說出口的詞彙比另外兩組的孩子還要多。我們要找的是因果關係，對這個因果關係來說很重要的是，這一組幼兒在七周間比的手勢越多，在研究結束時說出口的單詞數量就越多。請留意，以這個案例來看，看到實驗者用手指圖片還不足以幫助孩子增加口語詞彙量。孩子一定要自己指。[12]

　　我們還告訴正在學習單詞的孩子要比哪些圖像手勢。我們發現，舉例來說，告訴孩子比出擠壓的動作，可以幫助孩子學習擠壓的單詞。為了確定他們不認識我們要教的這些單詞，我們憑空編造這些單詞。前面提過，我實驗室的前博士後研究員

伊莉莎白·衛可菲,教導孩子一個表示動作的新詞(例如,「tiff」)。她要求幾名孩童為這個動作想出一個特定的圖像手勢,要求其他孩童看實驗人員比出一個圖像手勢。比手勢會帶來學習。比手勢還可以幫助孩子將這個單詞類化,應用到新的情境,並記住自己學到的東西。有趣的是,以這個研究來看,看到實驗人員比手勢跟孩子自己比手勢,會有相同的學習效果、類化效果和學習保留效果。[13]

鼓勵孩子自己比手勢可以改善他們學習數學的能力。我們也控制年齡較大的兒童在進行數學等值解題時比的手勢。我們在上數學課前,先教孩子要怎麼移動自己的手,並要求他們在上課時,嘗試解題的前後都比出這些手部動作。例如,我們教孩子在解這一題:$4+2+7=\_\_+7$的時候,要比什麼動作。所有數字都是以磁鐵數字放在白板上。實驗人員教孩子怎麼用手比出 V,指著題目中的前兩個數字(4和2),再用食指指向空格處,說「我想讓左邊與右邊相等」。孩子比手勢的學習效果,跟學習怎麼移動數字磁鐵的孩子一樣(把4和2加在一起,再把數值填到空白處)。但比手勢的孩子比學習移動數字的孩子更善於把這個新知識類化,用來解決另一種形式的問題($4+2+7=\_\_+5$)。在任務中比出特定的手勢,可以幫助你學習怎麼完成任務、記住你學到的知識,並且把這個知識類化應用到新的情境——這正是我們希望學習者每次上完課後,能夠辦到的事。[14]

但是,如果我們碰到每個新任務,都要教孩子一套新的手

勢，那我們真的可以把手勢拿來當作一般的教學工具嗎？如果我們只是告訴孩子，在解釋自己怎麼解題的時候比手勢就好，那會有什麼效果？這麼做可以幫助孩子從課程中學到更多嗎？我實驗室的研究生莎拉‧布羅德斯（Sara Broaders）想找出答案。她先請孩子解決數學等值的問題，並且為自己的答案提供解釋——這麼做讓她了解每個孩子在解題時會比什麼樣的手勢。接著，莎拉請學生們解決另一組相同類型的題目，但這一次，她請其中一部分人在解釋答案時比手勢，有另一部分人在解釋的時候不要比手勢。

　　結果一點都不讓人感到奇怪，被要求要比手勢的孩子會比手勢，而被要求不要比手勢的孩子就沒有比手勢。換句話說，孩子都按照她的指示。但比手勢的這些孩子用手勢做了什麼呢？老實說，我們本來以為要求孩子專注比手勢，可能就不會再出現手勢口語不相符的情況——也就是說，孩子的手勢會跟口語內容相符。但我們錯了。我們請孩子比手勢的時候，他們以手勢產生很多之前沒有的新解題策略，而且這些策略跟他們用口語講的策略也不同。換句話說，孩子出現很多手勢－口語不相符的情況。最讓人驚訝的是，孩子以手勢（而不是口語）產生的很多新策略都是正確的策略。所以，這些孩子持續以錯誤的方式解題，以口語解釋也提供錯誤的解釋，但同時間，他們的手勢卻提供了正確的解釋——而這一切都只是因為我們請他們比手勢。

　　接下來談最重要的部分——在這一切之後，我們教所有的

孩子數學等值要怎麼解題。上課前被告知要比手勢的孩子，比被告知不要比手勢的孩子，在上完課之後比較有可能會進步。上課前比手勢可以幫助孩子消化吸收老師的解釋。讓人懷抱希望的一點是，孩子比的手勢完全由他們自己決定。這種方法可以讓我們擴大規模，教授各類主題時，都可以把手勢變成功能強大的教學工具。[15]

　　鼓勵孩子自己比手勢，可以提高他們的抽象推理能力。那手勢能不能用來教授比數學更抽象的主題？如果可以，手勢的影響範圍就會大幅擴大。但在談這個問題之前，我們得先想想，手勢是否能用來傳達抽象的概念。我們就用時間這個很抽象的概念來舉例。我們能否用手勢來說明時間這個概念？

　　在許多文化中，人們如果要想像時間是什麼樣子，都會想像未來就在自己面前，過去則在他們背後。在這些文化中，要以手勢描述時間，都會把手從身體前方向前移動來表示未來，往後移動來表示過去。但我們還可以用另一種方式來思考時間，以艾馬拉語為例——這是一種在玻利維亞西部、秘魯東南部，以及智利北部的安地斯高地使用的美洲印第安人語言。在艾馬拉語中，表示前面的基本詞彙（nayra，「眼睛/前面/視野」）同時也可以用來表示過去，而表示後面的基本詞彙（qhipa，「後面/背後」）也可以表示未來。換句話說，過去就在你眼前（因為你已經經歷過，也已經知道發生什麼事），而未來則是在你背後（因為未知，還看不到）。艾馬拉語使用者比的手勢會與這種觀念息息相關——胸前的手勢代表過去，

身後的手勢代表未來。從艾馬拉語使用者的手勢讓人看到他們怎麼看待時間。[16]

接著，我們可以思考一下手勢是否能改變說話者的時間觀念。據我所知，沒有人曾經鼓勵說話者在談到時間的時候，以特定的方式來比手勢，但芭芭拉·特沃斯基（Barbara Tversky）和她的學生讓一群聽眾看相同的情景，再加上向前移動的手勢，或向後移動的手勢。實驗人員會走近參與的每個成年人，當雙方並肩而立時，實驗人員會說：「下週三的會議要提前兩天。」既然會議時間重新安排，那現在是哪一天要開會？有一半的成年人會看到實驗人員做出向前移動的手勢；另一半會看到向後移動的手勢。看到向前移動手勢的成年人以為會議被改到星期五。看到向後移動手勢的人以為會議被改到星期一。這些成年人看到的手勢會影響他們如何詮釋實驗人員提到的時間。手勢會影響我們如何理解抽象概念和具體概念。[17]

我們再舉一個例子來說明——道德推理。道德教育是現今很重要的主題，因為道德教育可以幫助孩子成為充分了解各項議題，以及如何深思熟慮的公民。前面提過，我們要求孩子說明他們怎麼看一些道德難題時，孩子會比手勢。孩子碰到這個任務時比的手勢通常有比喻功能，也可以呈現抽象的關係。成年人也會比手勢，而他們的手勢也可以表示抽象概念。有位成年人說：「當你碰到像這樣的兩個機會，其利益又相互競爭，人們就會培養出談判技巧。」如下一頁的圖所示，說話者用手勢表達這些抽象的想法：他先舉起雙手，比出兩個 C，代表兩

種不同的利益。他接著讓兩個C互對，代表兩種利益相互競爭。最後，他依序把左右手的C都繞一個圈，代表談判。這種口頭回應，以及伴隨口語的手勢，呈現兩種觀點，顯示這位成年人考慮了好幾個觀點。

　　如果我們可以讓孩子學會考慮多種觀點，我們或許就可以改善這個孩子的道德推理能力。我們認為手勢也許可以幫助孩子考慮多種觀點，因為就像前面那個例子，我們的手可以很輕鬆地用來呈現多種觀點。跟前面的數學任務一樣，我們告訴孩子在解釋道德難題時，可以比手勢，但沒有告訴他們要比什麼樣的手勢。單純只是告訴孩子要比手勢，孩子就會跟前面那個成年人的案例一樣，第一次比出代表多種觀點的手勢。這些手勢也會讓孩子在**口頭**說明時，呈現多種觀點。

　　然後我們再教導孩子道德推理。所有的孩子上課的內容都一樣，都是兩兄弟的難題，一個兄弟作弊，另一個兄弟偷竊。孩子必須決定哪個兄弟比較糟，作弊還是偷竊。我們仿傚過去應用蘇格拉底方法進行的道德訓練研究，讓兩名實驗人員參與課程──不管孩子選擇哪一個，都有一位實驗人員會表示同

意，另一位會表示不同意；二者都不會比手勢。實驗人員會來
回爭辯，提供各種理由，說明這個難題其實有多種觀點。我們
的操作方式奏效，但只限於在上課前被告知要比手勢的孩
子——上完課後，這些孩子的道德推理能力提升；而被告知不
要比手勢的孩子，則沒有改善。[18]

　　這種只看有沒有手勢的實驗方式很容易執行，可以讓孩子
踏出第一步，改善自己對道德難題的推理方式。這一步對發展
道德推理能力確有必要，但只靠這一步還不夠。下一個問題
是，這個第一步是否會有漣漪效應，隨著時間，讓學習者碰到
各種主題，以及更異質的人群時，發展出更成熟的道德推理。

　　這個結果很重要，因為這可以讓我們擴大手勢的影響。單
純只是告訴學生在解釋難題時比手勢，就可以讓他們表達新的
想法。如果在學生解釋後，接著上跟這個主題有關的課程，跟
沒有比手勢的學生相比，比手勢的學生比較有可能會在這個主
題有更明顯的進步。這個方式適用於數學跟道德推理等大相逕
庭的的主題。我們後續會討論要如何在課堂上善用手勢，到時
候會再回來討論這個研究結果。

　　這個結果對另一個相關的理由，也很重要。我們初次請人
們專注於自己的手時，我以為專注於手勢可能會破壞以手勢來
捕捉隱含知識的能力。如果你說話時專注看自己的手，你可能
會嘗試要讓自己的手勢搭配你說的話。這也就代表你不會出現
手勢－口語不相符的情況。但我大錯特錯。在算數，以及進行
道德推理時，告訴人們要比手勢，會帶出人們隱含、未說出口

的想法。用手勢表達這些想法會讓人們做好準備，學習怎麼做。這個結果讓我們可以專心注意自己的手勢，將手勢視為對話中很合理的一部分——同時還可以繼續把手勢當成一種有效的學習工具。

那麼，看著別人比手勢，和自己在比手勢，會有相同的學習影響嗎？

我們先花點時間想想，看別人比手勢是否會和自己比手勢一樣有效。在算數學，以及學單詞時，看別人比手勢和自己比手勢都可以幫助學習、記憶和類化。看到老師不經意地指著某個額外的數字，可能會讓孩子在算數學的時候得到錯誤的答案，就像河內塔任務時，你自己比單手或雙手，也會在圓盤的重量被換掉時，導致你下次解題的表現不佳。換句話說，手勢可以幫助你思考和學習，也可能會阻礙你思考和學習，不僅是在你看到別人比手勢的時候是如此，自己比手勢的時候也是如此。無論是別人比，還是自己比，手勢都很有影響力。

不過，看別人比手勢，或自己比手勢，若比手勢跟說話的時間不同，就會對學習產生不同的效果。老師如果同時比手勢和說話，與先後比手勢和說話相比，孩子學會、記住和類化的情況會更明顯。但若要孩子自己比手勢，結果就會不太一樣。我們教導一些孩子在說話時，同時以手勢比出組合策略和平衡策略，教其他孩子依序比出這兩種策略。我們發現，兩組兒童，不管是比完手勢才說話，或是說話時同時比手勢，學會和

記住課程內容的情況一樣好。換句話說，如果是老師比手勢，那手勢和口語同時出現對學習和記憶很重要，不過，如果是學習者自己比手勢，則沒什麼關係。[19]

我們不知道為什麼看別人比手勢和自己比手勢在這方面會有所不同，但我們可以推測。當你在聽到口語的同時看到手勢，口語內容會提供情境，幫你理解別人的手勢在比什麼。但是，如果是**你**自己說話的同時比手勢，你就不需要情境說明，因為你知道自己在說什麼。因此，你自己的手勢和你自己說的話不需要同時發生。不管原因為何，這些研究發現對教學都有重要意義：身為老師，你自己比手勢，會跟要求學生比手勢有不同的效果。這就代表我們無法直接把看手勢的效果類化到比手勢的效果——我們需要研究這兩種情況，才能為老師提供建議。

但毫無疑問的是，看別人比手勢和自己比手勢，都會影響學習——如果手勢與你正要學的概念一致，就會有正面影響，反之則會有負面影響。你說話的時候，不自覺比的手勢不僅會告訴世界你在想什麼，你的手勢——以及其他人的手勢——還可以改變你的思考方式。手勢並不是裝飾，而是人際溝通中很重要的一部分——即使大部分的人都沒有意識到手勢扮演的角色或它的重要性。

到目前為此，我們探討的一直是與口語一起產生的手勢。那不用搭配口語的手勢呢？我們說不出話或覺得不太適合說話時，經常會以手勢來表達想法——用食指抵住嘴巴，請大家安

靜，或者在人很多的餐廳裡假裝在空中寫字，要求要結賬。這些手勢也可以與口語搭配一起使用，但他們是沒有口語也可以使用的手勢。前面提過，這些手勢是**象徵型手勢**，是會因文化而異的傳統手勢。但如果是另一種完全不同類型的手勢，是不用口語的手勢——由不懂傳統語言的孩子使用的手勢，而且孩子主要使用這些手勢來與他人交流。孩子手勢的移動方式，會跟邊說話邊比的手勢相同嗎？換句話說，一般都是搭配言談使用的手勢，是否可以單獨使用成為獨立的語言？

　　第二部分將會深入探討這個問題，發現答案是否。雙手一旦被迫要承擔交流的所有重擔，就會採取不同的形式，看起來會很像語言中離散的基本單位。你可能會以為我們早就知道這件事——聾人以手語作為主要溝通系統，而手語的特色就是把分成很多層次的離散單位組合起來。但手語這個以手勢作為主的系統是代代相傳的傳統系統。我在第二部分的重點會放在為了達到溝通所有目的而自創的手勢。這種現象對我們的手勢之旅很重要，因為這種現象說明，自創手勢並**不需要**跟我們在第一部分探索的手勢看起來很像。而是必須承擔所有溝通重擔的手勢，會更突顯伴隨口語一起出現的手勢。

第二部分
· · · · · · · · · · · · ·

用手說話

第 4 章

有人的地方，就有語言

所以，如果你沒學過語言，你要怎麼溝通？這個問題要問的，其實是大腦如果無法以既定的語言來表達自己，該怎麼辦？要找出答案，我們先回顧一下我在一開頭請大家想像的情境——一個所有語言形式（口語、手語或文字）都消失不見，而且大家對這些語言形式的認知中被抹去，可是其他事物都維持不變的世界。你認為自己有辦法重新發明語言嗎？如果可以，這個語言會是什麼樣子？會很像我們目前所知的人類語言嗎？

這些問題的答案，都取決於我們怎麼回答一個歷史悠久的問題：語言主要是**文化**的產物，還是**心智**的產物？人類的語言，表面上看起來各有不同——這一點不言而喻。你懂英文不代表你就自然而然地懂土耳其文、史瓦希利語或其他語言。不同語言之間的語言屬性**各有不同**，可能是語言代代相傳的結果，也就是**文化傳遞**的結果。但是，學過英語之後，你會對所有語言大概的運作原理有一點認識。所有人類語言都有結構，並且從深層結構來看有相似之處。每一種語言都會使用一組受

到限制的音韻，都有特定的規則規範這些音韻如何形成單詞，這些單詞又要如何變成句子。這些規則會因語言而異，但所有語言都使用同一組元素，也都有組合規則。不同語言之間相同的語言屬性，可以反映出我們的溝通方式是由**心智**來建構。

如果語言嚴格來說算是文化傳遞的最終產物，是代代相傳的傳統，那語言一旦被消滅，我們就不能保證有辦法重新發明語言。而且即使我們可以重新發明語言，我們發明的系統可能也不會有現代語言中的單位和組合規則。但如果人類語言會有今天的樣貌，是因為語言能力受大腦影響，那如果語言被消滅了，我們不僅能夠重新發明語言，重新發明的語言還會和失去的語言具有共同特徵。

看起來，這似乎只是單純假設性的辯論。除非文化被徹底消滅，否則語言是不會消失。若文化跟語言都消失，那也不會有人拿這些東西跟未來的一切比較。要搞清楚語言究竟屬於一次性發明還是可以重新發明，其中一個方式是找到一個從來沒有接觸過可用語言模型的孩子，看看這個孩子會做些什麼。大家應該想像得到，這樣的情況極為罕見。但是，由於社會及肢體因素的共同影響（詳情後面會解釋），有些聾人兒童無法習得周遭的人使用的口語，也沒有接觸過手語。這些孩子生活在現代世界，但卻沒有接觸可用的語言模型。事實證明，碰到這種情況的孩子還是會交流，而且會用手勢來交流。為了幫助大家了解這種自動自發創造出來的手勢交流與自然語言有何相似之處，我需要先給各位一些背景，說明聾人既定的手語是如何

使用手勢。

手語是什麼？

　　聽的到的人（聽人）會藉由嘴巴和耳朵來處理語言。但是聾人必須要使用視覺、手勢，甚至觸覺——又盲又聾的人士發明了一種觸覺語言，「說話者」與「聽者」會用雙手接觸對方的手和手臂。表面上看來，這類仰賴手的語言與口語大不相同，但其功能其實跟口語相同，並且追根究底，二者組織的方式也很像。[1]

　　在談論手語的功能和形式前，我們先來破除一些常見的誤解。首先，沒有所謂的國際通用手語。跟口語一樣，手語也會因文化而異。精通中國手語的人不一定能夠與精通美國手語的人交流。其次，手語並不是從口語衍生而來的語言。實際上，若拿美國手語（ASL）與英國手語（BSL）及法國手語（FSL）相比，美國手語與法國手語的詞項和句型結構還比較像。法國手語是美國手語的前身，因此與美國手語之間的歷史連結會比英國手語更強。這種連結說明美國手語為何會和法國手語有共通點——就像美式英語和英式英語之間的歷史連結說明為何這兩種口語之間有共通點一樣。[2]

　　手語跟口語一樣，用來評論、質疑、要求，否定等等。手語還有其他比較沒那麼明顯的功能——例如自言自語、喃喃自語、竊竊私語、咒罵、說故事、詩歌和戲劇。口語能發揮的任何功能，手語也都有，包含促進幼兒習得物品類別。[3]

　　手語也跟口語一樣，有很多相同的結構。例如，在英語中，如果你說「貓咬了狗」，咬的動作者是貓，被咬的是狗。單詞的順序會說明誰對誰做什麼。手語也是如此。手勢出現的**順序**可以說明誰咬了誰。除了語序之外，手語還有其他工具可以傳達這類資訊（跟口語一樣）。例如，比手語的人可以在自己的右方先擺出貓的手勢，再移到自己的左方擺出狗的手勢，接著把咬的手勢從右向左移動，以指示咬的動作者是貓。所有語言，包括手語，都有系統化的方式表明誰是動作者，誰是接受者。[4]

　　針對我在此要提出的論點來說，手語和口語之間還有最後一個共通點至關重要——出生後就因為聾人父母而接觸到手語的聾人兒童，自然而然習得手語的能力，會跟聽力正常的孩子因為接觸到父母的口語而習得語言一樣。聾人兒童習得手語的步驟，以及習得手語的時間點，跟聽力正常的孩子學習口語的情況大致相同。聾人兒童牙牙學語的方式是用手指（做出重複、無意義的手指運動，就像聽力正常的孩子會說「巴巴巴巴」一樣），接著他們就會開始做出單一手勢、雙手勢的句子，最後就可以用手勢做出長句，傳達複雜的想法，以及講述故事。他們用手語和手語句子表達的東西跟學習口語的孩子也相同。[5]

聽人父母生下的聾人兒童

　　我們已經說明，使用手語的聾人父母生下的聾人兒童學習

手語的方式會跟任何孩子學習語言一樣。但很多人都不知道，其實絕大多數的聾人兒童，父母並非聾人。在美國，有90%的聾人兒童，父母的聽力正常。這些父母不太可能懂手語——他們甚至可能不認識任何聾人。他們會希望自己的孩子學習口語，這樣以來，孩子就可以跟父母、也可以跟父母的親友溝通。但是，聽力嚴重受損的孩子要學習口語絕非易事——即使這個孩子是用口語教學法來教授口語。口語教學法會為聾人兒童提供輔聽器，並且教導孩子使用視覺線索（如讀唇）來學習口語。但是，要藉著讀唇來學習口語真的很困難，大部分完全失聰的聾人兒童都無法學會如何在自然的情況下自在使用口語。[6]

　　我五十年前開始我的研究時，口語教學法很常被用來教育聾人兒童。有些學校（大多是寄宿學校）會教授手語，但要把聾人孩子送去手語學校，對於聽人父母來說很困難。首先，把年紀還很小的孩子送去寄宿學校本來就很難熬。再者，孩子一旦到了手語學校，就會開始學習父母（以及祖父母和鄰居）都不懂的手語。對於年輕的家長來說，要學習一門全新的語言，而且這個語言還是新的形態，並不容易。因此，許多聽人父母會把聾人孩子送到當地為聾人開設的口語學校，儘管聾人學習口語非常困難。

　　我從1972年開始研究的聾人孩子，父母都是聽人，都不懂手語。即使使用助聽器，這些孩子也無法學會口語（當時人工電子耳還未普及）。他們又從未接觸手語。從這方面來看，

我研究的孩童正是生活在我之前請各位想像那個非常少見的狀態中——生活在現代世界，卻沒有可用的語言。

那這些孩子怎麼做？他們會用手交流——他們會應用手勢。但是他們的手勢會跟自然語言很像嗎？他們真的有辦法自己重新發明語言嗎？我與賓州大學的萊拉·格萊特曼（Lila Gleitman）及海蒂·費爾德曼（Heidi Feldman）一起合作，決心要找到答案。

我到現在還記得我們拜訪的第一個家庭。我至今仍與他們保持聯繫。這個家庭的孩子完全失聰，到當地一所口語學校上學。海蒂和我走進屋內的時候大吃一驚。這位聾人兒童，我們就叫他大衛吧，在2歲10個月大的時候，就以手勢掀起一場風暴。他會跟自己的聽人父母，自己的聽人兄弟姐妹，以及跟我們比手勢。我們帶了一隻玩具熊。開關打開的時候，玩具熊會打鼓。大衛比出打空氣鼓的動作，詢問我們他可不可以玩玩具熊。這個孩子自己發明了溝通系統。

看到大衛用他的雙手評論、請求和提問，讓我們了解到，在關愛的家庭中長大，即使學不會開口說話又沒有接觸手語，聾人孩童還是可以與人溝通。但這並沒有告訴我們這類孩子的溝通方式是否就是語言。

聾人兒童自己創造的手勢是否能形成一種語言？

人們對於語言的構成會有不同的定義。而且我們還有另外一個問題，那就是，因為研究的參與者是兒童，所以充其量只

能發明兒童語言。我們決定把語言操作化，將語言定義為兒童學習父母溝通時會使用的口語或手語。為了判斷聾人兒童的手勢是否算得上是語言，我們採用的研究方式，是研究人員用來分析聽人兒童說話以及聾人兒童比手語的方法。我們採用這些研究方式來探索聾人兒童手勢中的模式，再把我們發現的任何模式拿來跟聽人兒童說話和聾人兒童比手語時已知會出現的模式進行比較。要看聾人兒童是否正在做一些或許可以被視為是語言的事情，第一個提示是這些兒童溝通時並不是默劇。[7]

我在費城發生的一個故事可以說明默劇與家庭式手語之間的區別。當時我正在觀看默劇演員的表演，他的表演符合默劇演員應有的樣子，用一連串讓觀眾可以輕鬆辨識的誇張舉動來重演事件——而且他演得很好。表演中某個時刻，他需要轉場到下一幕，有位歌手要上場。他必須要同時產出跟傳達新資訊，而不是重演某個事件。他不想打破沉默來介紹下一幕，但默劇形式讓他無法說明。當時的他用手指指著歌手，張大自己的嘴巴代表唱歌，接著指著自己，手指上下移動，好像在彈鋼琴一樣（他要跟歌手一起到鋼琴旁）。這位默劇演員為了要向觀眾傳達資訊，所以放棄默劇形式，轉而採用家庭式手語會產生的手勢。

各位可能還記得在導論中有提到，默劇演員要描述吃蘋果的時候，會應用整個身體來重現場景——他的動作看起來很像他先拿起一顆蘋果，在襯衫上擦一下，把手移到嘴邊，朝這個看不見的物體咬一大口，再慢慢咀嚼。但聾人兒童不會這樣

做。講到吃蘋果，家庭式手語者會先指著蘋果，再用手（手指和拇指碰在一起）比自己的嘴，也就是代表吃的手勢。如果他想指出誰應該吃東西，他可能會指著在場的某個人，例如，海蒂、我或他自己。這個孩子會將事件分解成片段，每個片段都有一個單獨的手勢表示——就像默劇演員介紹那位歌手一樣。他必須把這些手勢組合起來，以傳達完整的訊息。我們的工作是要弄清楚每個片段代表什麼意思（動作者、對象、關係等等），以及這些片段要怎麼組合起來。

海蒂和我觀看大衛和另外五個費城地區聽人父母生下的聾人兒童的大量錄影帶。我們不知道應該哪些東西才算重要資訊，所以我們利用大型畫冊，能記多少就記多少——包括每一個動作，每一個手形的變化，甚至眼睛和眉毛的變化。我們從中找模式，時間一久，我們發現我們會專注看孩子怎麼運用自己的手——手的形狀，手的動作和手的位置——同時，依循常規，我們稱這些手勢為**家庭式手語**（因為，前面也提過，這類手語是在家自創的）以及兒童**家庭式手語者**。

出生後到大約18個月大的時候，家庭式手語者使用手勢的方式跟聽人兒童很像。他們會指著他們想讓你看的物品；希望你給他們東西的時候，他們會伸出手，手掌張開；偶爾，他們也會做出很像某個動作的手勢——也就是圖像手勢。前面提到那個代表「吃」的手勢就是圖像手勢的例子，或是轉動手，彷彿要試圖打開罐子，好讓媽媽打開蓋子。這兩組孩童的發展從18個月後開始分道揚鑣。聽人兒童會開始把自己的手勢跟

單詞結合，他們很少會把兩個手勢組合起來用。但是家庭式手語者會結合不同的手勢：指向跟指向，指向跟圖像手勢，圖像手勢結合其他圖像手勢。

這些組合表達的內容跟聽人兒童使用單詞＋手勢或單詞＋單詞組合要表達的內容相同。某個家庭式手語者先指指我手中的玩具小鴨，再指他媽媽時，他是要請我把小鴨拿給媽媽，就像一個正在學英語的聽人兒童可能會用兩個詞，「**那個媽媽**」來說「**那個（給）媽媽**」。他如果指著罐子，再做出轉動的手勢，就是要請我把罐子的蓋子轉開，這樣他就可以吹泡泡，就像聽人兒童可能會說，「轉開那個」來表示「轉開那個罐子」。

家庭式手語者自創的句子也有結構。家庭式手語者的手勢組合就跟聽人兒童會把單詞組合在一起一樣，順序一致，只是表現形式不同。在要求我把小鴨拿給媽媽的句子中，鴨子的手勢，動作的對象——語言學上通常稱為受事者——排在前面，媽媽的手勢，也就是受事者的處所或位置，排在後面。在要求我轉開泡泡罐的句子中，罐子，也就是受事者，的手勢，先出現，轉開的手勢，也就是動作，緊隨其後。就算句子裡面包含兩個圖像手勢，家庭式手語者也會依循這種受事者接著動作的順序——要比出「吃」的手勢時，先指著葡萄（受事者），再接著比出動作「給」的手勢。[8]

我很驚訝家庭式手語者自創的手勢句子也會有始終一貫的順序。我前面有提過，既定語言的排序規則可以幫助聽者判斷

誰對誰做什麼。如果我說「傑克推」，再接著說「推吉兒」，你就可以從單詞出現的順序推斷，傑克、推、吉兒，所以是傑克推吉兒，而非吉兒推傑克，因為在英語中，行動者（施事者）會擺在動詞的前面，而承受行動者（受事者）會擺在動詞後面。就像我剛才描述的情況一樣，以家庭式手語來看，受事者會放在動詞前面——**罐子**、轉開；**葡萄**、給。請注意，要讓看的人了解發生什麼事，並不一定需要比手勢的人依循一貫的順序來比出手勢——罐子可以被轉開，但罐子自己不能轉動其他物品；人可以給出葡萄，但葡萄不能自己做出給的動作。因此，這些家庭式手語者是自己依循一貫的手勢順序，即使要傳達訊息並沒有必要依循順序。換句話說，排序原則並不需要代代相傳，對聽者也不必然有用，但卻會在人類語言中出現。排序原則似乎反映人類天生的慾望，在我們與他人溝通的時候，要組織自己的思想。

家庭式手語者會區分名詞和動詞。家庭式手語者也會使用相同的圖像手勢指某個物品和動作——就像英語會用「鎚子」這個詞來指鎚子這個工具，以及用這個工具執行的動作一樣。家庭式手語者使用轉的手勢來指罐子，以及打開罐子需要的轉開動作。但是，很重要的是，家庭式手語者要用手勢來指某個物品的名詞時，他們會讓手勢更精簡——要指罐子的時候，他們的手勢是轉一次（左圖），要指示轉開動作的時候，手勢會轉好幾次（右圖）。而且他們會在胸前做出轉動的手勢（左圖）來指罐子。在指示轉動的動作時，則會在罐子附近，但不

是直接在罐子上方做出轉動的手勢（右圖）。[9]

　　換句話說，家庭式手語者在自己的手勢裡面會區分名詞和動詞，這是人類語言的特徵。這是語言的另一個屬性。語言並不完全仰賴要在某個文化中代代相傳。

　　家庭式手語者會自創有階層結構的句子。家庭式手語最後一個屬性也很值得一提。所有語言（包括手語）都有階層結構，較小的單元會嵌入較大的單元。這是自然語言一個很關鍵的屬性（但搭配口語的手勢不會有這個屬性）。在英語中，你可以說「狗咬人」，這就是一個由兩個單詞組成的簡單結構（如P.126上圖左邊）。或者你也可以說「那隻狗咬人」以指明是哪隻狗咬人。「那」這個詞修飾「狗」這個詞，而由兩個單詞組成的短語「那隻狗」就成為句子的主詞。這句話因此有階層結構：「（那隻狗）咬人」（如P.126上圖右邊）。[10]

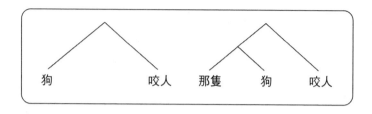

　　家庭式手語者要指某個物品的時候,會用手比這些物品或做出圖像手勢。例如,如果葡萄在視線範圍內,家庭式手語者可能會直接指著那顆葡萄,或者,用手指和拇指點在嘴巴上,做出葡萄的手勢,表明葡萄是屬於可食用的物品(在這個例子中,孩童是在說塑膠的葡萄,所以手勢不太可能是指吃東西)。他們如果要求要葡萄,可能會指著葡萄,做出「給」的手勢(那個、給)(如下圖左邊),又或者會比出「葡萄」的手勢,再接著比「給」的手勢(葡萄、給)(如下圖右邊)。

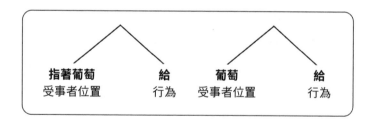

　　在發展後期,家庭式手語者會開始在同一個句子裡面,組合圖像手勢和指向來指同一個物品,例如指向葡萄+「葡萄」手勢。家庭式手語者為什麼會使用兩個手勢,明明單獨使用其中一個就好?指向葡萄就可以表示孩子關注哪個物品,但比出「葡萄」的手勢則表示物品的類別(可食用的東西)。我可以

說「那個」再加上手指餅乾，你就知道我在說哪個物品。但你不會知道我說的時候，是認定那個物品是某種食物、某種甜點還是某種餅乾。比出「餅乾」跟「那個」可以縮小範圍。

因此，家庭式手語者才會指著葡萄，又比出「葡萄」的手勢。如果加上「給」的手勢，這兩個手勢，先指向葡萄＋再比出「葡萄」的手勢就會成為一個較長的句子單元中的一個單元：（［指向葡萄＋葡萄手勢］＋［給的手勢］）＝（［那個葡萄］［給］）。（見下頁插圖）

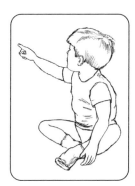

如果指向葡萄＋「葡萄」手勢的組合使其成為一個單元，代替句子中的單一手勢，那麼這個單元的語義角色應該會跟單一手勢相同（不是只比出「葡萄」手勢，就是只指向葡萄）。確實如此──它代表承受動作的對象，受事者。這種組合出現在句子中的位置應該也要與單一手勢相同。（情況也確實是如此。）（［那個－「葡萄」手勢］－「給」手勢）──它在句子裡面是排在第一個位置，一般來說是受事者的位置，就像只

比出「葡萄」（「葡萄」－「給」）或只指向葡萄（指－
「給」）（請見下圖，並與上一頁的指向葡萄－「給」和「葡
萄」－「給」的圖做比較）。

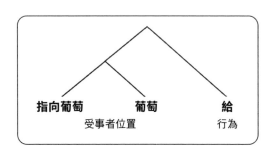

心理學家稱這些單位為組塊。我們如果在腦中把事物分成
不同的組塊，佔的認知空間就會比較少。試想想，如果是一個
電話號碼，你可以記住多少數字，再比較一下，如果只是一長
串號碼，你又可以記住多少個數字。「指向」＋「葡萄」這兩個
手勢如果形成一個組塊，跟未形成組塊的情況相比，佔用的認
知量會比較少。以下面這個句子為例，手勢數目相同，但每個
手勢都各自扮演一個語義角色［指向姐姐－（葡萄）－（給）］＝
［姐組給葡萄］。

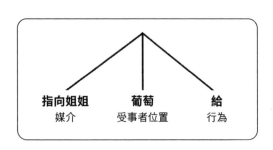

　　家庭式手語者自創的句子比我們預期的句子要長，因為他們如果用兩個手勢組成的組塊，所佔用的認知量會比兩個未形成組塊的手勢更少。最重要的是，他們用手勢比出來的句子有階層結構。組塊化和階層結構不僅是所有人類語言的重要特徵，更顯示家庭式手語跟搭配言談使用的手勢不同，因為後者沒有分成組塊，結構也是扁平（非階層式）的。最後，階層結構是語言的另一個屬性，與語言是否完全屬於文化現象無關。家庭式手語者的語言有階層結構。這個事實告訴我們，這種階層結構不需要有人教，也不需要文化傳遞，才能在語言中出現──個別的兒童自己就可以發明。

家庭式手語也有人類語言的功能

　　現在我們知道家庭式手語者的手勢也依循人類語言的模式──他們有單詞、有句子，而且句子有結構。家庭式手語者還會使用他們的手勢來達到語言的功能──請求、評論、提問、講故事、自言自語、談論談話等等。家庭式手語者會使用手勢來提出請求其實不足為奇。畢竟，黑猩猩本來就會用自然的手勢來要求食物，要求要玩耍，要搔癢或要抓癢。但黑猩猩不會用它們的自然手勢來評論世界。即使教黑猩猩手語，黑猩猩也只會用手語來請求要東西。他們鮮少（少於1%的機率）會使用這些手語向其他對象評論他們的世界。相比之下，家庭式手語者經常會用他們的手勢來評論──描述狗狗細長的尾巴，注意到他們和媽媽一起蓋的塔有多高，表明照片中的小鳥

正在踩自行車。[11]

　　黑猩猩也不會使用他們被教導的手語來提問，但家庭式手語者會。家庭式手語者會借用聽人用來表達懷疑和不懂的手勢——手掌張開，從手掌心朝下的狀態向上轉成手掌心朝上。他們用這種手勢來問各種問題——什麼、哪裡、誰，甚至如何和為什麼。他們提問的手勢會放在句尾；例如，先做出「走」的手勢，接著「打」的手勢，再接著「手掌心朝上」的手勢（見圖），來問：「那個會邊走邊打鼓的玩具在哪裡？」

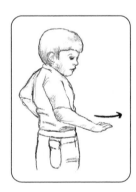

　　家庭式手語者也會借用聽人說「不」的手勢——他們會用搖頭來表示沒有某個物品、拒絕某個物品或行動，或否認。例如，有一位家庭式手語者告訴我們，他以為壞掉的玩具熊實際上並沒有壞——他邊搖頭「不是」，邊把兩個拳頭並列，接著把拳頭分開，做出「破掉」的手勢——臉上帶著燦爛的笑容，說明玩具沒有壞讓他很開心。有趣的是，表達否定的搖頭通常會出現在家庭式手語者的句子開頭，若是問題，則會擺在最

後。否定和問號被放在句尾，而且句尾還會不一樣。這個事實顯示孩子自己就可以用這類語言模式來溝通，不需要從語言模型中學習——家庭式手語的聽人父母說英語，而英語否定和發問的方式並不是這樣。搭配口說的手勢也不會這樣運作——搖頭不會被限制要放在句子的開頭，以手掌向上的方式發問也不會只放在結尾處。[12]

　　人類使用語言的方式還有其他更複雜的方式。你可以自言自語，有時候，家庭式手語者也會用自己的手勢自言自語。當時大衛正坐在地板上玩積木。他有一張紙，上面畫著一座很好看的積木塔，他想用積木建造這個塔，但他需要找到一個帶有圓弧形的積木來蓋塔。他開始四處尋找積木，並且比出「弧形」的手勢。當時我試著把適當的積木遞給他，但他沒理我。這是他給自己的指示，並不是要指示其他人。最後他找到那塊積木，把塔蓋好，完全不用我的協助。

　　你也可以用口說的方式來談論談話本身（我說：「我想要小鴨」）。要用手勢討論自己的手勢並不容易，但家庭式手語者偶爾也會這樣做。當時大衛正在找唐老鴨玩具，他用嘴巴做出「鴨子」的臉——這個手勢是要給我看的，但我當時沒注意到。接著他就指著自己嘟起來的「鴨子」嘴唇，好像在說，「我說唐老鴨」。

　　最後，你還可以用語言講故事，而家庭式手語者會用他們的手勢講很多故事。大衛用家庭式手語告訴我們，爺爺要接小孩子去上學時會走哪一條公車路線。他告訴我們聖誕老人怎麼

從煙囪爬下來，弄髒了褲子後面屁股的位置。他也告訴我們他從自行車上跌下來，傷到自己的下巴。有一天，大衛正在看一張照片，照片中有一把鏟子插在沙子裡面。因為這張照片，他自己做出一個很複雜的手勢句，描述你要怎麼使用雪鏟。他的動作完全沒有停頓或中斷，直接做出下列的手勢句：

　　他先用手勢比出「挖掘」，指著鏟子的照片，再比出「穿上靴子」的手勢，指著外面，指著樓下，指著鏟子的照片，再比出「挖掘」的手勢，再比出「穿上靴子」的手勢（請見圖）。大衛將這一連串的手勢連在一起，告訴我們他對雪鏟的知識：要怎麼使用（挖掘），什麼時候使用（要先穿好靴子），在哪裡使用（在外面），以及雪鏟收在哪裡（樓下）——從一張鏟子的照片，產生非常複雜的故事。[13]

世界各地的家庭式手語者是否都會使用相同的結構？

　　海蒂和我研究了費城地區六位家庭式手語者。另外，我也跟我多年的實驗室經理卡洛琳‧麥蘭一起研究了芝加哥地區另外四位家庭式手語者。我們開始進行研究案的時候，預期每個家庭式手語者都會使用手勢，也假設他們的手勢都有系統化的組織。但我們並不預期所有家庭式手語者會想出相同的系統結構——畢竟，他們住在不同的城市，就算是住在同一個城市的孩子也不認識彼此。但他們卻真的都想出相同的結構。這些結構是否能反映出美國文化中有些不為人知的層面會影響兒童的生活？

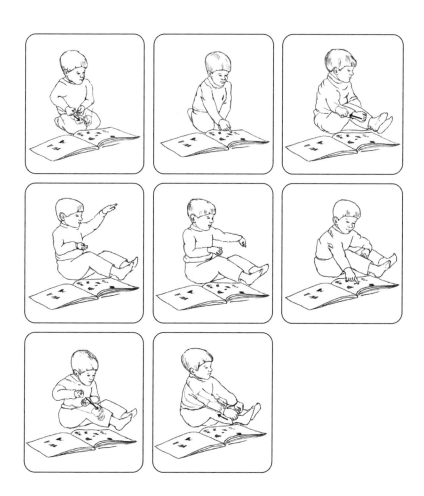

　　為了解這個問題，我到達芝加哥之後，在實驗室開始研究另一種文化中的家庭式手語者──華人文化，據知，華人父母跟小孩的互動會跟美國父母不同。華人父母在跟孩子交談時，會問比較追根究底的問題，描述物品的時候也會比美國父母更詳細。我們認為這種差異可能會影響華人聽人父母與自己聾人

孩子之間的互動方式。在某個特別突出的方面也確實如此——華人聽人父母跟孩子互動時，不管孩子是聾人或聽人，用的手勢會比美國聽人父母來的多。但是，華人聾人兒童所自創的家庭式手語，看起來跟美國聾人兒童的家庭式手語很像。我們後來在土耳其、尼加拉瓜等地研究聽人父母的聾人兒童自創的家庭式手語也很類似，除了一些重要的例外。[14]

　　首先來看相似之處。華人家庭式手語者描述位移事件——也就是有人把自己或某個物品，從一個地方移動到另一個地方的事件——的方式完全相同，會突顯相同的元素，分配方式也相同。事實上，與華人和美國聽人兒童對相同事件的口語描述相比，華人和美國家庭式手語者使用手勢來描述的方式會更相似。華人家庭式手語者跟美國家庭式手語者一樣，自創的手勢句有一貫的順序，手勢都由意義單元組成，也有通用的手勢（對事物分級的標籤）。[15]

　　接著來看差異。雖然華人和美國家庭式手語者在自己的世界中會用相同的手勢來表示許多相同的物品和事件——例如拳頭上下移動，像打鼓一樣，來表示「打」，拇指和食指相碰，做出一個圓形，表示「硬幣」——但也有一些可預見的差異。美國家庭式手語者會手指觸碰拇指握拳，用拳頭接觸自己的嘴巴來表示「吃」，但華人家庭式手語者則是用兩根手指比出V字形指向嘴巴，彷彿正在使用筷子，來表示「吃」。換句話說，他們的手勢標籤會符合當地文化，這並不足為奇，因為全球各地的人標記物品和動作的方式本來就會有差異。我們用

「狗」來表示某個動物，但其他語言可能會用「chien」（法語）、「perro」（西班牙語）、「pas」（波士尼亞語）和「hund」（德語）來指相同的動物。

　　華人和美國家庭式手語者用手勢講述的故事也不同，也需要符合文化。在我們看華人和美國家庭式手語者說故事的例子之前，先來看看聽人父母在談論，以及與自己的聽人兒童在互動時，會自發性地講出什麼樣的故事。華人聽人父母都會用故事來表述道德語句。例如，有位阿姨談到自己的侄女：「她真的很壞。她放聲大哭——哭得超慘。後來我就沒有讓她在我的牆上塗鴉！但她如果不是我姐姐的孩子……她大半夜，在上床睡覺前，用粉筆在牆上塗鴉。我們才〔剛剛〕粉刷過我們家的牆壁耶……」相較之下，美國聽人父母會講故事，都是為了娛樂聽眾。另外，有位媽媽談到自己的女兒莫莉：「我正在睡午覺，（我半夢半醒之間）看到莫莉正在餐廳的牆上寫字，（我驚醒過來並）說「莫莉，你沒有拿鉛筆在媽媽的牆上寫字吧？」哦！莫利鬆了一口氣！她說：「沒有啊！我沒用鉛筆，我用鑰匙哦！」當時我整個「哦，天啊！不會是用鑰匙吧！」但真的太好笑了！你看著她，她的表情就一副「我沒有用鉛筆哦」。這兩個故事在講相似的主題——小孩在牆壁塗鴉——但每個文化中講故事的目的當有所不同。**16**

　　華人家庭式手語者用手勢講故事的時候，他們的手勢也會跟華人聽人父母跟兒童講故事一樣，有評價的成分。四歲的小晴用家庭式手語講了一個故事，我們的**翻譯**如下：「叔叔丟

球。這樣不好。叔叔不好——他很壞。小晴用手畫出一個 X，並且搖搖自己的小指，來表達她的評論意見；這兩個手勢都是臺灣聽人成年人會使用的評價手勢。美國的家庭式手語者也會看到聽人成年人使用評價手勢——例如豎起大拇指或大拇指朝下——但這些孩子很少會複製這些評價手勢，講故事的時候也不會用到。他們講故事的時候，也是為了娛樂和提供資訊，跟美國一般的說書人一樣。大衛在五歲的時候，用家庭式手語講了一個故事，我們的翻譯如下：「我家外面有一隻像這樣的兔子。有人打開籠子，兔子跳出來，吃了後院的一根胡蘿蔔。」 [17]

　　雖然聽不到父母的故事，家庭式手語者產出的敘述也會符合當地文化。這就表示，透過非口語管道，仍然可以取得這種特殊的文化訊息——我們可以同時或分別聽、看或感受故事。文化中有某些層面似乎至關重要，不能只使用單一媒介來傳遞。家庭式手語者讓我們了解到這些文化上至關重要的訊息是什麼。

　　這又讓我們開始思考一個一直困擾我們的問題。我們在使用家庭式手語的孩子手上看到語言的基石。但或許自創這些家庭式手語的人不是這些孩子。畢竟，我們從他們用手勢講述的故事中得知，家庭式手語者也會受到各自文化的影響。或許是聽人父母發明了這些手勢，孩子只是複製這些手勢。若是如此，那孩子就沒有自創家庭式手語——他們的聽人父母才是自創這些手語的人。

所以到底是誰創造了這些家庭式手語？

　　每個人在講話的時候都會比手勢，包括家庭式手語者的聽人父母。因此，在我們聲稱語言真的是先天的之前，我們必須要先確認聽人父母的手勢看起來是否會很像家庭式手語。我們研究聽人父母在跟自己的聾人孩子互動時會使用的手勢。我們先不管搭配講話的手勢，因為我們想用聾人孩子的角度來看待父母的這些手勢。這些聾人孩子聽不見，也無法理解口語，所以我們也不應該使用口語。然後，我們用分析家庭式手語者手勢相同的工具來分析父母使用的手勢。[18]

　　父母有的時候會使用所謂的象徵型手勢，也就是在特定文化中具有約定俗成含義和形式的手勢。在美國，豎起大拇指表示很好，用拇指和食指相碰形成一個圓圈，另外三根手指豎起來表示OK（沒問題），食指放在嘴巴前面表示請安靜。家庭式手語者會複製父母使用的象徵型手勢，也會使用這些手勢，但通常會擴展這些手勢的含義。美國的聽人母親在孩子動個不停，想趕快行動的時候，會豎起自己的食指，同時跟孩子說：「等一下，等一下。」家庭式手語者也會把食指豎起來表示等一下，但他們同時用這個手勢來表示即將發生的事件。換句話說，他們用這個手勢來標示未來，而聽人父母中從來不會把這個手勢拿來做這個用途。父母的象徵型手勢為家庭式手語者提供了一個起點，他們再用合理的方式擴展這個手勢的意義。家庭式手語者會學習聽人父母使用的象徵型手勢一點都不足為奇——畢竟，對聽人來說，象徵型手勢是跟單詞很像的手勢。

但值得注意的是，家庭式手語者會把聽人父母使用的手勢作為原料，可以不斷改進，也會賦予這些手勢擴展延伸的新含義。孩子會接收父母搭配言談使用的手勢，並把這些手勢融入自己的語言系統，使其符合自己的思維需求。這樣做，他們就能讓我們了解他們思想的內容。[19]

父母也會使用圖像手勢，也就是當場即席自創的手勢，以形象來代表某個物品、動作或屬性（例如打、鴨子、圓形）。但是，父母使用的圖像手勢和孩子使用的圖像手勢幾乎沒什麼重疊——相較之下，父母和孩子使用的象徵型手勢，重疊情況還比較多。孩子和父母有不同的手勢詞彙。這意味著家庭式手語者至少有一些手勢詞彙是自創的。[20]

更值得注意的是父母和孩子在組合手勢時的差異。父母時常會一次只做一個手勢，可能是因為他們是邊講話邊比手勢，而說英語的人傾向於在停頓的時候比出一個手勢。這就代表父母鮮少會使用手勢＋手勢的組合。因此，若聾人孩子是看著聽人父母的手勢學習如何構建自己的手勢，他們參考的模型可能非常空洞。事實上，美國和中國使用家庭式手語的孩子在使用手勢時，排序方式有統計上顯著可靠的模式，但他們的聽人父母卻沒有。同樣的，美國和華人家庭式手語者都會產生複雜的手勢句子，包含超過一個命題（「你蓋塔，我要把塔撞倒」）。但他們的聽人父母沒有——或至少跟孩子少，聽人父母自創的複雜句少很多，而且很多父母都是在自己的孩子已經開始產生這些複雜手勢句之後才開始也用複雜手勢句。最後，

美國和尼加拉瓜的家庭式手語者會在自己的句子裡面表現出階層結構，例如他們會先指著葡萄，比出「葡萄」的手勢，再比出「給」的手勢。但聽人父母從來不曾把這兩種手勢組合起來。最重要的是，孩子自創的家庭式手語有組合和階層結構——這些是人類語言兩個基本屬性。聽人父母在跟自己使用家庭式手語的孩子交流時，搭配言談使用的手勢沒有提供這麼複雜的模型。[21]

聽人父母沒有提供模型讓自己使用家庭式手語的孩子產生特定手勢或手勢句子。不過，他們確實提供了使用一般手勢的模型，因為他們在與孩子交談時都會使用手勢。此外，父母發現自己很容易理解自家使用家庭式手語的孩子做出的手勢，因為這些手勢很清楚地描繪出孩子想說的話——同時也是因為語言習得初期的孩子通常只談他們面前的東西。想想看，這會產生多奇怪的交流情況。孩子在跟聽力正常的家庭成員交談時，會自創家庭式手語，但其他人卻無法回以家庭式手語。這就像你跟自己懂英文的法國朋友交談，但這個朋友不會說英語。她會用法語和你說話，你可能可以聽得懂她的法語，但自己的法語也沒好到可以用法語對話，所以你用英語回答。差別在於，家庭式手語的孩子是自創他們的語言——而聽人父母並不真的認為家庭式手語者的手勢算是一種語言。

不過或許我們針對家庭式手語的起源還是太快下結論。聽人父母可能還有其他方式可以影響和塑造孩子的家庭式手語。也許他們對某一種形式的手勢會有正面反應，對另一種形式的

手勢則有消極的反應。或許孩子若先做出受事者的手勢，再接著行動的手勢（例如葡萄－「給」）時，相較於先比出行動的手勢，再比出受事者（「給」－葡萄），父母比較會有反應，因此家庭式手語者傾向在做出手勢句子時，要依循受事者-行動的順序。

　　雖然這聽起來是個很好的假設，但聽人父母連在回應自己聽人孩子的說話時，也沒那麼有系統。他們回應孩子的內容，是以口語句子為主，而不是以句子的形式。當孩子說「華德‧迪士尼周二上電視」時，媽媽會糾正孩子，並補充說華德‧迪士尼實際上是週三上電視，即使孩子的句子在語法上完美無誤。相比之下，當孩子說「我愛你，媽咪」時，媽媽鮮少會先糾正孩子的語法才回應孩子的愛。不過，也許聽人父母回應聾人孩子比出的家庭式手語時，會不太一樣。[22]

　　為了找到答案，我們先查看每個家庭式手語做出的手勢句子，並且把這些句子分成符合孩子自己喜歡的排序模式，以及不符合的句子。孩子無法說出100%一貫不變的句子——他們畢竟是孩子。我們接著檢查父母碰到這兩種不同類型的句子，會有什麼反應。我們計算父母碰到孩子依循排序模式的句子，以及未依循排序模式的句子，回以贊同（例如微笑、點頭、正面回應）的頻率。我們還計算父母碰到這兩種句子時，會以**引伸方式**回應的頻率—例如，他們會不會把孩子要求的東西拿給孩子，或是依據孩子說的話，以手勢回應。如果父母的回應會影響孩子手勢句的排序，那符合孩子自己喜歡的排序模式，應

該可以找到更多認可的回應，以及更多引伸，未符合孩子自己喜歡的排序模式的句子，此類回應會比較少。但我們發現，孩子井井有條的句子，父母以認同回應的比例為65%，而碰到孩子錯誤排序的句子，父母以認同回應的比例也是65%。碰到孩子井然有序的句子，父母會以引伸方式回應的比例約為50%，碰到孩子錯誤排序的句子，回應比例也是50%。父母的回答沒有特別的差異。有趣的是，這些比例——65%的認可率和50%的引伸率——語言習得的重要研究者羅傑・布朗（Roger Brown）和他的學生卡蜜兒・漢隆（Camille Hanlon）在研究聽人父母如何回應自己正在學習英語的聽人小孩說出口的句子時，也是發現相同的比例。家庭式手語者的聽人父母回應孩子的行為與美國其他聽人父母一樣。[23]

　　但也許我們漏掉什麼——也許父母回應井然有序的句子和排序錯誤的句子時，會有些微妙的差異，只是我們分析時無法編碼。我們不能主張說自己已經查看所有可能的線索，不過為了盡可能確定，我們進行了一個實驗。我們請一個兒童演員做出井然有序或排序錯誤的手勢句——例如，演員比出來的句子，先指葡萄，再比「給」的手勢（受事者-行動排序），另一個句子則是先比「給」的手勢，再指葡萄（行動-受事者排序）。接著，我們讓說英語的成年人看這些手勢句，請他們告訴我們這些句子的意思，並評估自己對自己的答案有多少信心。我們認為，也許井然有序的手勢句會比排序錯誤的手勢句更容易理解。但結果我們的預期又錯誤——聽人說話者碰到井

然有序和排序錯誤的句子，提供正確翻譯的比例相同，而且他們對自己回應的信心程度也相同。換句話說，井然有序的手勢句並不會比排序錯誤的句子更容易理解。儘管如此，孩子還是喜歡按照井然有序的模式比出手勢句。使用家庭式手語的孩子會想要比出有一貫順序的手勢句，也傾向要維持特定順序。這就表示家庭式手語系統之所以會有結構，原因是孩子自己，而不是他們的聽人父母。

我們的實驗還顯示，聽人在看手勢的時候不會特別注意順序是否一致，手勢用什麼順序排列，他們都可以理解。搭配口語使用手勢的時候，並不會有要維持一貫線性順序的壓力。

假如，正如我們觀察到的情況，家庭式手語系統中的結構是來自孩子自己，而不是他們的聽人父母，那我們就有證據可以顯示家庭式手語中的結構是語言中很重要的一部分。兒童在自己接觸到的語言中如果有發現結構，就會傾向學習這些結構；當他們沒有接觸到語言時，則傾向會發明這些結構。假若語言消失了，我們人類很可能會重新發明語言，而且重新發明的語言（從深層來看），會很像我們現在說的語言。最重要的是，家庭式手語讓我們了解到我們的手和我們的思想之間有著強大的聯繫。如果我們接觸到一種傳統語言，用離散語言比較難表達的狀況，我們就會用手來表達。如果我們沒有接觸過傳統語言，我們就會用自己的雙手發明一種語言。

語言比數字更有韌性

家庭式手語自然而然就會自創語言，這就告訴我們，身為人，語言是我們的一部分。就算你沒有接觸過語言，你也會自己創出語言。那其他表象系統（例如音樂或數字）是否也是如此？

聽人說話者會用手指列舉事物——一根手指代表一個物品，兩根手指代表兩個物品，以此類推。數字系統是否也可能來自手勢？過去的文獻顯示，家庭式手語者可能會需要有數字系統的模型才能發展出數字系統。蒙杜魯庫人（Mundurukú）和皮拉罕人（Pirahã）都是住在巴西偏僻地區的亞馬遜原住民。他們的語言中沒有大於5的精確數字單詞（蒙杜魯庫人）或任何表示確切數字的單詞（皮拉罕人）。在這些文化中，如果東西的數量很少，例如少於3或4，那聽力正常的成年人可以把一組物品跟另一組物品匹配在一起。但如果數量變大，他們就辦不到。當研究人員請他們挑選一組蘋果來匹配一組六顆的梨子，他們可能會拿出6顆，但也可能會拿出5顆或7顆——他們的回答會是近似值，不會很精準。[24]

但這兩種文化不僅沒有詞彙可以指示大數字，他們也不太有什麼情境會讓人需要用到確切的數字。我們需要在一個重視確切數字的文化中，找到沒有數字系統模型可參考的家庭式手語者。尼加拉瓜的文化就重視確切數字。例如，該國的貨幣體系跟美國的貨幣體系相當，但蒙杜魯庫人和皮拉罕人沒有這種體系。尼加拉瓜也有已經成年的家庭式手語者。美國的家庭式

手語年齡漸長之後，通常就會接觸到傳統手語，例如美國手語。因此，成年家庭式手語者在美國很少見——但尼加拉瓜的情況不同，家庭式手語者可能成年後都還是維持使用家庭式手語。如果他們生活跟工作的文化很重視物品的精確數量，足以讓他們了解精確的大數字（大於3或4的數字）是什麼樣的概念，那尼加拉瓜的成年人甚至兒童家庭式手語者應該了解精確的大數字是什麼樣的概念。[25]

我實驗室裡面的研究生蕾斯潔・史貝朋（Liesje Spaepen）跟兩位熟悉數字的知名心理學家伊莉莎白・斯皮克（Liz Spelke）和蘇珊・凱瑞（Susan Carey），以及前博士後研究生，同時也是尼加拉瓜家庭式手語專家瑪莉・柯波拉（Marie Coppola）一起帶頭研究了尼加拉瓜的四名成年家庭式手語者。這些家庭式手語者有工作賺錢，也會跟聽力正常的朋友和家人有社交互動。他們不認識其他聾人，也沒有定期上學。我們用影片展示了十個動畫短片故事，故事情節中，數字扮演很重要的角色。接著要求家庭式手語者把故事內容轉述給沒有看過影片，但熟悉他平常使用家庭式手語的親戚或朋友——我們用手掌心朝上的手勢（兩隻手掌翻轉，從朝下轉成朝上），詢問他們影片中發生什麼事。四位家庭式手語者全都用手指來表示影片中的物品數量。隨著物品數量增加，家庭式手語者比出來的平均手指數也跟著增加。但是，手指比出來的數目完全正確的情況僅限於物品少於3個的時候。出現4個或以上的物品時，家庭式手語者比出來的數目會接近，但不一定準確。例如，螢幕

上若出現5隻羊，家庭式手語者可能會比出5根手指頭，但也可能會比出4或6根手指頭。家庭式手語者會使用手勢來追蹤大數目的近似值，而不是確切的數目，至少在他們講故事的時候是這樣。尼加拉瓜的兒童家庭式手語者也有相同的情況。[26]

　　我們還設計了一個非敘事的任務，看能不能讓他們比出確切的數目，以確認數目不準確的情況是否與敘事形式有關。如果給成年家庭式手語者兩組由 1、2 或 3 個物品組成的組合，他們可以完美無誤地完成任務，1對1、2對2、3對3的配好。但是，如果你給他們兩組由4個或4個以上的物品組成的組合，家庭式手語者又會只配出近似值——一組6個物品會對上一組6個物品，但也可能會配一組5個或7個物品。（跟皮拉罕人一樣）。你可能會說這是意料中事——當數目變大的時候，就很難完全正確。但如果不限制時間，你就一定可以完全正確地把兩組的數目配好。家庭式手語者卻不行——數目只要大於4，就算不限時間，他們還是會採用近似值來配。精準的大數字是我們數字系統中一個基本的元素，就像我們在溝通交流時，會把自己的思想加上語言結構一樣基本。家庭式手語者可以發明語言結構，但不能自己發明精準確切的大數字。

　　語言和數字都是世界各地皆有的現象。在了解我們的研究前，你可能會猜說語言和數字會以相同程度反映我們的心智結構。但你可能就猜錯了。孩子可以創造語言。卻不能發明確切的大數字。語言的能力似乎是人類與生俱來的能力，而算數的能力則不是。如果語言不慎被消滅，它可能重生，而且重生的

語言會有許多跟現代語言相同的特徵和組織原則。相較之下，若數字不慎被消滅，人類可能會，也可能無法重新發明。即使可以重新發明數字，可能也會需要很多發明家才能發明數字系統，不太可能由一個獨立努力的孩子重建——即使我們可以為孩子提供反映物品數目的手勢當參考也不行。手勢可以發展成一個有結構的語言系統，但無法發展出有精確大數目的結構系統。語言可以靈活變動——數字無法。

再回來談語言

當然，孩子在成長過程中會學習周圍的語言。家庭式手語的研究發現告訴我們，剛開始學習語言的孩子會預期一個具有家庭式手語屬性的溝通系統。若他們可以接觸到某個語言，就是弄清楚這種語言是如何表現我們在家庭式手語中看到的這些屬性。從這個意義上來看，孩子已經準備好要學習語言。

那他們是否也準備好要學習搭配言談使用的手勢？我們知道，先天性失明且從未見過任何人比手勢的人，在說話的時候仍然會比手勢。從這個意義上來看，人們也已經做好準備要在運用語言時比手勢。但請注意，孩子自創溝通系統的第一步是家庭式手語，一個充滿離散、可重組單元的系統——不是可以拿來做為手勢的連續形式搭配離散形式。那麼，搭配言談或搭配手語的手勢是在什麼時候出現在一個新興的人類交流系統中？換句話說，家庭式手語者什麼時候開始在自己的離散語言形式中產生手勢？在我們觀察的美國家庭式手語者使用的句子

中，我們沒有注意到有任何手勢是類似搭配言談使用的手勢，但這個領域的研究不足。因此，我們不知道搭配言談使用的手勢確切是在什麼時間點出現在語言中——我們只知道在語言剛出現的第一步，**還沒有**搭配言談使用的手勢。

家庭式手語是以手勢為主的系統。這一點說明沒有接觸過語言的孩子在交流過程中會如何讓他們的想法產生結構。這些結構與自然語言中發現的結構很類似，不管是手語還是口語。家庭式手語的組合結構也讓它跟搭配言語或搭配手語的手勢有所區分。搭配語言的手勢也會揭露我們的想法，但通常這類想法是我們的雙手很擅長捕捉的連續表現形式。我們已經發現我們的雙手是多麼多才多藝：在第一部分中，我們發現，若有一種傳統語言，我們的雙手可以藉由形象手勢來揭露我們的想法，而在第二部分中，我們發現在沒有傳統語言的情況下，雙手也可以藉由語言類別揭露我們的想法。

全世界的聾人兒童都會發明家庭式手語，而這些家庭式手語都有語言的基本元素。但我們很難想像，家庭式手語者靠自己就能發明一種發展完全的語言。一個人若自創一個接近現代語言的語言，到底能走多遠？語言有某些屬性可能需要代代相傳，才會在語言中出現。這是家庭式手語者無法自行發展的屬性。以一個新興語言來說，這些屬性何時會出現？又是如何出現？這是下一章要試圖回答的問題。回答這個問題，可以幫助我們開始理解為何現代語言會有如今的結構。

第 5 章

觀察語言的自然成長
以及在實驗室中的語言

家庭式手語讓我們看到孩子在不接觸語言的情況下,會如何建構自己的思想。有趣的發現是,這些結構跟代代相傳的語言有很類似的結構——離散的元素,結合許多不同層次的其他元素。家庭式手語也讓我們了解,會有這些結構,是因為我們的思想,而不是代代相傳的語言。

但是家庭式手語並不具備自然語言中的所有屬性。事實上,在全世界各地,當家庭式手語者每天聚集在一起,與彼此交流,家庭式手語系統也會發展出語言屬性,變成成熟的手語。為了瞭解這個過程,我們可以來看看語言興起的某個情況。目前在尼加拉瓜正在發生這樣的情況。世界各地的手語原本都是家庭式手語系統,隨著聾人形成社群,才發展成手語系統。但尼加拉瓜的情況令人興奮的是,研究人員從一開始就在場,即時紀錄語言的變化。[1]

現實世界中的新興語言：尼加拉瓜手語

　　五十年前，尼加拉瓜並沒有聾人社群。聾人兒童出生在聽人家庭，彼此之間沒有聯繫。因此，這些聾人兒童會跟周圍的聽人用自創的家庭式手語來溝通。1977年，一家特殊教育中心針對聾人兒童開始一項計劃，吸引50名兒童來參與。1980年出現一所聾人青少年職業學校。到1983年，這兩所學校總共有400多名學生。一開始，學校教西班牙文，但學生在學習西班牙文時遭遇困難（記得單純觀察說話者的嘴唇來學習口語非常困難）。不過，學生會用自己的家庭式手語，也開始與彼此分享。這是第一次，這些家庭式手語者不僅自創家庭式手語，還看到其他人使用這些手語。家庭式手語者之間的交流催生了一種新的語言——尼加拉瓜手語（NSL）——家庭式手語者齊聚一堂，並開始建立第一代的NSL。[2]

　　為了瞭解家庭式手語逐步轉變成NSL的過程中，加入了哪些語言元素，我和我的同事把會將自己家庭式手語跟和與其互動的人共享的家庭式手語者，拿來和確實有與其他人共享系統的第一代NSL使用者做比較。我們發現家庭式手語自己**無法發展出來**的語言屬性，但第一代NSL手語使用者卻**發展出**這些屬性。這些屬性很有趣：就好像一定要跟與你共用同個系統的人進行交流，才會出現這些屬性。家庭式手語者會自創有結構的手勢，但他們沒有機會看到別人比這些手勢，因為他們的聽人父母會使用自己搭配言談使用的手勢。幾十年前，當尼加拉瓜的家庭式手語者第一次齊聚一堂，他們第一次有機會看

到其他人自創的家庭式手語。這也可能促使他們在自己的手勢中加入一些屬性，因此使得現在的NSL與家庭式手語有所區別。這些新屬性需要**溝通交流**，才會出現在語言中。

最後，學校開始教導學生NSL，也開始僱用聾人成年人來教導學生NSL。現在的聾人兒童一進入學校，就會見到手語的模型，而且他們會很快上手。但是，在學習的過程中，他們改變了語言，就像聽人兒童在學習口語的過程也會修改自己的口語一樣。以我的孫女為例，她經常會說，「I amn't」（我不是）。她自己發明一種遵循語言其他模式的新模式（「he isn't」（他不是）、「you aren't」（你不是）、「we aren't」（我們不是）、「they aren't」（他們不是）。她目前還堅持要繼續使用這個模式，但這個用法在她的朋友中並不流行。最後她也會放棄這個用法。尼加拉瓜特別之處在於，聾人兒童學習NSL的過程中引進的許多變化後來都融入其中，因此改變了這個語言——畢竟，他們周圍沒有年長的語言規範主義者阻止這些變化留在NSL當中。家庭式手語者和第一代NSL使用者**沒有發展出來**，但後幾代NSL使用者**發展出來**的語言屬性，則是需要一代一代傳遞才會在新興語言中出現的語言屬性。這些語言屬性要在**學習**的背景下才會出現。

因此，我們有三類語言屬性。這些語言屬性都因為支持其發展的條件不同而有所不同。我會在接下來幾段舉例說明每種類型的語言屬性。

可靈活使用的屬性。第一個屬性是家庭式手語者發展出來

的語言屬性，第一代和後面幾代的NSL使用者仍然持續使用。人類語言有方法可以區分對稱事件和相互事件。兩個人握手、舉手擊掌或見面都是屬於**對稱事件**——兩個參與者在創造單一行為的過程中，扮演平等且必要的角色。相互事件也涉及兩個人，但這兩個人會涉及兩個各自獨立的行為而不是單一行為——兩個人同時對彼此拳打腳踢或撓癢是屬於**相互事件**。一個人可以撓另一個人，但對方無法回擊，但一個人永遠無法一個人舉手擊掌。在英語中，要描述一個對稱事件，我們會說「Charlie and Joe met yesterday（查理和喬昨天碰面了）」或「Charlie and Joe met each other yesterday（查理和喬昨天跟彼此碰面）」。重要的是，我們不能說「Charlie and Joe punched yesterday（查理和喬昨天撓了）」——我們必須在句子中放入「（each other）對方」，不然就不算文法正確的英語句子。

尼加拉瓜的成年家庭式手語者也在他們的溝通系統中做出這種抽象的區別，儘管表達方式不同。當你要求他們描述兩個人碰面的事件時，他們會用雙手的食指相碰，比出一個「碰面」的手勢，看起來就很像兩個人碰面（見右圖）。

　　但是，若你請家庭式手語者描述兩個人毆打對方的事件，他們會先朝一個方向比出「揍」的手勢，**再**朝另一個方向比出「揍」的手勢（見下圖）。

　　肢體上來說，我們是可以同時比出這兩個「揍」的手勢（這動作並不難）——而且同時比出這兩個「揍」的手勢可以更準確地說明家庭式手語者描述的打架事件是同時發生。

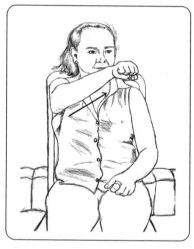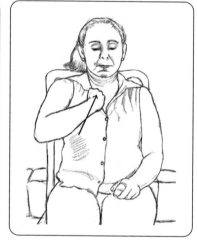

　　但家庭式手語者卻沒有這麼做。他們描述揍的方式跟實際事件不太像。這樣做讓他們可以區分對稱事件和相互事件。所有世代的 NSL 使用者都會做出相同的區分。對稱事件和相互事件之間的區別很抽象，但卻是語言的基本屬性——因為很基本，就算沒有跟其他人共用溝通系統，個人還是可以重新發明這種屬性。[3]

需要共享溝通方式的屬性。第二種類型的語言屬性是家庭式手語者**沒有發展出來**，但第一批 NSL 使用者的成員**發展出來**的屬性。事實證明，要找到家庭式手語沒有，但第一代 NSL 使用者發展出來的語言屬性，比我預期的要困難許多。這就意味家庭式手語者可以發明很多語言屬性，**即使他們從未見過這些形式**，也能發展出類似形式。這些屬性不需要相互交流，就會出現。不過我們發現語言當中有一個層面是第一代手語使用者擅長而家庭式手語不會的：給物品一組穩定的標籤。這種語言屬性確實需要互相交流才會出現。

我跟我在芝加哥大學的同事黛安‧布倫塔里（Diane Brentari），以及我以前的學生蘿拉‧霍頓（Laura Horton）比較了尼加拉瓜家庭式手語者、第一代跟第二代 NSL 使用者使用的手語。我們在電腦螢幕上播放短片，請每一組描述畫面上的內容，例如，一本側倒下來的書，或者有一隻手把書封面朝上放好。我們觀察他們每次描述物品的時候，使用相同手形的頻率。我們發現，第一代和第二代手語使用者在描述影片中的書時，都會使用相同的手形來描述圖書（手語者自身的一致性）。而且他們使用的手形跟同一代手語使用者用來描述書的手形相同（手語者彼此的一致性）。相比之下，家庭式手語者都用不同的手形來描述不同影片中出現的書。這對你來說可能並不值得奇怪——畢竟，家庭式手語者彼此之間並不認識，所以我們也不應該指望他們會為書發明相同的手形。但可能會讓你感到驚訝的是——我就很驚訝——個別家庭式手語者在描

述書的時候，也不會每次都用相同的手形來標示書。例如，在描述某人放好的書時，家庭式手語者可能會伸直4根手指，但在標記自己側倒下來的書時，只會伸直2根手指。第一代跟第二代的手語使用者在兩種情境下都使用相同的手形。單詞形式的穩定性，即使是個人自己的詞彙，似乎不會自然而然出現。要有來自同儕語言社區的壓力才會出現。所以第一代跟第二代的手語有，但家庭式手語者的手語沒有。[4]

需要學習的屬性。第三種語言屬性是家庭式手語者和第一代NSL使用者都沒有發展出來，一直到第二代NSL使用者才發展出來的語言屬性。我有一位博士後研究員莉莉亞·里斯曼（Lilia Rissman）主持一個研究案，研究尼加拉瓜成年家庭式手語者，第一代手語使用者以及第二代及第三代手語使用者如何處理代理人跟背景的問題。描述可以看到有人把書封面朝上擺好的影片時，所有使用手語的人，甚至包括家庭式手語者，都比出一個C形手勢，讓人感覺他彷彿正用手抓著一本書，把這個手勢結合動詞（像提把的手形）。相比之下，他們會手掌攤平，用這個手形結合動詞（**物品**的手形）來描述書自行側倒的影片。各組之間的差別在於他們看到第三個影片的反應，因為只有第三個影片可以看到代理人的手——這隻手將書封面朝上放好，但**看不到**放置者的頭部和身體。

在英語中，如果我們把執行動作的人放到背景，我們可以使用被動語態說，「書被擺在桌上」。第二代跟第三代NSL使用者發明了一種方式，把代理人擺到背景。他們的方式是用

兩種動詞類型來描述這個書籍事件：用提把手形的「放」動詞，再用「放」動詞加一個**物品**的手形。這是分散風險的組合方式——第一個動詞突顯把書放下的施事者，第二個動詞突顯書本身是賓語，這個組合可以同時關注二者。很重要的是，第二代和第三代**只會**在看到影片中只出現代理人的手移動書，而沒有看到他整個身體，才會使用這個策略。這個方式可以把注意力從代理人身上稍微移開，也就是一種被動結構。這種結構在之前沒有，一直到第二代 NSL 使用者向第一代 NSL 使用者學習 NSL 時才進入這個語言。第二代手語使用者的優勢在於他們可以在不同情境看到第一代手語者和家庭式手語者使用**握把**和**物品**的手形。所以他們可以應用這些形式，將它們組合在一起，以表明是新的情況，一種不突顯代理人的情況。換句話說，這種相當於英語被動語態的方式，是在迭代過程中，後面的一代向前一代學習的過程才出現在 NSL 中。第二代手語者等於站在第一代手語者的肩膀上。**5**

　　到目前為止，我們已經檢視自然新興語言會經歷哪些步驟才能發展為成熟語言。家庭式手語者自創語言的範疇還是有其極限。家庭式手語者無法發展的屬性需要額外的條件；使用者之間，相互分享和溝通，才能出現家庭式手語中找不到的詞彙穩定性；而且詞彙穩定的語言從一代使用者傳到下一代使用者的過程中，才會出現家庭式手語者或第一代手語使用者不會使用的代理人背景。請注意，這些屬性在任何情況下都不會出現在搭配言談使用的手勢中：這一類的手勢不會有形式穩定性，

除了象徵型手勢以外，因為象徵型手勢實際上等於無聲的單詞。同時，這類手勢也沒有標準的方法可以把代理放到背景。相互交流的壓力，以及學習傳播的壓力，會讓家庭式手語變成成熟的語言，但這類壓力在搭配言談使用的手勢上就不會有相同效果。唯有當這些壓力施加到家庭式手語者自然而然用來傳達自己想法的結構上，人類語言才被塑造成現今的樣貌。

實驗室中的新興語言：無聲手勢

研究自然環境中出現的NSL等語言，可以幫助我們了解塑造語言的各種影響。但現實世界很混亂，這就意味著我們無法掌控語言興起的環境。我們並不是永遠都有辦法說明這些變化會出現的原因是什麼，以及這些改變又導致什麼結果。在實驗室中設置新語言興起的類比情況可以幫助我們判斷哪些槓桿影響了語言演變的走向。

英國認知科學家西門・柯比（Simon Kirby）是愛丁堡大學語言演化學主席，也是最早嘗試以實驗方式探索語言興起過程的人。他和他的同事設置一個實驗，請說英語的人士學習一種「語言」。在這個語言中，隨機選擇的一串字母（例如，「kamone」、「gaku」、「hokako」等）會跟圖片配對。總共有12個「詞」和12張圖片。圖片會在兩方面有點不同：（1）形狀：有三種不同的形狀——有一個突起點的皇帝豆，有三個突起點的多刺形狀，以及有六個突起點的星形，同時（2）形狀內填滿的內容：有四種不同的紋理和顏色——純白、純黑、

格紋和斑點。學習者在電腦螢幕上會看到12個以文字呈現的單詞，搭配不同的形狀。學習者會看每個單詞搭配圖片六遍，他們的任務是要學習每張圖片的標籤。以上這是**學習**階段。

接下來是**溝通交流**階段。兩個學習者利用電腦交流，輪流擔任生產者和接收者。在每次試驗中，生產者每看到一張圖片，都要把相應的標籤輸入電腦，讓接收者可以從六張圖片的陣列中找出是哪一張圖。每次試驗後，兩個人都會得知他們是否正確「溝通」，正確的人會得到一點。接著兩人再互換角色，接收者成為生產者。

最後一步是**傳遞**階段。其中一位學習者在交流階段產生的標籤要用來教下一代。下一代會看到標籤與配對的圖片。有些標籤跟最初展示的標籤完全相同，有些標籤則會跟原始標籤不同。這有點像傳話遊戲，在傳遞過程中，錯誤的訊息會傳給下一個參與者。這個過程一直持續，直到總共有六代學習者。

為了確認是**不同學習者**之間的傳遞影響了語言興起的過程，柯比及他的同事還納入了第二組。第二組組在學習和交流階段都跟第一組相同，但傳遞階段不同。研究人員沒有要求要把標籤傳遞給一對新的學習者，而是將標籤傳遞給相同的學習者——換句話說，學習者在同一組人中，自己完成了所有六個試驗。

我們玩傳話遊戲的時候，會根據原始訊息是否在所有參與者之間維持不變來評估算不算成功。事實證明，若使用這個指標，**學習者不變**的那一組會是大贏家。他們並不是完美無誤，

但是，在第一代之後，學習者提供的標籤比不同學習者組提供的標籤更接近原始標籤。事實上，**不同學習者**的那一組提供的標籤會隨著傳遞情況，離原始標籤越來越遠──以傳話遊戲來說，他們玩得很糟糕。

在**不同學習者**的那一組，當「語言」傳遞了六代，中間發生了什麼變化？有趣的是，他們的標籤會變得越來越有系統和有結構。例如，在**不同學習者**的那一組，有一對最後為三種形狀中的每種形狀提供了不同的標籤（「ege」代表皇帝豆、「mega」代表星星、「gamene」代表多刺形狀）；四種填滿的內容也各有不同的標籤（「wawu」代表黑色、「wawa」代表格紋，「wuwu」代表斑點，白色則沒有標籤）。他們還很有系統地把這些標籤組合在一起──「mega-wawa」代表內為格紋的星形；「ege-wawa」代表內為格紋的皇帝豆形狀；而「ege-wuwu」則代表內為斑點的皇帝豆形狀。在不同學習者的這一組當中，並不是每一對搭擋都這麼有系統，但大家都朝著這個「組合」方向發展。[6]

那麼關於語言的興起，這項研究告訴我們什麼？這項研究告訴我們，在人工實驗室的情況下，當「語言」在彼此交流的環境中代代相傳，時間一久，語言就會發生變化，變得更有結構、更有系統。這種典範就很像在尼加拉瓜發生的情形。第二代跟第一代學習語言的過程也改變了語言；第三代跟第二代學習語言的過程也會改變語言。這個過程會一直持續下去。

儘管這些人工語言學習研究模擬語言興起的某些層面，但

這些研究並沒有模擬最初創造語言的階段——換句話說，沒有模擬家庭式手語。這些研究試圖了解語言在學習過程中會如何變化，而不是想了解語言的基礎最初是怎麼創造出來的。

　　然而，現在有一些新的研究，把創造語言的過程帶入實驗室中。這些研究中大部分會要求個人創造手勢，而不是聲音，來描述場景或物體，主要是因為要我們創造手勢標籤會比創造口語標籤來得容易。這些手勢被稱為**無聲手勢**。原來對成年人來說，要創造無聲手勢並不難。這個過程會讓人想起比手畫腳的遊戲，但比出無聲手勢的這些人並不會像在玩比手畫腳的遊戲時，以口語為基礎思考要比出什麼手勢——大家很快就會看到，這一點正是最有趣的發現。[7]

　　第一個針對無聲手勢進行的研究，比較我們在說話時不由自主會使用的手勢（搭配言談使用的手勢），以及我們被要求不開口說話，只能用手勢來描繪某個場景時使用的手勢（無聲手勢）。我們要求說英語的成年人先以口說方式描述一組錄影記錄的事件，接著再請他們描述同樣的事件，但這次只能比手畫腳。我們再比較在這兩種不同條件下使用的手勢。兩種手勢看起來大不相同。搭配言談使用的手勢用的手形跟動作都比較鬆散——看起來就像典型搭配言談會使用的手勢。相較之下，用來代替口語的手勢非常直接了當，手形和動作都有清楚定義——看起來很像家庭式手語！[8]

　　我們來舉個例子說明。我們給一位成年人看了一張照片，照片中有顆甜甜圈從煙灰缸以拋物線往外飛出。

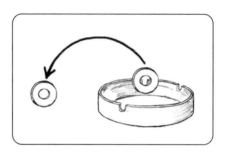

　　這位成年人用口語方式描述這個場景時說：「甜甜圈從煙灰缸裡跳出來了。」，同時間，他用手比了以下的動作：（見下圖）

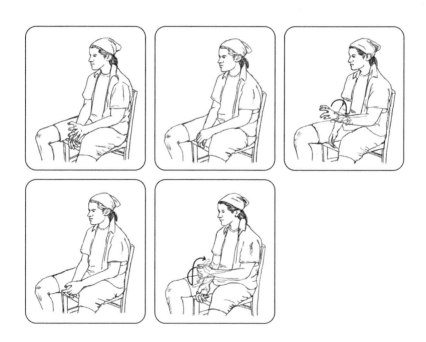

　　當研究人員要求他只用手勢描述同一個事件時，他比出一連串非常明確的手勢：用兩個手勢呈現煙灰缸（抽香煙，捻熄煙蒂），一個手勢呈現甜甜圈（圓形），再用一個手勢表示動作（拋物線往外）（見第161頁插圖）。

　　兩個描繪內容中，唯一看起來相同的手勢，是拋物線往外的手勢。同時，這位成年人搭配口語使用的拋物線往外手勢，不如無聲的拋物線往外手勢來得完整。在比無聲手勢時，他的右手比出一個圓（代表甜甜圈）從他平放的左手（代表煙灰缸）中以拋物線往外。

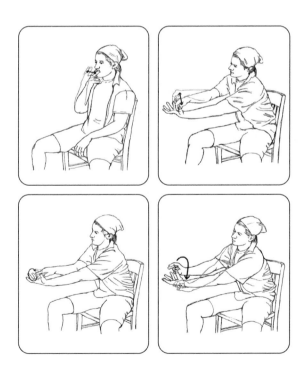

　　無聲手勢與搭配言談使用的手勢還有另一個差別。搭配言談使用的手勢，就算有連起來，也不會按照一貫的順序，但無聲手勢會。這位成年人，以及參與研究的所有其他成年人，都會先以手勢指示靜物的位置（煙灰缸），再接著用手勢指示移動的物品（甜甜圈），最後則是動作（拋物線）的手勢。請注意，這個順序跟英語常見的語序不同——我們用英語會說「the doughnut jumped out of the ashtray（甜甜圈跳出煙灰缸）」，而不是「out of the ashtray, the doughnut jumped（從煙灰缸，甜甜圈跳出來）」。這些差異強調我們的雙手可以有很多用途——平常我們會用手勢搭配口語，讓我們所說的內容更豐富，但手勢也可以立即轉換角色，完全承擔交流的重擔。[9]

　　在實驗室中設置讓大家可以自創手勢的情境後，我們接著增加要請成年人描述的場景數量，同時擴大研究範圍，納入說其他語言的人——土耳其語、華語和西班牙語，以及英語。例如，研究人員會要求參與者以手勢描述有位船長揮舞水桶的影片。說英語的人先用手沿著頭上的帽簷畫了一下，用這個手勢來表示是船長，也就是句子的主語（S）；接著比劃出水桶的圓弧形狀，示意是水桶，也就是句子的賓語（O）；最後再做出擺動的動作，也就是動詞（V）。這四種語言的口語人士都按照這個順序擺出他們的手勢——船長－水桶－擺動，主語、賓語、動詞（SOV），儘管這並不是英語、西班牙語或華語原本應有的語序。

　　我們在使用其他語言的口語人士身上都發現同樣的情況

中——包括土耳其語、華語、韓語、日語和義大利語。所有口語使用者在比手勢來描述有生命的人在無生命的物品上行動的場景時，都會使用SOV的順序，即使SOV並不是這些語言最常見的順序。手勢，若不是要搭配口語，可能會反映我們對一個事件中各個元素的思考方式，不受語言影響。為了解SOV的順序是否不單單只適用於手勢，我們要求英語、西班牙語、華語和土耳其語的口語使用者觀看影片，再拿著上面繪了簡圖的透明膠片，重現他們看到的內容——一個圖代表船長（S，主語），一個代表水桶（O，賓語），一個代表擺動的動作（V，動詞）。參與者的任務是在觀看影片後，用鉤子把這些透明膠片疊起來。不管怎麼疊，這些透明膠片都可以重現影片中的場景，——因為是透明膠片，要先把哪一張放在掛鉤上的順序並不重要。儘管如此，所有的參與者都會先拿起船長（S，主語）的透明圖片，再拿水桶圖（O，賓語），最後是擺動動作（V，動詞），在非常不同的背景下重現了SOV的順序。無聲手勢或許可以說明我們在不說話的時候如何建構這個世界。[10]

　　符合這個假設，無論是由誰產生，這些無聲手勢看起來都很像——換句話說，無論你說什麼語言，你建構出來的無聲手勢都會跟其他人的一樣。這一點特別讓人感到驚訝，因為我們搭配言談使用的手勢會受到自己已知語言結構的影響。還記得第二章中提過說英語的人通常用單一子句「我踏跳著過馬路」來描述你走的路徑（穿過）以及你怎麼使用這個路徑（踏

跳）；他們也會用一個手勢包含使用方式和路徑：在移動手指的同時，擺動手指。相比之下，土耳其語人士會用不同的子句來描述路徑和使用方式，他們可能會比出兩個手勢（先擺動手指，再移動你的手表示穿過），或是只比一個手勢來代表路徑（移動你的手）。但是，當這些人比出無聲手勢的時候，講英語和土耳其語的人都會把路徑和使用方式合成同一個手勢，也是家庭式手語者用來表示怎麼使用某個路徑的手勢。土耳其語使用者會用雙手表示用兩隻腳走路（右圖）；英語使用者會用兩根手指（左圖）。但當研究人員要求二者只比出手勢，不要講話，二者都會把行走的動作融入路徑運動中。把這些無聲手勢拿來跟第二章中提到由土耳其語和英語使用者（包括視力正常和失明的人士）搭配言談使用的手勢比較。見第 67 及 68 頁。[11]

　　到目前為止，我們檢視的研究中，都是由成年人來比手勢。那孩子可以創造手勢語言嗎？我們必須設置相當聰明的典範才能讓孩子做出無聲手勢。把兩名四至六歲大的兒童放在不同的房間，請他們用影片頻道與彼此交流。一個孩子是生產者，要將圖片的內容告訴另一個孩子，亦即接收者。最初，攝影機的聲音和影像都沒什麼問題，孩子也學會怎麼玩這個遊戲。接著，研究人員就把音訊切斷，並告訴孩子系統故障，請他們嘗試用身體，而不要用嘴巴來溝通。孩子，尤其是6歲的孩子，一下子就自創手勢來傳達圖片的內容。而且孩子自創的手勢包含了自然語言和新興手語的基本特徵，這一點讓人印象深刻。但是，年幼的無聲手勢者（跟成年無聲手勢者一樣）都至少知道一種語言，所以他們並不是真的試圖要**創造語言**；他們只是創造原本口語中沒有的語言結構。要了解語言的創造，最好的證據仍然來自家庭式手語。[12]

　　但是，如果我們能夠展示家庭式手語和無聲手勢之間的相似之處，我們就可以相信實驗室的研究確實能讓我們更了解語言的創造和興起過程。舉例來說，有一項針對無聲手勢進行的實驗室研究調查參與者在描述不同類型的事件時，會使用什麼樣的順序。所謂的**內涵事件**是指動作的賓語在事件開始發生時還不存在的事件——例如「我烤了一個蛋糕」、「我畫了一幅畫」等——這些事件與創造物品有關。相反的，若為**外延事件**，賓語在一出現就開始了——例如「我切蛋糕」，「我撕了照片」——這些事件與對物品行使動作有關。研究顯示，無聲

手勢的使用者會用不同的手勢順序來描述這兩種事件——SVO
來描述內涵事件，SOV 來描述外延事件。這種在實驗室中發
現的差異，是否也會出現在自然語言興起的情況？ NSL 使用
者是否會用兩個相同的順序來描述內涵事件和外延事件？ [13]

　　我的一位研究生莫莉・佛萊爾蒂（Molly Flaherty）精通尼
加拉瓜手語。莫莉跟瑪麗克・斯考斯特拉（Marieke
Schouwstra）合作研究，發現確實如此。這意味著，在實驗室
控制條件下發現的排序現象，確實模擬了語言興趣時自然發生
的現象。我們還沒有請家庭式手語者試過，但根據無聲手勢的
研究，我們的預測是，家庭式手語者會區分內涵事件和外延事
件——無聲手勢使用者不需要看到其他人示範手勢系統，也不
需要跟其他人分享自己的手勢，就能區分內涵事件和外延事
件，所以家庭式手語者應該也能夠區分二者。實驗室研究得出
的假設是，區分內涵事件和外延事件之間的差異是人類帶給語
言的其中一個工具——我們可以觀察尼加拉瓜自然出現的語言
來驗證這個假設。[14]

　　要判定自然語言的興起和無聲手勢之間是否有相似之處，
另一個方法是先從現實世界的現象開始，再把這個現象帶到實
驗室內。我的博士後研究員娜塔莎・阿布納（Natasha Abner）
主持一項研究，研究了尼加拉瓜的家庭式手語者、第一代及第
二代NSL使用者。我們要了解的是，這幾組參與者中，是否
會標記名詞和動詞之間的差別。所有語言都會區分名詞跟動
詞，但使用的方式不同。NSL 使用者是否會區分二者，如果

會，會是在什麼時候開始區分，又要怎麼標記二者的差別？英語中名詞和動詞會放在句子的不同位置，同時也有不同的語法詞綴：名詞的前面會有限定詞（the，a），並且可以有複數詞尾（-s，-es）；動詞會出現在助動詞（is，do，have）後，並採用時態詞綴（-ing，-ed）。NSL是否也會以某種方式來標記這種差別？為了找到答案，我們製作了一組影片，認為這些影片可能會引出名詞形式與動詞形式。有一隻影片中有一個人正拿著鎚子在敲釘子；以這個影片來看，鎚子的手勢很可能會被用來描述鎚這個動作，作權充動詞。另一隻影片中，有一個人正在做一個不太適合用鎚子做的動作，像是把鎚子丟進杯子；在這隻影片中，鎚子的手勢會用來描述物品，作為名詞。

　　尼加拉瓜的所有參與者，包括家庭式手語者，都能區分名詞和動詞的用法：動詞的手勢會在句尾出現；名詞手勢會在句子的前面出現。我們先前在年輕的美國家庭式手語者身上也看到同樣的情況，人類會自動自發地把名詞與動詞的區別帶入語言，即使他們先前沒有跟任何人學習這種語言，即使他們沒有跟其他人分享這種語言。

　　但是家庭式手語者用的標記沒有其他手語使用者來得多。NSL使用者碰到動詞會使用比較誇大的手勢（得用到更多關節─手腕、手肘、肩膀），碰到名詞時，手勢會比較小（用到的關節比較少─只用到手腕）。手語使用者加入聾人社群的時間越長，會以手勢大小來標記名詞與動詞區別的可能性就越高。這就引出一個有趣的問題：一個人是否必須要跟別人學習

語言，才會學會以手勢大小為標記名詞和動詞（第二代及後代）？或者，只要能跟其他人分享共用這個語言就夠了（第一代手語使用者）？[15]

　　針對這個問題，在實驗研究中可以讓我們找到一些答案。我們把相同的影片播給英語人士看，請他們只能用手，不要用口語來描述影片內容。其中有些人在一連串的試驗中自創手勢；他們的情況很像家庭式手語者。有些人會與另一位英語人士一起創作手勢，也是只能用手，不能講話；他們的情況很像第一代NSL使用者。與NSL研究的發現一致，在這份研究當中，所有聽力正常的成年人都以出現順序來區分名詞和動詞，動詞會放在手勢句子的結尾，名詞則會放前面。但是沒有一位參與者用大小來標記動詞名詞的區別。這就表示自創和與其他人分享自己的語言並不會產生足夠的壓力，讓這種區別出現。下一個階段是讓一群新的成年人參與者看「第一代」的手勢影片，並且這個過程，直到有六代參與者。我們要問的問題是，無聲手勢者會不會也在某個時刻開始用手勢大小來標記名詞和動詞之間的區別。如果會，那我們就有很好的證據可以表明，這個屬性要出現在新興語言，就必須先經過傳遞的過程。同時，至少在實驗室環境中，我們可以知道需要傳幾代才會出現。[16]

　　無聲手勢展示人類在需要交流的時候會用哪些根深蒂固的認知結構——無論我們說什麼語言，或我們是否擁有語言。當你到國外訪問，而且不會說當地語時，這一點對你可能會很有

用。人一旦到外國，就經常會為了讓聆聽對象了解自己的意思而比出手勢。這可能是錯誤的策略。如果你邊說話邊比手勢，你的手勢會出現口語的特徵。但是，如果你完全不說話，直接比無聲手勢，你的手勢中出現的結構可能會在你的聽眾會使用的結構相同——所以他們會比較容易理解你的意思。以我的大學室友為例，當時她人在盧安達訪問，想找市場。她什麼也沒說，只是做了一個吃的手勢，再做了一個哪裡的手勢（她把雙手手掌翻了幾下），就像一個家庭式手語可能會做的手勢。她有可能會被指引到餐館而不是市場，不過如果你在一個陌生的地方感到肚子餓就算是，餐館也行。無聲手勢是所有人共享的交流策略，不受語言影響。重要的是，無聲手勢跟搭配言談使用的手勢，或邊說邊比的手勢，大不相同。

　　我們用了兩章的篇幅探討兒童在**沒有**接觸語言的情況下會自己自創的手勢。為什麼？第一個理由是，這種現象說明有結構的溝通對人類來說至關重要。一個孩子，即使沒有接觸過所謂的語言，仍然可以自創一套家庭式手語系統。這個系統有很多人類語言的屬性（但不是全部都有）。從家庭式手語，我們可以得知人類思維屬性構建了語言，而不是由語言建講人類思維。換句話說，這些屬性是我們的**思維**塑造語言的地方，而不是語言塑造思維的地方。

　　第二個理由與第一個原因有關。在研究家庭式手語者前，我們或許會認為，從來沒有接觸過某種語言的孩子不具有溝通能力，就算有，他們的交流方式也不會比動物交流的方式更複

雜，不會有分層次的單元組合規則。但這其實是錯誤的猜測——孩子有很多話要說，而且他們會用很有結構的方式表達，即使他們無法學會口語，手語也不是父母使用的主要語言，證明人類的語言非常有韌性。

　　以這些研究發現作為背景，我們接下來要來看看，我們花了五章的篇幅學習手勢後，得到什麼回報。為沒有接觸過語言的孩子或不講話的聽人創造的無聲手勢，提供了一扇獨特的窗，讓我們可以看到人們喜歡透過語言表達的想法，而且不受世界上實際語言的束縛。在很難使用語言的狀況下，例如發展遲緩、受傷、嘈雜環境、聽不懂的語言，就可以使用或教授這些手勢。搭配言談使用的手勢也會讓世界看到你的想法，但這些想法不一定會輕易融入語言。這些手勢可能會讓世界關注你，而且世界回應你的方式，跟你沒有使用手勢時，可能也會不同。搭配言談使用的手勢參與你自己的思維，也可能會改變這個思維。手勢應用範圍很廣，從日常對話到法庭都有。第三部分會探討其中三種情況，特別注意我們如何用雙手讓世界變得更美好。

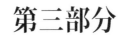

第三部分
. . . .

應該關心雙手
的理由

第 6 章

用手養育

本書最後一部分會應用我們在前面學到的知識，讓我們了解各種形式的手勢，如何讓我們可以在兒童發展、臨床環境、教育等真實環境中更了解他人和自己。本章以及接下來兩章大部分的內容，都會集中在兒童（教養、治療和教導）上，因為，正如我在導論中所述，我是一位發展心理學家，我的專長是兒童發展。但是，即使你不是父母、臨床醫生或老師，這個部分也會有很多跟你有關的重點。了解手勢如何幫助我們更了解他人和自己有其益處，即使你不會經常與孩子互動——不管怎麼說，成年人也愛用手勢。還記得我在導論曾提過，針對成年人進行的幾個研究，研究結果與針對兒童進行的研究很相似。我敢跟各位打賭，到目前為止，書中談到跟兒童互動時使用手勢的所有內容都可以直接外推到成年人互動時使用手勢的情況。

你用雙手比出來的手勢會讓你的思想更完整，這也意味著人類溝通的全貌包含了語言和手勢。為了充分了解自己和他人——你是如何發展、如何教學、如何知道別人了解什麼，甚

至如何知道自己知道什麼——我們必須把溝通重新定義為語言和手勢之間的互動。

從很多方面來看，運用手勢可以幫助你成為更敏銳的父母——從孩子剛開始學習開口說話開始，一直持續到青春期。因為手勢可以讓我們注意到隱藏在內心的想法，所以你有現成的工具可以判斷孩子的想法，甚至孩子自己都還沒意識到自己有這種想法——不管孩子幾歲，這個教養工具都是一大利器。第一步是觀察孩子在說話時有什麼樣的手勢，並且清楚要留意什麼線索。

注意孩子的手勢

孩子學語言會先從手開始。這就表示，就算孩子還無法開口說話，觀察手勢也有助於教養子女。如果孩子看到你的帽子之後用手指著你，她實際上是在告訴你，她知道這是你的帽子。你們兩個人就可以從這個雙方都感興趣的主題開啟對話——「沒錯，那是媽媽的帽子。你的帽子在哪裡？」之後，孩子長大成為青少年，會傾向保護自己的隱私、不太願意與人交流，但他們的手勢還是可以繼續給我們線索。你家的青少年一邊堅持你錯了的同時，把手翻了一下，又聳肩，這就表示他有點不確定，可能還有點願意妥協。

我已經重複很多次，孩子是不是做好準備，要進入下一個發展階段，手勢往往會提供第一個證據。這就意味著你可以觀察孩子的手勢——或不太用手勢——來判斷他們進步的情況，

或是他們的發展有點緩慢的預警。要了解自己應該觀察什麼線索，你必須先知道孩子在一般發展過程中，會出現哪些手勢。所以我們就從頭開始吧。

在語言學習的初期，兒童的詞彙量有限。手勢為孩子提供了一種擴展溝通範圍的工具。兒童通常在 8 到 12 個月大的時候會開始比手勢。孩子一開始比手勢，都是為了要請別人注意某個人事物：他們會指著物品、人和地點，他們也會把東西舉高，讓你可以看看這個東西（但沒有要你把它拿走）。這些是所謂**陳述**指涉手勢。孩子也會用指的方式來指示要做某件事情：他們會指著自己想要的物品，或他們希望你採取行動的東西。這些是所謂**祈使是**指手勢。等孩子大一點，他們會比出**圖像手勢**（可以表現出某個物品、動作或屬性的手勢），就跟成年人一樣。例如，孩子可能會上下擺動手臂來表示有鳥或是飛行。[1]

這些早期就出現的手勢不僅會比口語早，還可以預測口語出現的時機。孩子早期比的手勢越多，在發育後期的詞彙量就可能越多。有趣的是，孩子的陳述句──那些感覺像在跟人對話的部分──會預測之後的語言技能，反而不是告訴別人做什麼的祈使句。我們甚至可以藉由觀察孩子在幾個月前，用指示性手勢指的對象，來預測孩子的口語詞彙會出現哪些特定名詞。比方說，孩子不知道「鳥」這個單詞，但會比著鳥，就表示孩子對鳥感興趣。大約再過三個月，這個孩子就有可能會學到，並開口說出「鳥」這個單詞──這個單詞出現的時間可能

會比孩子之前沒指過的物品詞彙來得早。手勢為兒童鋪路，讓他們學到早期的名詞。有趣的是，手勢似乎並沒辦法為早期的動詞鋪路。孩子比出第一個圖像動作手勢（例如「轉開」的手勢）6個月後，才會說出第一個動詞（「打開」）因此，如果孩子在發育初期沒有比出圖像手勢，不用擔心——他們終究會到達那個階段的。[2]

我發現用孩子比的手勢來預測他們何時說出片語和句子非常有趣，而且可能很有用處。至少在美國，聽人兒童很少會把手勢跟其他手勢組合起來。但是這些孩子確實會把手勢與單詞結合，這種情況通常發生在孩子把單詞跟單詞組合起來之前。孩子初期會組合的手勢＋口語是用手去指，加上在指完後給指的對象一個標籤——例如，指著狗＋口說出「狗」。在這些結構中，手勢**補充了**口語的內容。互補的手勢＋口語組合可以預測何時會說出短語，用一個單詞，名詞（狗）來指明賓語所屬的類別，再加另一個單詞，限定詞（定冠詞the）來指明類別中的特定成員。孩子一旦開始在口語中產生像「那隻狗」的結構，用手指狗再加說出「狗」的組合出現次數就會減少。這個發展階段顯示，手指狗＋口說出「狗」的組合有其目的，而這個功能最後會被口說「那隻狗」接替。[3]

在出現互補的手勢＋口語組合後，孩子接下來出現的手勢＋口語組合，會由手勢傳達不同的**補充**訊息，不同於伴隨口語出現的手勢所傳達的訊息。例如，孩子會指著一顆球，說「這裡」，要求把球移動到某個特定位置。透過手勢傳達的訊息，

若與口語表達的訊息擺在一起，就會創造出可以用短句表達的意思，例如「球（來）這裡」。而在孩子創造出第一個以補充手勢＋口語的組合後，大約再過三個月，他們就會開口說出第一個使用兩個單詞的句子。[4]

　　先前幾段的發現已經顯示，手勢不僅僅只是孩子整體溝通技巧的早期指標。手勢其實是前兆，說明孩子接下來即將進入**特定**的語言階段。我們如果仔細看孩子如何使用相同的手勢，就可以清楚看到這個前兆。孩子初期用來表明物品的手勢可以用來預測他／她之後的口語詞彙——例如，18個月大的孩子指著玩具熊，就表示孩子42個月大的時候，「熊」這個詞彙會成為他／她的詞彙——但這些手勢無法用來預測孩子何時會使用兩個單詞。另一方面，孩子在18個月大的時候用早期手勢＋口語組成的句子（例如指向熊＋口語說「吼叫」）可以預測孩子42個月大時會說出兩個單詞（「熊吼叫」），但無法預測之後會出現哪些口語詞彙。[5]

　　手勢不僅僅只是打開建構句子的大門。孩子產生特定手勢＋口語組合可以用來預測特定的語言里程碑。例如，有個孩子把手比成杯狀，放在嘴巴前，再把頭向後仰，做出「喝」的手勢，再接著說出「你」。幾個月後，這個孩子會開始說出包含這些元素的句子——一個代表施事者的詞（像前面那個組合中的「你」）、一個代表動作的詞（像前面那個組合中的「喝」），像是「你畫」。或者再舉個例，有個孩子指著汽車說「開開」。幾個月後，這個孩子就會說出這樣的句子，句子

裡面會包含一個動作詞（像先前那個組合中的「開開」）和一個動作賓語（像先前那個組合中的「汽車」）的單詞，例如「騎馬馬」。最後，再假設有個孩子假裝把拳頭放到嘴中，做出吃東西的手勢，然後說出「我喜歡」。幾個月後，這個孩子就會說出包含兩個動詞（像前面那個組合的「喜歡」和「吃」）的複雜口語句子，例如，「幫我找」。補充手勢＋口語的組合繼續為孩子提供墊腳石，讓他們的語言結構可以逐漸變得愈來愈複雜。[6]

　　手勢還可以預測孩子在發育後期講故事的情況。五歲的時候，有些孩子已經可以用角色的視角來講述故事——但只能用手勢，而不是口語。例如，要描述啄木鳥啄木的樣子，孩子會前後擺動自己的上半身和頭部，彷彿自己就是正在啄木的啄木鳥（**角色**視角）——而不是把手比成鳥嘴前後擺動，這種方式是從**觀察者**的角度來看鳥。有趣的結果是，5歲大的時候可以用角色視角講故事的孩子，跟比沒有用這些手勢來講故事的孩子相比，比較有可能會在6歲及7歲時講出有條有理的故事。好的故事會切換視角。可能就是因為這樣，在發育早期就可以藉由手勢展示角色視角的孩子之後就得講出有條有理的故事。手勢跟話語及敘事結構之間的關係會持續變化，並且持續成為變化的前兆。[7]

　　我們知道，在發育早期，幼兒就可以產出有意義的手勢＋口語組合，來達到句子的功能。這就代表即使是嬰幼兒，若能同時**產出**手勢跟口語，就可以整合手勢和口頭模式要傳達的訊

息。幼兒如果**看到**別人使用這兩種模式，會不會也可以整合這兩種模式？我們找了一群單詞口語者。他們都能產出手勢＋口語的組合。我們用英語給了他們一些指令，指令中可能帶有手勢，也可能不帶手勢。例如，我們說「推」但不帶手勢，或「推」再加上用手指著球；或是，我們說「餅乾」但不帶手勢，或說「餅乾」再加上把手掌攤平往前伸。我們也用單純的口語句子給孩子指令。這些句子表達的意思跟手勢＋口語組合要表達的意思一樣：「推球」、「給餅乾」。所有參與的孩子都能把口語表達的訊息跟手勢傳達的訊息結合起來──他們如果看到我們說「推」＋用手指著球，就比較有可能會去推球，只聽到「推」就不會；聽到我們說「餅乾」＋給的手勢，就會拿餅乾給我們，但只聽到「餅乾」就不會。事實上，參與的孩子聽從口語指令來推球跟給我們餅乾的頻率，跟我們用手勢＋口語組合：「推球」、「給餅乾」的頻率一樣。不管是自己產出還是理解，幼兒都可以整合手勢跟口語表達的訊息。所以跟自己的孩子互動的時候，不要怕使用手勢會傳達跟口語不同的資訊──孩子會懂，而且我們待會兒就會看到，孩子還會從中受益。[8]

　　一旦孩子掌握如何說出口語的句子，他們就不再需要用手勢來補充資訊，或比出類似單詞功能的手勢。不過孩子還是會繼續比手勢，成年人也是如此。成年的我們不會用手勢替代單詞。我們用手勢來表達更廣的想法，所以手勢會影響旁人如何詮釋我們說出口的話。從這一點開始，手勢可以幫助兒童和成

年人學習語言之外的領域，例如守恆、數學、天平、化學等等。前面的篇幅讓我們看到，手勢會跟成年人說出口的話完美結合，也會跟成年人聽到的口語內容完美結合。手勢如果不再拿來當成單詞用，但仍然可以為說話者補充想法，那孩子有沒有辦法把口語內容跟這一類手勢整合起來？

手勢－口語組合是人類溝通的重要特徵。人類小孩有口語加上手勢是很正常的做法，但就人猿來說很少見。能夠跨模態（手勢和口語）整合資訊，可能是支持人類祖先語言興起的關鍵步驟。所以，我們是什麼時候開始看到孩子會整合手勢和口語的充分證據呢？[9]

要回答這個問題，我們要先了解成年人是如何整合手勢跟口語的訊息。我們讓成年人看了一隻影片，影片中的說話者會搭配手勢，或不搭配手勢，說出相同的句子。例如，這個短短的故事：「史黛西的父母把她的新寵物帶回家時，史黛西非常興奮。史帕奇超可愛的。史黛西要喂牠吃東西的時候，牠想咬史黛西。」每個人，包括你，聽完這個沒有搭配手勢的小故事，都會猜說史黛西從父母那裡得到的寵物是一隻小狗。不過，如果說話者說出相同的句子，但在說出「寵物」這個詞的時候，擺動自己的手臂像翅膀，那大家就會有不同的想法。手勢的出現改變了一切——你現在會覺得那隻寵物是一隻鳥。但是，你得先理解手勢要傳達的訊息，**同時**把這個訊息跟口語表達的訊息結合，才會有這樣的解釋。

參與我們這個研究的所有成年人都因為雙手擺動的手勢，

推斷那隻寵物是一隻鳥──他們能夠整合手勢和語言。為了了解我們在整合手勢和口語時，大腦內會發生什麼，同時為了進一步了解整合機制，我們讓成年人聽這些小故事，並讓他們躺在功能性磁振造影（fMRI）機中，檢查血液流動，來看大腦哪些區域活化。我們想知道句子搭配以及不搭配手勢時，哪些大腦區域會活化。我們也讓這些成年人聽一些句子，這些句子會用手勢傳達跟口語相同的資訊──我們用「鸚鵡」這個詞來替代「寵物」這個詞──因此，要了解那隻寵物是隻鳥，有沒有手勢並不重要。大腦的三個區域──左額下回三角部、太陽穴部、左後中顳回──相較於擺動手勢來說明是「鸚鵡」時，在出現擺動手勢來補充「寵物」資訊時，會有比較強烈的反應。換句話說，整合手勢與口語時，這三個區域會活化，但若只是用手勢跟口語一起出現，不會特別活化。[10]

　我們針對8至10歲的兒童，使用相同的句子，以及相同的腦影像技術。有些孩子看到拍打手勢和「寵物」結合時，意識到那隻寵物是一隻鳥；他們能夠整合手勢與口語。有些孩子則沒辦法。重要的是，這兩組兒童活化的大腦區域不同。「寵物」這個詞出現時，若搭配擺動的手勢，三個大腦區域（額下回、右顳中回、左顳上回）會比用「鸚鵡」搭配手勢時更活躍。聽到「寵物」這個詞，又看到擺動的手勢，意識到那隻寵物是鳥的孩子，才會出現這種活化模式。

　從行為和大腦層面來看，能夠整合手勢加口語的孩子，與無法整合的孩子不太相同。與執行相同任務的成年人相比，兒

童整合手勢加口語時，大腦活化的模式會與成年人重疊，但兒童的模式會更廣。這就表示兒童還要繼續發育，在才能磨練自己整合手勢加口語的能力，達到成年人的水準。這項研究當中發現整合手勢加口語的時間點（8到10歲間）是否能應用到其他領域，或者只限定故事的理解能力，要看未來的研究。但這項研究確實讓我們得知，有一種神經生物學機制，讓兒童在兒童期就可以逐漸加強自己整合手勢和口語的能力，甚至可以用來解釋為何個別兒童會有整合能力上的差異。[11]

我曾經跟一位同事（一位語言學家）講過這個手勢現象。我告訴他，幼兒的手勢＋口語組合可以預測正在牙牙學語的幼兒何時會說出兩個單詞的句子。他回家以後，就開始仔細聆聽跟觀察自己正在蹣跚學步的小孫子，發現孫子實際上正在使用補充手勢＋口語的組合（說「打開」＋指著盒子）。我同事預測孫子很快就會說出兩個單詞的句子，後來也印證確實如此。他兒子，也就是孩子的父親，大表不可思議。所以至少各位也可以用這個跟手勢有關的資訊來讓人們留下深刻印象。你還可以用這個資訊設計一下你要怎麼回應孩子，進一步幫助孩子的語言學習，也就是下一節要談的內容。

回應孩子的手勢

假設孩子不知道「狗」這個詞，所以指著一隻狗來吸引你的注意力。你非常自然的反應會是回答說：「沒錯，那是狗。」這一刻似乎是對孩子說「狗」的好時機，因為那一刻，

孩子顯然對這隻動物感興趣，可能會願意學習這隻動物的標籤。這一刻感覺很像所謂的「教育契機」——那一刻，要教孩子特定主題或概念會相對容易，因為學習者本來就已經專注於要學習的內容上。「教育契機」是芝加哥大學教育系的羅伯特・赫威斯特（Robert Havighurst）在他1952年出版的《人類發展與教育》（*Human Development and Education*）一書中推廣的概念。赫威斯特用這個詞來表示孩子已經在發育上準備好要學習某個特定概念的階段。但這個概念也經常被用來（就像我剛剛的用法）來表示孩子對某個主題表現出高度興趣，所以孩子會特別容易接受跟這個主題有關的資訊。**12**

　　因為當孩子指著狗的時候，你回答「狗」，剛好配合孩子那一刻的心理狀態。所以你回應孩子手勢的方式可以很有效地教孩子怎麼用英語來標記這個東西。這個情境假設幼兒想用手勢傳達資訊，而相關文獻也為這個假設提供了很好的證據。12個月到16個月大的嬰兒若使用手勢，他們其實有特定訊息想傳達。我們會知道這一點，是因為他們會跟媽媽協調溝通手勢的含義。比方說，孩子指著一堆東西，說：「呃」。**媽媽說，「哦，你想要葡萄，」遞給孩子一顆葡萄。孩子把葡萄推開，又繼續指著那堆東西，清楚表明他確切知道自己想要什麼（不要葡萄）。**同樣地，30個月大的孩子也會用一系列的行為，來確保實驗人員了解他們主要透過手勢傳達的請求。**13**

　　在孩子指著狗的時候，說出「狗」來回應，可以幫助孩子學習單詞，但前提是父母要先了解孩子的手勢要傳達什麼資

訊，才能做出相應的反應。這個假設也有證據。面對說話者在說話的時候搭配手勢，成年人通常會做出反應，而他們反應的方式經常是把手勢傳達的訊息重新轉換成口語。嬰兒的母親也不例外。媽媽在幼兒比手勢時，反應的方式通常是把這些手勢轉成自己認為的含義，再說出口，例如先前「小狗」的例子。問題是父母把孩子的手勢翻譯成口語是否能對孩子之後的語言發展帶來正面影響。[14]

我們試圖回答這個問題的方式是觀察10個月到24個月大的孩子在家跟媽媽的自然互動。這些孩子都在學習英語，一次只說一個單詞，當然，他們會比手勢。我們花了很長的時間拍攝許多母子互動的錄影帶，以觀察每個孩子的發育軌跡。

我們先來看看這個時期孩子學習單詞的情況。我們先看孩子只用手勢表示，不開口說出物體的互動情況。媽媽會回應其中某些手勢，但不會全部回應。媽媽回應的方式是把手勢「翻譯」成口語——例如在孩子指著瓶子的時候說「瓶子」。媽媽沒有翻譯成口語的回應很合理，不過，如果她把孩子指示性手勢翻譯出來會更有用——孩子指著一隻藍色的雞，媽媽說，「是藍色的」，如果孩子要學習的單詞是「雞」，那這個回應也不太有用。問題是孩子會先學到哪些單詞，是否會受到媽媽翻譯哪些孩子的手勢影響。答案是會：互動幾次後，孩子會開口說出「瓶子」，但不會說出「雞」。一般而言，媽媽如果把孩子的手勢翻譯成單詞，這些單詞可能很快就會進入孩子的口語詞彙庫。在大多數情況下，媽媽不會影響孩子指哪些物品。

不過，一旦孩子指著某個物品，媽媽的回應就會影響這個孩子是否能夠很快就學會這個物品的單詞。[15]

　　媽媽不只會在孩子比出陳述性手勢時，用物品的標籤回應（例如在孩子指熊的時候說「那是熊」來給予回應），她們也會在孩子比出祈使手勢時，以動作標籤回應（例如在孩子指泡泡罐時說「你要我開那個罐子嗎？」來給予回應）。媽媽在孩子12個月大的時候如何回應孩子的陳述性手勢可以用來預測孩子在17個月大時會有多少名詞的詞彙量。媽媽在孩子12個月大時，如何回應孩子的祈使手勢，可以用來預測孩子在17個月大時會有多少**動詞**的詞彙量。刻意針對孩子的手勢給予適當的回應，可以幫助孩子學習單詞。[16]

　　那句子的學習跟媽媽怎麼回應孩子的手勢＋口語組合有關係嗎？孩子會應用手勢＋口語組合，以手勢來補充口語傳達的資訊（「睡午覺」＋手指向鳥），也會有另一種手勢＋口語組合，是以手勢強化口語傳達的資訊（「鳥」＋手指向鳥）。如果你要回應孩子這些手勢＋口語的組合，你很可能會說，「沒錯，小鳥正在睡午覺」來回應第一種組合，「沒錯，那是一隻鳥」來回應第二種組合。我們的研究顯示，參與研究的媽媽也都會這樣做。這就意味著媽媽碰到手勢＋口語的組合（例如「睡午覺」＋手指向鳥），會用比較長的話來回應，碰到「鳥」＋手指向鳥這樣的手勢＋口語組合，回應會比較短。而且媽媽回應時使用的的單詞通常都結合了孩子用手勢（指著鳥）和口語（「睡午覺」）傳達的資訊——「小鳥正在睡午

覺。」。[17]

　　媽媽的翻譯會影響孩子何時說出第一個有兩個單詞的句子嗎？簡單來說，會。我們計算了每位媽媽回應孩子時，有多少次會把孩子的手勢翻譯成口語來回應。如果媽媽經常會把孩子的手勢翻譯出來，這些孩子會比較早說出有兩個單詞的句子。因此，相對於忽視孩子比的手勢或用沒什麼幫助的方式回應，如果你能適當回應孩子的手勢，孩子達到語言里程碑的進度會比較明顯。

　　我們知道，幼兒早期的手勢反映出兩種不同的能力——單詞學習和造句——這些都是未來語言能力的基礎。發育早期就用手勢表達各種不同的意思，代表孩子接收相應詞彙的能力，以及發展詞彙的潛力，而嘗試用不同類型的手勢＋口語組合，代表孩子接收相應句子的能力跟造句的潛力。因此，幼兒早期比出來的手勢會反映他們學習語言特定領域的認知潛力。但是，若家長回應的方式，是把你的手勢翻譯成符合你目前語言水準的口語，就會加快你語言發展的軌跡。父母若可以善用孩子比手勢時提供的教育契機，就能影響孩子學習單詞和句子的進度。

　　就算孩子的手勢跟語言無關，父母的回應也可以推著孩子進步。試著給孩子看看我們先前討論過的數學等價問題，例如 $4+3+6=\underline{\quad}+6$。孩子把問題中的所有數字相加，在空白處填上 19。在解釋自己是怎麼解題的時，孩子說她把問題中的所有數字都加起來。但是，在此同時，她也用自己的手掌把問題

中的兩個6都先遮起來。她注意到等式兩邊都有一個6，但她是用手注意到，不是用嘴注意到。她的手勢告訴我們此時正是開始討論等號的好時機（等式左右兩邊的值相加後必須相等），以及在等式左右兩邊都有加數代表什麼含義（相等加數代表你可以把左邊的數字先相加，4＋3相加，在空白處填上7）。這個教育契機是要觀察孩子的手才會看到寶貴時刻。請好好回應！

　　事實上，就算是年幼的孩子也會希望你回應他們的手勢，同時也希望你的回應可以提供資訊。孩子不只是想跟你分享自己對手指對象的欣賞。他們更希望你可以提供一些跟這個對象有關的資訊。相對於一個什麼都不清楚，把孩子自己很熟的物品講錯名字的人，12個月大的孩子若跟一個知識淵博的人互動，就會更頻繁地指來指去。跟自己發出聲音後，他人回應提供的物品標籤相比，18個月大的孩子會比較容易記住他人因為自己比的手勢回應的物品標籤。回應手勢的影響很驚人。一般的經驗法則是，要留意孩子的手勢提供的教育契機，並且盡可能好好回應孩子的手勢。[18]

鼓勵孩子比手勢

　　孩子的手勢會告訴你，他們需要聽到什麼。如果你留心，針對他們的手勢提供確切的回應，就可以幫助孩子學習。但孩子的手勢也可以幫助他們以其他方式學習：手勢可以幫助孩子發揮潛力。例如，用手勢表達意思的行為可以積極幫助孩子擴

大他們的潛在詞彙量，而用手勢＋口語組合來表達像句子的意思也可以積極幫助孩子改善自己造句的能力。

我們了解兒童在發育早期自發自創的手勢數量會與幾年後的口語詞彙量有關。這是個很重要的結果，因為孩子入學時詞彙量多寡可以用來來預估孩子在學業上會不會有良好的表現。當然，孩子自發自創的手勢可以反映他們對溝通的興趣。這些手勢不會決定孩子的詞彙量多寡。但我們有充分的證據顯示，兒童的手勢確實會對單詞的學習造成重要影響。[19]

請回想一下我之前提過，由伊芙・勒巴頓（Eve LeBarton）所做的研究。伊芙為一群兒童示範怎麼指東西，並鼓勵他們跟著她一起指。伊芙跟這群兒童每周互動一次，經過七次之後，這些兒童比手勢的情況增加了，不只是在跟伊芙互動的時候如此，跟父母互動時的手勢量也增加。而且——重要的研究結果——在第八周結束時，研究過程一直被告知要指東西的孩子，與沒有被告知要指東西的孩子相比，口語詞彙量更多。孩子指越多，詞彙量就越多。這就代表兒童指來指去會影響他們的詞彙增長。[20]

鼓勵正在牙牙學語的孩子指東西，可以幫助孩子學習單詞。這種現象促發了一波教導幼兒嬰兒手語的趨勢。這背後的想法是，相較於用嘴巴產出的單詞，孩子比較容易學會用手產出的「單詞」。教孩子這些手勢單詞／手語應該可以幫助孩子更輕鬆的學習單詞。嬰兒手語運動大受歡迎：我的孫子學會要把兩隻手擺在一起，左右手相連，來要求要多一點，以及把雙

手放在胸前表示拜託。對我來說，能夠知道孫子在想什麼很有用，對他們來說，能用一個簡單的方法來告訴我自己想要什麼，也很好。很多嬰兒都知道如何比出多一點（左圖）和拜託（右圖）的手勢。[21]

　　嬰兒手語運動比較引發爭議的地方，是聲稱教導孩子物品跟動作的手勢單詞會加快孩子學習口語的過程。不幸的是，這種說法沒有很可靠的證據。英國的手勢研究員伊莉莎白·寇克（Elizabeth Kirk）進行了一項設計良好的研究，來測試在孩子開口說話前教導他們手勢，會有什麼影響。她將參與的家庭隨機分配成四組。其中一組的媽媽要用一些英國手語（BSL），來教導孩子相應物品的英國手語。另一組的媽媽要用圖像手勢，來教導孩子相同物品的相應手勢。研究人員請第三組的媽媽教導孩子相同物品的單詞。第四組的媽媽則被告知，就像平

常一樣跟孩子互動——沒有任何與特定單詞或手語有關的指示。這項介入研究追蹤40名8個月到20個月大的嬰孩,每組10名,——而且是一項長期研究。實驗人員定期與這些媽媽聯繫,評估她們教導孩子單詞的頻率,並且定期測試孩子的語言能力。

令人失望的消息是,從某一個角度來看,各組間沒有差異。四組孩子都以相同的速度在學習語言。不過,從另一個角度來看,這也算是個好消息。教孩子手語,讓他們可以了解物品和動作的標籤,並不會阻礙兒童學習單詞——你應該可以想像會有什麼阻礙。假如你已經可以用手語表示某個物品,為什麼還要學習這個物品的單詞?另一個好消息是,以手勢來教育孩子的媽媽們後來都會更注意回應孩子的非語言線索,也鼓勵孩子有更獨立的行動。所以這麼做確實有好處,只是這個好處並非專門針對口語學習。[22]

但請謹記,我們之前就看到,告訴孩子為一個動作做出一個圖像手勢,會讓他們比較容易記住這個動作的新詞。孩子還可以將這個剛學到的單詞擴展應用到針對另一組不同物品採取的相同動作。這個研究聽起來好像跟寇克的發現相互抵觸。然而,前面描述的研究比較的是用手勢搭配學習跟用行動搭配學習,不是在聽到詞彙時完全沒有搭配任何動作。聽到單詞時沒有搭配手勢跟聽到單詞時搭配手勢有可能是相同的教學刺激——正如寇克等人發現的結果。同時還要請各位謹記,儘管孩子自發產生的指示性手勢**可以**預測孩子後來會使用的物品

詞，但孩子自發產生的圖像手勢並不能用來預測孩子未來的動作詞。看來，圖像手勢與指示性手勢不太一樣。

結果就是，我們真的無從得知鼓勵孩子比圖像手勢或嬰兒手語是否真能改善孩子的口語詞彙。但我們確實知道的是，這麼做不會對孩子學習詞彙造成負面效果，而且還有可能會改善你與孩子之間的互動。我們也知道，鼓勵孩子比指示性手勢**確實**會影響他們之後使用的詞彙。所以請鼓勵孩子比手勢吧。這麼做有益無害，而且可能對孩子此刻以及未來語言學習帶來好處。

一旦孩子透過手勢掌握語言相關基礎，他們就可以利用手勢來學習其他技能。談到這個，我們就確實有很好的證據，說明在上數學課時比手勢給孩子看，可以幫助孩子學習課程內容，而且記住自己學到的知識。但是，碰到特定任務時到底該教孩子哪些手勢？要弄清楚這一點其實並不容易。好消息是，你不必教孩子**怎麼**比手勢——你只要請他們比手勢就好。就算是成年人，如果你請他們在描述自己看到的事件時，隨意以自己想要的方式比手勢，跟沒被告知可以比手勢的成年人相比，比手勢的人記住事件的內容會更詳細。[23]

我們先前就看到，告訴孩子在解數學題的時候可以比手勢（但不用告訴他們該怎麼比手勢），會幫助孩子帶出他們過去並未用言語或手勢表達過的想法。這些手勢表達出來的很多新想法會提供正確的解題策略，但孩子可能會在比手勢的同時，把錯誤的答案填在空白處，口語中也會說出不正確的解題策

略。孩子大概知道要如何解題，但答案隱藏在他們的手中。光
只是告訴孩子下次解題的時候可以動動手比手勢，孩子就能夠
用手勢表達這些正在萌芽的想法。然後，等有人指導這些孩子
要怎麼解題，他們就能正確地解題。讓孩子比手勢可以讓他們
做好準備學習數學問題。或許你會爭辯說，這些孩子還沒被告
知要比手勢，就已經準備好要學習數學問題了。你的說法可能
沒錯，但很顯然，在孩子學習概念的時候，手勢發揮了一定的
作用——如果你告訴孩子不要比手勢，他們在課後進步的情況
就沒有比手勢的孩子那麼顯著。[24]

　　手勢不僅對數學概念有益，甚至對更抽象的概念也有好
處。前面提過，如果我們告訴孩子，在解釋自己面對道德難題
時怎麼想時，可以比手勢，會帶出孩子過去沒有用手勢或口語
表達過的新想法。這樣的手勢會幫助孩子做好準備，讓他們從
之後的道德推理課程中獲益。我們藉由文獻得知，請學習者提
出解釋可以加強和鞏固學習效果。或許有助益的不是解釋本
身；或許有助益的是跟這些解釋一起產生的手勢，使學習更豐
富，鞏固了學習效果。不過，你其實不需要告訴孩子在描述自
己對問題的看法時要比什麼手勢——只要告訴他們可以比手
勢，剩下的就交給他們的手吧。[25]

自己比手勢

　　來自高收入家庭的孩子在54個月大的時候就有很多詞
彙，這種情況至少有部分原因是來自孩子14個月時大比的手

勢。但這種現象有一個有趣的轉折：孩子的手勢和家庭收入之間的關係可以用父母在孩子14個月大時對孩子比多少手勢來解釋。這樣的因果關係，要從早期父母比的手勢開始，到兒童早期比的手勢，再到兒童後期的口語發展。單純用父母比的手勢並無法預測孩子的口語發展——重點其實是父母比的手勢跟孩子比的手勢之間的連結。一般來說，碰到父母比很多手勢，孩子也會比很多手勢，而這些孩子的手勢會影響其語言。[26]

　　但父母的手勢還會產生其他影響。父母產生單詞的非語言環境大幅影響孩子猜想單詞意思的難易程度——父母如果提供越多與該物品有關的線索，包括手勢，那大家，包括孩子，就越容易猜到父母說的單詞是哪個物品。對我來說，真正有趣的發現是，父母利用這些非語言線索來說明單詞意思的方式有很大的差異。這樣的差異可以用來預測兒童語言發展的差異——孩子14個月到18個月大時，父母的非語言輸入品質可以用來預測孩子3年後有多少口語詞彙量。有趣的是，用來衡量父母輸入**品質**的指標其實與家庭的經濟狀況無關——不管是富裕或貧窮家庭的父母，都知道要如何給孩子高品質的輸入。請留意，這一點不能應用在父母跟孩子的對談次數上。父母輸入的**數量**；來自經濟優勢家庭的父母比來自弱勢家庭的父母相比，與孩子交談的次數更多（這一點也許不足為奇，畢竟你如果要兼好幾份工作，大概就很難有很多時間跟孩子交談）。父母在孩子小時候跟孩子講多少話也可以用來預測孩子日後說話的詞彙量。更重要的是，父母的輸入品質和數量各有各的影響：二

者各自都會對孩子後來的語言產生影響。[27]

　　家長的手勢也可以為孩子提供學習單詞的條件。父母可以利用手勢讓孩子跟他們一起把注意力放在特定的物品或場景——換句話說，可以建立所謂的**共享注意力**。共享注意力會為單詞的學習提供很好的環境：親子若處於共享注意力狀態下，與未處於共享注意力的狀態相比，共享注意力狀態讓孩子比較容易學會父母當時產生的單詞。當孩子指著一隻狗，而你以口語的「狗」這個詞來回應，你的注意力集中在孩子也感興趣的事情上。而這很可能就是為何把將指示性手勢「翻譯」為口語會幫助孩子學習單詞的原因。[28]

　　在你跟孩子待在一起，你比的手勢不僅會影響孩子未來的口語詞彙量，還會影響孩子使用的詞性。碰到物品相關的單詞，若能搭配形狀手勢或動作手勢一起呈現，孩子就能更深入地學習這些單詞。舉例來說，若孩子聽到一個沒有意義的單詞「pam」，同時看到有人用手勢比出玩具模具在黏土上切出來的形狀。或是，孩子聽到這個單詞，同時看到有人用手勢模仿怎麼在黏土上用切割模具。看到這兩個手勢的孩子在嘗試要回想這個單詞時，跟只聽到單詞，沒看到任何手勢的孩子相比，需要的提醒會比較少。這些孩子獲得的資訊中包含了手勢，因此加深了單詞學習的印象。[29]

　　孩子看到的手勢也會影響他們對某個單詞的理解。以下來舉例說明。你把毛氈放在板子上，把毛氈堆成雲朵的樣子。接著說出一個新的單詞，並比出以下其中一個手勢。一個手勢突

顯堆置毛氈的**動作**：也就是你在堆成雲的時候，垂直的手部動作。另一個手勢則是突顯出擺好毛氈的**結果**：也就是雲朵的形狀。孩子看到的手勢會影響他們對這個單詞的理解。如果他們看到強調動作的手勢，他們會認為這個單詞指的是怎麼擺毛氈，碰到新的情況時，例如用同樣的行動擺出新的形狀，孩子也會延伸使用這個單詞。如果他們看到強調結果的手勢，他們會認為這個單詞指的是毛氈形成的雲朵形狀，碰到新的情況時，例如用不同的動作創造相同的雲朵形狀，孩子也會延伸使用這個單詞。你跟孩子描述新事件時使用什麼樣的手勢會影響孩子從那個事件看到什麼內容。關於手勢如何影響單詞理解的這些研究都是在實驗室裡面，與受試者進行的測試，並不是觀察父母在家裡跟孩子的互動。但是這不代表這些發現就不適用於你和你的孩子。請善用你的手勢引導孩子對物品和事件的解釋。**30**

　　你的手勢也有可能會影響孩子的態度。假設你告訴孩子，男孩和女孩碰到數學都可以有同樣出色的表現。但你談到男孩算數學的技能時，手勢擺在眼睛附近。談到女孩算數學的的技能時，手勢擺在下巴下方。孩子的耳朵會聽到一個訊息，但眼睛卻看到一個訊息。而手勢通常比較強而有力。我們目前正在探究這些細微的手勢變化會如何影響孩童的態度。我很有把握的猜想，孩子會注意到你只用手表達的態度，無論你希不希望他們這麼做。

　　最重要的是，你和自己的孩子說話時，要比手勢，同時要

特別留意自己比出什麼手勢。梅爾迪思·羅（Meredith Rowe）是之前在我實驗室工作的博士後研究員。她有很多研究都強調自發手勢的重要性。同時她正在發展一個名為「指向成功」的計劃案，要教導父母手勢的重要性。這個簡短的培訓計劃強調，孩子的語言發展是可塑的，而父母可以在孩子的語言發展中扮演很重要的角色。計劃包含一個5分鐘的短片，強調指向的重要性，並舉例說明父母和孩子在玩耍的過程中跟彼此指很多東西，同時強調父母可以藉著自己指東西，以及鼓勵孩子指東西，來幫助孩子的語言發展。[31]

　　這個介入措施還在測試階段，但初期培訓結果顯示有10個月大孩子的父母指東西的次數增加。這個介入措施也增加兒童指東西的次數。很有趣的是，對介入措施前不相信兒童語言發展具有可塑性的家庭來說，介入措施的影響對父母和孩子更強。這些家庭不僅了解到父母可以影響孩子的語言發展，同時還學會該如何影響——透過大量使用指示性手勢。這些家庭的孩子自己比指示性手勢的次數增加，口語詞彙量也增加。這是父母應該要了解的重要資訊，而計劃中的父母也善用了這些資訊。

　　結束這一章前，再次強調身為父母的你可以用四種簡單的方式來使用手勢，影響孩子的語言發展和其他技能習得。首先，觀察你的孩子怎麼用自己的手——孩子的手可能隱藏著孩子腦海中連他們都不知道的秘密。其次，回應孩子的手勢，觀察孩子用手勢想傳達的資訊，並適時將這些資訊轉化為口語，

或者以其他回應需求的方式來回應。第三，鼓勵孩子比手勢。鼓勵孩子比手勢，可以展現孩子沒說出口的想法。這麼做會有兩個重要的效果——讓你可以清楚地看到這些未說出口的想法，也可以刺激孩子的學習歷程。最後，跟孩子互動的時候你也要比手勢。利用手勢輔助你說出口的話。同時，如果可以，仔細想想你的手勢告訴孩子什麼訊息。你會希望自己用手傳達的資訊是你希望孩子獲取的資訊。

第 7 章

用手診斷與治療

手勢是寶貴的工具，可以用來評估及治療所有年齡層的心理和身體健康。為了舉例，我們先來看伊芙・紹爾（Eve Sauer）所做的研究，她後來改名為伊芙・勒巴頓（Eve LeBarton），同時完成我們先前提過那個極具影響的研究，發現鼓勵孩童比手勢會對孩童的詞彙量帶來正面影響。伊芙比較了兩組有先天腦損傷的孩童。兩組孩童在十八個月大時，都有言語產出遲緩的情況。但手勢產出卻有不太相同的情況。其中一組孩童比手勢的量與一般 18 個月大的孩童相同，其手勢產出沒有遲緩。而另一組孩童比手勢的次數較少，出現遲緩的情況。一年後，發現這兩組孩童的手勢產出仍然出現差異。但同時，兩組孩童的詞彙發展也出現差異：比手勢頻率跟一般 18 個月大的孩童一樣的那一組，詞彙發展現在也跟一般的孩童一樣；他們 30 個月大時，已經沒有遲緩的情況。另一組孩童則仍然落後，詞彙發展也仍然遲緩。這項研究結果很重要，因為身為臨床醫生，你可以利用孩童早期的手勢來診斷哪些孩童未來可能會有語言發展遲緩的情況，哪些則不會——而且，你也

可以在這種遲緩現象變得棘手**前**預先診斷。[1]

患有產前或周產腦損傷的孩童在語言發展上,其實有驚人的可塑性,也有能力從腦損傷復原。這一點跟成年人不同。假設成年人患有與孩童類似的腦損傷,就會持續出現語言障礙。不過,患有早期局部腦損傷的孩童也會出現差異。通常這些孩童會經歷比較長的語言發展遲緩現象。有些孩童後來可以改善遲緩的情況,但其他孩童則無法。我們振奮的發現,手勢有潛力可以幫助我們弄清楚哪些孩童的遲緩情況可以改善,哪些不能。我們的目標應該是在孩童語言學習軌道最具可塑性的時期,提供孩童療育。[2]

觀察有語言發展遲緩風險的孩童比什麼手勢

我們只需要好好觀察有語言發展遲緩風險的孩童都用自己的手做些什麼。我們要問的問題是,不同的障礙會不會有大不相同的手勢,其差異大到可以用來診斷某種障礙,或至少可以用來當作是某種後續語言問題的前兆。

自閉症是一種神經發展障礙,特徵是社交互動與溝通障礙,以及侷限、重覆的行為和興趣。但手勢也是診斷自閉症的其中一個指標,描述自閉症的常見特微時也會列出手勢不足。孩童不太會指東西,也不太會用手勢來引發共享注意力,都是自閉症的敏感指標,同時也納入評估自閉症的黃金標準,也就是自閉症診斷觀察量表(ADOS)中。指東西是個很有用的指標,因為我們能夠在孩童明顯出現語言發展遲緩現象**前**就注意

到孩童不太指東西。孩童成長初期若不太指東西，加上其他行為，可以當成是孩童可能會有自閉傾向的早期預警徵兆。這一點在實務上很重要，因為有很多自閉症孩童一直到入學才被診斷出患有自閉症。[3]

為了要了解指東西要用來作為自閉症指標的重要價值，研究人員針對後來被診斷出患有自閉症的孩童，以回溯的方式分析這些孩童的家庭錄影帶。因為每個人都會記錄自己孩童的一歲生日，有一份很聰明的研究就比較了11名後來被診斷出患有自閉症孩童，以及11名發育正常的孩童的一歲生日派對家庭錄影帶。與發育正常的孩童相比，後來診斷出患有自閉症的孩童整體上比手勢的次數較少，而且幾乎沒有都沒有指東西的情況。事實上，後來被診斷出有自閉傾向的孩童不會使用很多社交互動的手勢（例如**搖頭說不、揮手、這麼大**）；同時這些孩童利用手勢來建立共享注意力，或評論某個物品的次數也比發育正常的孩童少很多。[4]

另外一個方式是研究自閉症孩童的弟妹。與沒有自閉症兄弟姐妹的孩童相比，自閉症孩童的弟妹之後被診斷患有自閉症的機率高200至300倍。有些研究結果非常驚人。首先，在孩童18個月大前，手勢比單詞理解或單詞產出更能用來判斷未來是否會被診斷出患有自閉症。其次，後來被診斷出患有自閉症的弟妹，其手勢＋口語發展組合的次數不會隨著時間增加。所有其他組別——沒有被診斷出有自閉情況但有語言發展遲緩的孩童；沒有被診斷出有自閉情況，也沒有語言發展遲緩的高

風險孩童；以及沒有自閉症的孩童——從12個月大開始，手勢＋口語發展組合的次數都會增加。唯有後來被診斷出患有自閉症的孩童，手勢＋口語發展組合沒有增加。[5]

自閉症通常很難診斷。手勢有助於讓我們再增加另一種可以做為指標的行為。相較之下，唐氏綜合症和威廉氏症候群都是由已知的基因異常所致，比較容易診斷出來。二者都會出現獨特的（且不同）的臉部特徵，所以要分辨孩童是唐氏綜合症或是威廉氏症候群孩童也不難。我們不需要手勢來協助診斷，但或許這兩組孩童使用手勢的情況不同，因為兩組都較難以語言表達。若真是如此，那手勢也許可以用來改善他們的語言技巧。

唐氏綜合症孩童的語言表達能力通常沒有他們的認知能力來得好。或許他們可以藉由手勢彌補這些不足之處。雖然自發性溝通研究並沒有找到唐氏綜合症孩童的手勢優勢，但實驗室研究卻有一些發現。當研究人員請家長針對自家孩童的手勢填寫問卷，家長回報自家唐氏綜合症孩童使用的手勢數量，跟發育正常孩童的家長所回報的手勢次數相比，唐氏綜合症孩童使用的手勢比較多。針對3到8歲大的唐氏綜合症孩童進行的實驗室研究也發現手勢增加的情況——在孩童為圖片命名時，如果把手勢也計算進來（比出拿槌子打的動作來回應槌子的圖片），孩童的表現會好很多（雖然還是不如發育正常的孩童）。唐氏綜合症的孩童會用手勢傳達他們不會（或許不能）用口語表達的正確資訊。手勢讓我們看到這些孩童有能力理解

圖片的意思，只是連接詞彙與圖片的能力沒那麼強。如果不看手勢，單憑口語來評估唐氏綜合症的孩童，很可能會大幅低估他們了解的內容。[6]

威廉氏症候群的孩童視覺空間處理能力較弱，但臉部辨識能力相對良好。雖然過去曾經認定這些孩童的語言未受影響，但現在研究人員認為這些孩童有語言障礙。威廉氏症候群的孩童在日常生活的對話互動中會使用豐富的詞彙，也有流利的口語表達能力，但碰到必須快速命名圖片的實驗室任務時，他們的表現就不太好。他們說出正確與不正確名稱的次數相當，也會犯下跟發育正常的孩童類似的錯誤。他們了解詞彙意義的能力沒有缺陷。不過，這些孩童為圖片命名的時間是發育正常的孩童的兩倍。他們在講不太出來的時候會比手勢（跟發育正常的孩童一樣），但他們**正確**回應時也會比手勢（發育正常的孩童則不會）。威廉氏症候群的孩童會在**沒必要**的時候比手勢，或許對他們來說，手勢是很重要的表達方式，又或許是因為他們無法辨認什麼時候會需要用到手勢。整體來說，在評估語系統是否有障礙時，把手勢包含在內是很好的想法；手勢可以為我們提供一扇獨特的窗，了解孩童的能力。[7]

我們一直都在關注生理有問題的孩童。但有些孩童儘管沒有生理狀況，卻仍然有語言障礙問題。特定型語言障礙孩童沒有明顯的的智力障礙，但卻沒辦法習得與其年齡相符的語言技能。如果可以用手勢搭配口語，這些孩童理解口語的能力會比較好，而且孩童自己也會比手勢，通常是利用手勢傳達口語中

沒有的訊息。有語言障礙的學齡前孩童，跟發育正常的孩童相
比，比手勢的情況會比較多。事實上，孩童的語言能力越差，
比手勢的次數會越多。年齡較大的特定型語言障礙孩童也可以
用手勢來彌補口語的不足。如果我們要求這些年齡較大的孩童
解決守恆的問題，他們比手勢的次數不會比發育正常的孩童
多。不過他們在解釋的時候，會出現只透過手勢傳達的訊息。
例如，碰到液體守恆的任務，一名特定型語言障礙的孩童用口
語表示容器的高度（「它比較高」），用手勢表示容器的寬度
（用雙手比出容器的寬度）。你必須考慮到容器的高度跟寬度
才能理解一個瘦長水杯的液體容量可以和矮胖水杯的液體容量
相同。我們如果同時關注孩童的手勢和口語，而不是只看口語
能力，那特定型語言障礙孩童會比同齡孩童顯得更有知識。[8]

　　另外，還有遲語者，也就是出現語言表達遲緩情況，但沒
有聽覺損傷、智能障礙、行為障礙，或任何已知神經損傷的幼
兒。遲語者的定義是兩歲大的幼兒詞彙量少於50個詞，同時
或不會兩個詞組合一起用。這一章一開頭就提到勒巴頓針對腦
損傷的孩童進行的研究。研究中可看到，有些孩童只是一時有
這種早期遲緩的情況，大概三歲時左右就可以趕上其他同齡孩
童。但有些孩童的早期遲緩卻一直持續，成為後續語言障礙的
第一個徵兆。手勢可以幫助我們分辨這些孩童中，哪些人的腦
部沒有損傷嗎？簡短的回答是**可以**。我們給遲語者兩項跟物品
有關的任務——一個是模仿成年人做出某個跟單一物品有關的
動作（例如假裝從杯子喝水，或讓玩具飛機飛起來），或是要

做出一系列的動作（要餵泰迪熊吃東西，所以要先把泰迪熊放在高腳椅上，幫它戴上圍兜，餵它吃蘋果，再幫它擦嘴巴。）一年後，在執行動作跟詞彙理解任務都表現良好的孩童，已經趕上同齡孩童的進度—這些就是所謂「大器晚成的孩童」。而無法好好執行這些任務的孩童則持續有遲緩的情況。大器晚成的孩童不只在實驗室測驗中跟真正遲緩的孩童會使用不同的手勢，其自發比的手勢也不同。大器晚成的遲語者比的手勢會比後來被認定是真正遲緩的遲語兒來得多。[9]

　　這本書的第一部分讓我們了解，跟口語一起產生的手勢可以讓我們得知說話者真正的想法。所以用手勢來幫助我們了解語言障礙孩童的不足之處，以及他們的優勢，就不足為奇。重要的是，與非典型語言一起比的手勢，在性質上，與跟典型語言一起比的手勢沒有差異。換句話說，與非典型語言一起比的手勢無法形成可以取代口語的系統。這些手勢就跟我們這些有普通語言能力的人所比的手勢一樣，雖然有語言障礙的人士會為了彌補其障礙，使用手勢的次數會比我們多。

回應語言發展遲緩孩童比的手勢

　　發育正常的孩童的家長在回應孩童的手勢時，會把孩童的手勢翻譯成口語。那孩童若有語言發展遲緩或困難，其家長是否也會以相同的方式回應？會，而且這些家長回應的頻率跟發育正常的孩童的家長一樣。[10]

　　唐氏綜合症孩童的家長會把孩童比的手勢翻譯出來，傳達

口語中沒有的獨特資訊（例如孩童指球，但卻沒有說出「球」這個詞。）換句話說，孩童表現出有興趣要聽到某個詞的時候，也就是碰到教育契機，家長會說出孩童當時需要聽到的單詞。這些孩童22個月大的時候，家長把手勢翻譯成口語的頻率與發育正常的孩童的家長相同。但到孩童63個月的時候，發育正常的孩童的家長會開始減少把手勢翻譯成口語的頻率；但唐氏綜合症孩童的家長會持續以相同的頻率把手勢翻譯成口語。孩童若發育正常，其家長會減少把孩童的手勢翻譯成口語的頻率，推斷應該是因為孩童的字彙量不斷增加。這些孩童的字彙量在63個月大時，會比唐氏綜合症孩童多很多。

　　自閉症孩童的家長也會把孩童的手勢翻譯成詞彙（可能並非刻意），翻譯的頻率跟發育正常的孩童的家長，以及唐氏綜合症孩童的家長相同。賽伊達・奧斯卡絲坎（Seyda Ozcaliskan）過去是我實驗室的博士後研究員。她曾經研究發育正常的孩童以及發展障礙孩童的手勢，而她主導的研究說明了這一點。她研究的孩童是以其語言表達能力來挑選，所以會有不同的年齡差異。發育正常的孩童為18個月大，唐氏綜合症跟自閉症孩童平均年齡為30個月大。三組孩童只要比手勢，其家長幾乎都會以口語方式回應，點明孩童用手勢比，但口語沒提到的東西。而且大多數的回應都是把孩童的手勢翻譯成口語。很重要的是，這些回應會對孩童之後的詞彙量帶來正面影響。每一組中，家長若把孩童的手勢翻譯成對應的單詞，這些單詞進入孩童詞彙庫的機率，會比孩童比手勢，但**沒有被**

翻譯出來的單詞的機率來得高。舉個例子，孩童指著一頂帽子，媽媽回應說：「那是一頂帽子。」但是，當孩童指著一顆球，媽媽沒有做出回應或者媽媽的回應是：「那是彩色的。」這個孩童會先學會說「帽子」，而不是「球」。每一組都有這種模式。但整體而言，唐氏綜合症孩童習得的詞彙量會比另外兩組少；普遍來說，即使是在最理想的環境下，唐氏綜合症孩童也不太擅長學習單詞。

我的前研究生珍娜·艾佛森，也就是研究盲人孩童手勢的那一位，和她的學生一起針對手足有自閉症的孩童以及自閉症罹病風險很低的孩童，研究這些孩童的家長怎麼翻譯孩童的手勢。她發現兩組家長把孩童手勢翻譯成口語的比率一樣高。孩童若比出指示性或比劃手勢（例如指某個瓶子，或把瓶子舉起來給媽媽看），相較孩童比出給予或請求的手勢（把瓶子伸出去給父母，或伸出手要瓶子），兩組家長將手勢翻譯成口語的機率會比較高。雖然兩組家長的翻譯並沒有不同，但引起家長回應的孩童手勢並不相同。沒有自閉症風險的孩童會比指示性／比劃手勢的比率會比給予/請求的手勢高。手足有自閉症的孩童狀況則相反。因此，跟沒有自閉症風險的孩童相比，這類孩童的手勢得到家長翻譯的比率會**比較低**，單純是因為這些孩童比較少會比出會讓家長轉換成文字的手勢。也就是說，這些孩童讓家長比較沒機會針對他們的需求調整回應方式。

在此我想要給發展障礙孩童的家長一些建議——盡可能把自家孩子的手勢翻譯成口語，而且全部的手勢都要翻譯，不要

只翻譯指示性手勢。

鼓勵語言發展遲緩的孩童比手勢

　　發育正常兒童的父母很喜歡嬰兒手語。沒有什麼證據證明教導孩童常用物品、動作和狀態的手語,可以增加發育正常兒童的詞彙量,但確實會幫助親子互動(而且沒有傷害)。

　　也曾有人教導唐氏綜合症的孩童嬰兒手語。鼓勵這些孩童學習嬰兒手語會有什麼效果呢?我們首先要知道,要讓唐氏綜合症孩童學習嬰兒手語並不是什麼理所當然的事。平均年齡為27個月大的唐氏綜合症孩童(智力年齡是20個月)完成嬰兒手語的工作坊課程。三個月後,大多數的孩童在進行詞彙測試時比手勢的表現變好,有些孩童甚至在理解口語單詞和句子的表現也變好。[11]

　　另一組平均年齡為30個月大,且已經學會嬰兒手語的唐氏綜合症孩童,在實驗室半自然觀察的環境中,用嬰兒手語與父母互動。觀察中孩童比出來的嬰兒手語數量,可預估這些孩童一年後的口語字彙量大小。事實上,相較於孩童自發比出來的手勢,嬰兒手語更能預測孩童之後的口語語言。

　　鼓勵唐氏綜合症孩童學習以及使用嬰兒手語會對他們的語言帶來益處。那鼓勵有其他發展障礙孩童使用手勢,會帶來什麼影響,目前仍不清楚。但也沒有理由認定鼓勵孩童使用手勢會帶來壞處,而且鼓勵孩童使用手勢可能會有益處。就算鼓勵有語言障礙的孩童比手勢沒有辦法幫助他們改善未來的口語語

言，至少手勢可以讓孩童未來與人互動時會比較簡單，也會減少孩童的沮喪感。直至目前為止，還沒有發現手勢有任何負面影響。

對著語言發展遲緩的孩童比手勢

父母會對自己的孩童比手勢，發展障礙孩童的父母也不例外。事實上，賽伊達·奧斯卡絲坎（Seyda Ozcaliskan）與她的同事針對正常孩童、唐氏綜合症孩童以及自閉症孩童進行的一份研究發現，這三組孩童的**父母**比手勢的總數量相同，而且他們產出手勢＋口語組合的數量也相同。相較之下，發育正常**兒童**整體的手勢數量以及手勢＋口語組合，比唐氏綜合症孩童及自閉症孩童**來得多**。這三組孩童之所以在手勢上會有差異，原因並不是父母。不過，我們可能應該鼓勵唐氏綜合症或自閉症孩童的父母，與發育正常兒童的父母相比，比手勢的次數**要再更多**。有這些障礙的孩童可能需要更多以手勢提供的資訊，才能增加自己比手勢的次數。[12]

父母可能也需要注意孩童比出什麼類型的手勢。珍娜·艾佛森和她的同事發現，唐氏綜合症孩童的母親會比出比劃手勢的次數會比指示性手勢多（舉起瓶子來引起注意，而不是指向瓶子）。發育正常孩童的母親則相反。唐氏綜合症孩童的母親可能是以孩童的發展狀況來調整自己的手勢。但這也許不是很好的作法。相較於直接把物品拿起來，指示性手勢會比較有「距離」。媽媽可以慢慢降低舉起物品的次數，逐漸轉換成指

示性手勢。這麼做可能會幫助唐氏綜合症孩童回應、使用更多指示性手勢，而不是舉起物品的手勢。[13]

心理治療中的手勢

　　手勢不僅適合小孩，也不僅適用於被診斷患有發展障礙的孩童。我們前面已經看到，成年說話者的雙手會透漏他們隱藏的信念（通常在他們自己不知情的狀況下）。聰慧的聽者可以從成年人身上得知他們沒辦法或不想說的事。我一直都認為會敏銳觀察手勢的臨床治療師能夠從個案身上獲得重要的資訊，並利用這些資訊來推動治療進度。當然，這種狀況是雙向的。治療師可能會不經意的傳遞訊息給個案，因此有可能幫助治療的過程——或甚至帶來傷害，因為這些是未經籌畫的訊息，也不太可能經過深思熟慮。

　　莎拉·布羅德絲（Sara Broaders）以研究生身份加入我的實驗室時，這便是她想要研究的問題——成年人與孩童在臨床環境（例如心理治療）或法律場景（例如訊問目擊者）中傳達什麼樣的隱含訊息。她想分析在這些自然語境中比出來的手勢與說出口的話，看看是不是有些東西是嘴巴沒有說出口，但用手勢表達出來了。基於隱私問題，當時不可能（現在應該也是）獲得心理諮商或法律訊問的素材。所以她只好退而求其次——她安排了一場活動讓一群孩童去見證。為了清楚知道發生什麼事，她也把活動錄下來，之後再個別訪問每位孩童，以了解他們看到什麼。這個活動是一名音樂家走進教室，彈奏了

幾個樂器，並做了幾件笨拙的事。莎拉之後問孩童一些開放式問題（「他還做了什麼？」，並搭配演奏管樂器的手勢）以及針對性問題（「他哪裡受傷了？」搭配輕拍臀部的動作。）[14]

　　孩童會把訪談者手勢中出現的獨特訊息，融入自己的口語報告，即使這些訊息會誤導他們也一樣。更重要的是，手勢的誤導效應會延續到後續的訪談，對孩童產生長期影響。我們一直都知道，誤導性口語資訊對孩童的證詞會帶來持續影響。但這項研究顯示，誤導性**手勢**會對孩童報告的真實性造成長期影響。除此之外，孩童的手勢常常會透露他們已知，但卻沒有出現在口語中的知識——孩童手勢傳達的資訊，有80%的細節**從來沒有**出現在他們的口語中。[15]

　　當然，這只是一項實驗。或許在較不受腳本影響的情境中，訪談者和受訪者都不會比手勢。為了找出答案，我們安排了一場半自然場景來解決這個問題。我們找了大學生，讓他們兩人一組參加模擬法庭訊問。每組都有一名參與者被隨機指定為詢問員，另一個則是證人。證人觀看之前進行孩童研究時錄下的音樂家到教室的影片。在證人觀看事件影片的同時，研究人員提供詢問員如何進行調查的指示。研究人員告知詢問員，要把這次調查訪談當成是具有法律目的，要盡量從證人那裡獲得事件相關資訊，以及要避免提出誘導性問題。研究人員沒有明確指示說要使用，或避免使用手勢。

　　除了一名詢問員外，所有的證人和詢問員都比了手勢，而且他們的手勢都跟莎拉為了自己的研究專門設計的手勢很像。

同時，大家的手勢常常會傳遞說話者言談中沒有出現的訊息。但這些手勢確實是對話中的一部分。夥伴間不僅會互相模仿彼此的手勢，也會捕捉到對方藉手勢傳達的獨特資訊，並且在說話時提及這些資訊，或是把這些資訊融入自己的手勢。實際上，一無所知的詢問員及證人自發性比出莎拉在她研究中建議的手勢。這一類的手勢及一般手勢，在調查性訪談中會有強而有力的影響。

　　這些研究是否能夠告訴我們任何有關臨床心理治療的資訊呢？我覺得可以。我們可以很容易就想像得到，有些個案甚至不願承認自己有某些想法，但他們的手會傳遞這些想法。就拿一名個案為例，她描述與伴侶之間緊密的關係，在此同時，她的雙手手指互扣，但又突然分開。她告訴她的心理醫師一切安好，但她的手勢卻表明事實並非如此。若治療師能仔細觀察和詮釋個案的手勢，就會獲得這些資訊。治療師可以接著回應這些手勢，進一步詢問個案和伴侶之間的關係，可以明確提到個案的手勢，或者也可以不提。身為臨床醫師，你可以藉由觀察，以及回應個案的手勢，影響他們的下一步。

　　我通常會給父母的第三個建議——告訴孩子要比手勢——對臨床醫師來說，要這樣跟個案說，可能不太適合。不過讓他們比手勢是個很好的想法，你也可以透過自己比手勢巧妙的達到這個目的——手勢會帶動手勢，療程中比的手勢越多，就越有機會顯露隱藏的信念。不過，你必須小心監督自己的手勢，尤其是如果你已經對個案的經歷有先入為主的想法時，更要小

心謹慎。即使訪談者試圖進行不具引導性的訪談，還是很可能會在訪談中帶入自己預設的想法。如果訊問者認為加害者圍著圍巾，他會提出開放式、非指示性的問題（「他還穿了什麼？」）但與此同時，他會比出**圍巾**的引導性手勢（像在圍圍巾的動作）。現在我們很清楚人們可以看懂這種手勢，並因此受到誤導。這一點對臨床醫師來說可能也一樣。在進行心理治療時，手勢也是可以（包括無意中）用來傳達，同時加強這些先入為主想法的一種途徑。[16]

　　一般而言，手勢提供臨床醫師另外一個管道跟資訊，讓他們可以了解個案的想法。但非語言行為通常不是臨床晤談的重點，若真的成為重點，都是用來評估個案的感受——利用手勢了解個案的**情緒**。在精神病學裡，臨床醫師不只被建議要留心個案說的話，還要用筆記記下個案如何回應他們的問題。臨床醫師也被建議要記住雙向的情況——他們自己的非語言行為可以促進或阻礙治療師跟個案之間的互動。但是，這些建議的重點都強調非語言行為可以讓我們了解治療師與個案之間建立的投契關係，卻不是非語言行為如何幫助醫師了解個案的問題跟個案對自己生活的看法。我在這本書一開頭就主張，手勢是一扇窗，讓我們了解想法及情感。在治療過程中，檢視個案手勢中透露的想法，是完全開放且值得探究的研究領域。另外一個比較急迫的問題是，考慮到目前視訊臨床晤談逐漸增加，在遠距治療中手勢的交流是否有效；如果沒有，要如何改善整個過程。我們至少一定要能夠看到對方，還要看到彼此的手，才能

從彼此的手勢獲益。或許我們需要把FaceTime和Zoom應用程
式的框框放大,才能看到手勢。[17]

第 8 章

用手教學

注意學生的手勢

讀到這裡,我想各位讀者應該已經非常清楚,我要給老師的第一個建議是什麼:注意學生的雙手都在做什麼。學習者比的手勢,無論是孩童還是成年人,都會透露他們的想法,而這些手勢可以讓你知道他們有什麼突破性的想法——他們對特定問題的最新思考方式。如果學習者的手勢傳達的資訊與口語傳達的資訊不相符,你就可以得知學習者已經準備好在面對這個問題時有所進展。手勢是很有用的信號。何不好好關注手勢呢?

大多數談到手勢跟學習的研究都是以一對一輔導為主——授課的老師通常都是但不一定是實驗者本人。但學習通常會發生在教室裡。我們從一對一輔導學到與手勢有關的知識可否延伸應用到課堂上?

老師其實都會注意到課堂中比的手勢。我們就用下面這件發生在科學課的事情為例。老師問學生,路燈(在課堂上把一顆燈泡掛在梯子上模擬路燈)投射在一排20公分長的棍子上

的影子，會隨著棍子離梯子的距離變長而越來越長，越來越
短，還是保持不變？其中一名學生，馬利克，回應說：「我覺
得長棍子的影子會變長，短棍子的影子應該會……」與此同
時，他指著離梯子**最遠**的那根棍子。各位注意到了嗎？這位同
學口頭的回應不太合乎邏輯——因為所有的棍子長度都一樣。
但老師沒點破這件事，而是重述馬利克的想法：「所以靠近燈
泡的影子會比較短，距離燈泡較遠的會有比較長的影子。」老
師把重點擺在棍子與燈泡的距離，因為注意到馬利克用手勢比
著遠處的棍子。若以這個例子來看，我們知道老師善用了學生
的手勢，但我們無法確定這位老師是否意識到，他是以馬利克
的手勢來推斷他的想法。[1]

　　有時候，老師不只會回應學生的手勢，還甚至會要求學生
讓自己的手勢更明確。例如，克莉絲正在上一堂跟季節有關的
課，但她聽不太懂。她說：「它在轉動」，因此讓老師無法分
辨同學指的「它」是地球還是太陽，而她的「轉動」是指自轉
還是公轉。但克莉絲的手勢讓人明確看出她指的是地球在軸線
自轉。老師的下一步是請克莉絲更清楚的說明自己的手勢。克
莉絲把自己的手勢翻譯成口語，談到地球自轉，讓她一開始那
句話中兩個模糊不清的詞更明確。從一開始，克莉絲就已經大
致明白這個概念，只是似乎無法用口語表達。老師請她說清楚
的要求讓克莉絲可以進一步區分地球圍繞太陽公轉，因而產生
季節，而地球圍繞著軸線自轉，從而創造日夜。[2]

　　當然，老師並不一定會發現，只會出現在學生手勢中的獨

特貢獻。若學生有很多手勢，但口語解釋不太好，老師經常會以言語為主，忽略了學生的手勢，即使其中可能有討論的關鍵訊息。只出現在手勢中的意見，往往代表學生已經快要理解任務。若老師沒有認可這些意見，那對學生來說，這些意見會「持續潛水」，課堂及接下來的討論都不會注意到。因此老師一定要注意學生的手勢。

　　但我們要怎麼幫助老師解讀手勢呢？這有辦法教嗎？我之前的學生，斯潘塞‧凱利（Spencer Kelly）主導一項研究計畫來找出答案。她後來成為國際手勢研究學會的主席。我們先教導成年人要怎麼解讀孩童在守恆任務中比的手勢，再測試這些成年人是否有能力收集手勢傳遞的獨特資訊。為了評估我們在教導成年人留意手勢的效果如何，我們在還沒教導前，先請這些成年人解讀手勢的測試，之後才教導他們怎麼做，教完再進行最後一次測試。解讀手勢的測試請這些成年人勾選他們認為孩童已經明白任務，以解決問題的事實項目，同時沒有提及孩童如何表達他們的想法。[3]

　　重點來了──我們教導成年人解讀手勢時，其實有不同程度。有一組完全沒有獲得關於如何解讀手勢的說明。另外一組只得到提示：「不只要非常注意錄影帶中孩童說的話，還要注意他們以手勢表達的訊息。」

　　第三組則觀看了一個5分鐘教學錄影帶，說明要如何解釋手勢。錄影帶強調手勢三個組成部分──手形、動作，和位置──然後用三個新情境舉例說明每個組成部分。舉例來說，

錄影帶中的人以口語形容一個物品的大小，「它真的很大，」再用手勢比出物品的形狀——他以雙手比了個球。這個例子突顯透過手形傳達意思的潛力。研究人員從守恆任務以外的任務挑選出這些影片，因此成年人被迫要學習手勢編碼的通則，並應用在他們新的任務當中。

　　第四組也觀看了錄影帶，了解手勢的三個組成部分。但其中的情境是守恆任務。這次的說明主要用三個守恆任務為例，所以參與的成年人已經在前測中看過一次，後測時會再看一次。我們就以水的守恆問題為例。錄影帶裡的人示範孩童有時候在說明瘦長杯跟矮胖杯中的水量不同時，其實會有多種訊息。實驗者解釋，孩童有時候會說兩個容器的水量不同，因為「一個矮，一個高」，但同時時，孩童會在矮胖杯附近比出一個寬C型的手勢，在瘦長杯附近比出一個窄C型的手勢。孩童在口語中比較了容器的高度，但手勢卻關注著容器的寬度。藉由這樣的方式，孩童的手形便傳遞口語中沒有的資訊。

　　好消息是，獲得手勢解讀說明的成年人，在指導後比指導前更能夠好好解讀孩童們的手勢——沒有得到指導的那一組則完全沒有變化。成年人獲得什麼樣的說明會很要緊嗎？針對守恆任務的手勢獲得具體指導的那一組，跟沒有獲得指導前相比，從手勢捕捉到獨特資訊的比例增加50%。但是，僅獲得手勢一般介紹的那一組，或甚至只獲得提示的那一組，跟接受指導前相比，從手勢捕捉到獨特資訊的比例增加了30%。所有的成年人都有能力類化自己接受的指導，解讀自己不曾在說明中

看過的新手勢。改善解讀手勢的能力並**不會衝擊**這些成年人從口語收集資訊的能力——他們在指導前後都能完美辨別孩童以口語說明的守恆解釋。

這項研究非常鼓舞人心。只要給成年人一個提示，請他們留意學習者用手說的話，就足以讓他們成為更好的手勢解讀者。當你解讀手勢的能力變好，就意味著你可以了解學習者隱藏在手中的資訊。我們有詮釋手勢的本能，只是需要多磨練而已——我們必須確保所有老師都明白這一點。

不過，我們還得解決課堂的問題。老師沒辦法關注到班上所有學生比的手勢。當然，老師也沒辦法關注學生**說出口**的一切。但是你必須要看到手勢才能了解——而你不用看著說話的人也能明白他們在說什麼。那麼我們就用點創意來設置情境，讓老師可以注意到學生的手勢。

如果教室裡的學生都在自己的座位上做事，老師就可以去察看每位同學，請孩童解釋自己在做什麼，並在解釋過程中觀察孩童的手勢。老師只需要確保自己站的位置可以讓自己看到孩童的手勢就好。

老師也可以邀請一名學生到黑板前，在全班同學面前解題。如果老師接著要求這位同學解釋自己的答案，同學可能就會比手勢。這個情況也讓老師有機會可以清楚討論學生比的手勢，尤其是如果這些手勢傳達出沒有出現在口語中的想法。舉例，有一名六年級學生要說明板塊運動如何造成地震。這名學生回答說，「板塊朝同一方向移動的時候。」但她是指垂直方

向、水平方向或圓週運動呢？她的手勢幫她闡明了——雙手平放，掌心往下，向彼此靠近；當指尖碰在一起時，手掌垂直往上，形成山的形狀。她的手勢告訴老師，以及其他同學，她是說兩個板塊聚合、碰撞及上升。以很棒的方式說明**挫曲**的過程。鼓勵孩童解釋自己的想法，會對他們的學習帶來好處。請學生在黑板前說明自己的想法，可以讓大家看到他們的手勢，對每個人的學習都有好處。[4]

老師也可以把孩童分組，讓學生同時成為老師跟學習者。凱莉是班上其中一位六年級學生。她比出**挫曲**的手勢，但是並有談到挫曲。接下來的幾次，班上另外兩位同學，伊蓮娜和里歐在口語中談到挫曲。凱莉回應說：「我就是這麼說的，」其他同學也同意她最早提出挫曲的人，儘管她是用手勢表達。這種交流是以多模態共同建構的實例，而其中手勢扮演很重要的角色。大家捕充到手勢中傳達的獨特資訊，將之放入口語，再一起討論。這樣一來，學生對挫曲共享的理解就會加深。手勢提供（口語以外的）第二個媒介，讓學生可以用來讓老師及同班同學了解自己剛剛萌生的想法，同時提供一個共享空間，讓大家可以討論及辯論這些想法。

回應學生的手勢

你已經可以猜到我接下來要講什麼：請回應學生的手勢。如果學生藉手勢表達的想法有誤，你可以更正他們。如果他們的想法正確，你可以加強這些想法。實驗室研究藉實驗操控孩

童在課程中看到的手勢，但這些手勢故意**不針對**孩童比的手勢進行調整，以確保所有孩童都接收相同的資訊。為了了解老師的自然表現，我們把老師個別帶進實驗室，請他們觀看一名九到十歲的孩童碰到數學等值測驗的回應，接著再請他們教導這位孩童數學等值。這個步驟讓老師在上課前可以大概了解這名孩童對數學等值的概念。老師可以在黑板前用任何教學技巧來教導這名孩童。之後，孩童會再進行一次數學等值測驗。

我們想了解的是，孩童「準備」要學習這個數學概念的程度為何，以及老師是否能分辨孩童是否已經做好準備。我們依據孩童手勢－口語不相符的情況進行——有些孩童會在教師指導過程中出現不相符的情況，有些則不會。老師們有注意到這些差別嗎？如果有，針對手勢顯示已經準備好要學習數學等值概念的孩童，跟手勢顯示還沒準備好的孩童，老師可能會有不同的教法。

我們計算每位老師在教導這兩組孩童時，提供了多少不同的解題策略。這樣的計算方式讓我們可以大概了解，老師的教學內容有多少變化，以及這樣的變化是否會跟孩童比的手勢有關聯。答案是有。這些老師在教導出現手勢－口語不相符情況的孩童時，相較於沒有這種情況的孩童，會自發使用更多不同類型的策略。更重要的是，這些老師教導兩組孩童時使用的解題策略總數沒有差別，差別是在不同策略的**種類**。[5]

有些時候，這些老師會在教學過程中自己也出現手勢－口語不相符的情況，這又算另一個變化指數。常見的情況會是兩

種策略都正確，但彼此間會有差異；例如，手勢建議**組合**策略，口語建議**平衡策略**。老師在教導出現手勢－口語不相符的孩童時，跟在教導沒有不相符的孩童相比，自己出現手勢－口語不相符的情況會比較多。更重要的是，他們並不是在複製孩童的不相符。老師自己的不相符很少會出現不正確的策略；但孩童的不相符都會包含至少一種，或通常會出現兩種不正確的策略。

但我們知道老師們是在回應孩童手勢－口語不相符的情況，而不是要回應孩童其他特質。從各種其他衡量基準來看，兩組孩童都一樣——他們出現正確與不正確解題策略的次數跟比例一樣，唯一的差別只在他們出現多少不相符的情況。這些老師不僅很敏銳地注意到孩童出現的不相符情況，他們同時也很敏銳地留意到不相符情況出現的頻率——孩童在教學過程出現越多不相符情況，老師就會提供更多不同解題策略；同時，相對地，老師自己也會出現更多手勢－口語不相符的情況。

為了讓大家了解老師會如何回應孩童手勢－口語不相符的情況，我們來看下面這個例子。在做 $7+6+5=$ ＿$+5$ 的數學題目時，有一名孩童把題目中的所有數字都相加，在空格裡寫了23。老師請這名孩童解釋他錯誤的解題方式，孩童就出現以下手勢－口語不相符：

孩童的口語說：「我把13加10等於23」

（把所有的數字加起來，是錯誤的策略）

孩童比的手勢：把手放在7和6的下面，指向空白處，再
指著7和6。（組合，是正確的策略）

老師回應這名孩童的不相符時說：「我要把這個遮住（同
時用手把7和6遮住）」。現在你在兩邊看到什麼？5和5，對
不對？」老師忽略孩童錯誤的解法**以及他的口頭說明**。她把重
點擺在孩童的手勢，並且在她接下來的教學中運用了手勢。她
把孩童用手勢指出的兩個數字遮住（這兩個數字相加，就會是
正確答案），迫使孩童注意到問題的兩邊都有一個5（相等加
數）。孩童在不相符中比的手勢，讓老師看出這名孩童在想什
麼——老師不僅留意到不相符，還依據這個情況給予相應的回
應，把不相符轉換成教育契機。

現在我們知道老師會自發地回應學生的手勢，儘管他們自
己並不知道他們的回應其實是針對不相符的情況。他們可以針
對手勢產出的獨特資訊給予意見，讓雙方都專注在這個資訊。
他們甚至可以評論學生以手勢傳達的獨特資訊。我們不知道讓
大家都關注手勢（而不僅僅是強調手勢傳遞出來的訊息）會幫
助或阻礙學習。這會是未來很好的研究題材。

身為老師，你可以回應學生的手勢，無論是個人課程，還
是學生在黑板前比的手勢，或是在小組互動時比的手勢。換句
話說，學習者的手勢讓我們可以了解他們的學習過程，再自然
而然地應用這些知識來調整教育方式，不管這些資訊是在什麼
情境或利用什麼模態產生。

鼓勵你的學生比手勢

　　你可以運用學生在任務中比的手勢來判斷哪些學生已經準備好要再往前一步，哪些還沒有準備好。但是學生必須要比手勢，你才能夠利用手勢來判斷。那你要如何讓你的學生比手勢呢？

　　我們回顧了很多研究。這些研究都要求其中一組孩童在數學課比出特定的手勢。很重要的是，告訴孩童以特定的方式移動自己的手，會增加孩童從課程中學習的程度。不過，我們並不一定很輕鬆就知道哪個手勢最適合用來教導孩童，以幫助他們學習特定的任務。有沒有什麼其他的方法，可以讓你的學生比手勢？

　　在先前描述過的一些研究中，研究人員只告訴孩子，他們下回解釋自己如何解數學題或針對道德難題進行推理時，要動動手——但沒有告訴孩子要用手做什麼。所有的孩童都依照指示比手勢。光是因為得到鼓勵要比手勢，就讓孩子對問題或難題有新的思考方式。這是孩子在被鼓勵前沒有表達過的思考方式。這麼做同時也增加課後的學習成效。所以你可以只告訴學生，請他們在解釋自己如何回應問題時，動動手，他們就會明白你的意思。

　　還有另一個做法是你自己比手勢。你比的手勢會鼓勵學生跟著比手勢。我們給一群孩童的說明包含用口語解釋平衡型解題策略，給另外一群孩童的說明，則是用手勢跟口語說明平衡型解題策略。我們發現，在前測時不太比手勢的孩童，**如果他**

們看到實驗者比手勢，自己比手勢的頻率就會增加，而沒有看到的那一群就沒有手勢增加的情況。孩童不僅會比手勢，他們同時還利用手勢傳遞實驗者手勢中的平衡策略，即使他們從一開始就一直比手勢也是一樣。這也就是說，看到別人比手勢的孩童也會比手勢，而且還會依據他們看見的手勢，比出特定策略的手勢。[6]

　　鼓勵你的學生比手勢有兩個效果。首先，學生會逐漸變成習慣比手勢的人，給你一個窗口，進入他們的大腦，了解他們的想法，也能讓你特別針對這些想法提供教學——你可以糾正錯誤的觀念，或認可正確的想法。其次，手勢也讓學生有管道可以表達接近自己知識邊緣的新想法與概念，透過手勢表達這些想法能幫助學生做好學習的準備。

在教學時比手勢，
並留意自己的手勢透露出哪些課程內容

　　目前針對數學課程的建議是，鼓勵老師透過各種方式來說明概念——圖表、實體模型、文字。這麼做是要把一個問題轉化成各種替代符號來呈現，例如，利用數學符號與數線，而不是只用一種單一符號形式。要利用這類的表現模式，手勢是很理想的選擇，尤其是因為手勢本來的視覺元素就很明顯。要傳達某些資訊，有的時候手動模態會比口頭模態更適合。手勢可以和口語搭配，傳達比只依靠口語更豐富的訊息。想想看，有位老師在口語中描述，第一次世界大戰期間挖掘一排壕溝，但

他同時用手勢表示戰壕呈現 Z 字型的曲折路線。手勢能夠為學生提供第二種，比較生動的表達方式，而多種表達方式可以加強學習。[7]

手勢不同於其他表現模式，像地圖或圖表。手勢出現的時間很短暫，跟口語一樣會快速消失。這點也許是一種優勢，也可能是一種劣勢。但手勢確實比其他表現模式有一個很明確的優勢——手勢可以，甚至**必須**與其搭配出現的口語在時間上同步。視覺資訊如果跟口語資訊同時發生，很更有效，這就是手勢的優勢。比起圖像跟口語，手勢與口語更能為學生呈現自然合一的畫面。[8]

我們知道，老師在一對一輔導時，會自然而然的比手勢。為了進一步了解這個過程，我們再一次把老師帶進實驗室，請這些老師單獨教導 9 歲跟 10 的小孩數學等值。每一位老師在教課時都比手勢。而孩子也都注意到老師的手勢。我們知道孩子注意到老師的手勢，因為孩子們回應老師指示的情況，會隨著老師搭配教學時比的手勢而出現差異。跟完全沒有手勢搭配的情況相比，如果老師的口語搭配了相符的手勢，孩子比較會重複老師說的話。同時，跟完全沒有手勢搭配的情況相比，如果老師的口語搭配不相符的手勢，孩子就不太會重複老師說的話。比方說，相對於老師只用口頭說明平衡策略，老師如果在口頭講平衡策略時，手勢也比了平衡策略，那孩子就比較**常會**在自己說話時重複老師的平衡策略，；相反的，如果老師用口頭說明平衡策略，但手勢產生組合策略，那孩子就**比較不會**用

口頭重複老師的平衡策略。換句說話，孩子對手勢傳遞的資訊，以及這些資訊跟口語傳達的資訊是否相符，其實很敏感。孩童也能夠從老師的手勢收集解決問題的策略，並且用自己的話再重新呈現。比方說，有一群孩子看到老師只用手勢表達的組合策略後，自己就在口語中說出組合策略。[9]

在一對一的數學輔導中，老師使用手勢向學生表達了40%的解題策略——這相當多。那碰到整個教室的孩子，老師會比手勢嗎？學校教的很多主題——例如計算、加法、控制變數、齒輪、變動率等等，本來就很容易會比手勢。因此課堂中，尤其經驗豐富的老師，在教課時常常比手勢真的不足為奇。一年級的老師解釋數學概念時，每分鐘會使用五到七種非語言表現，也就是幾乎每10秒一次。而且手勢是老師們最常使用的非語言形式——其他還包含圖片、物品以及書寫。比方說，老師會解釋說有十格的算數框板一定要全部都先擺滿豆子，才能把多的豆子放到另一個算數框板。在此同時，老師會指（手勢）一個有十格的算數框板（圖片），裡面有兩顆豆子（物品），再指另一個有十格的算數框板，裡面也有些格子裝了豆子（手勢、圖片及物品）。老師說明時若結合非語言表達，幾乎都會用到手勢。換句話說，手勢像膠水一樣把不同非語言型態傳達的資訊連結起來，也和口語連結起來。而且，在用到物品與行動的時候，使用手勢可以讓口語更搭配。也就是說，增加手勢將可以確保整個交流行動更順。[10]

老師不會只是隨意使用手勢。他們會很有策略的使用手

勢，通常是在學生覺得困惑時，用手勢來回應。老師會重複自己說的話，同時再利用手勢進一步釐清口語的內容。而且這麼做很有用——孩童常常會因此得到正確的答案。在下面這個實例中，老師一開始就比手勢，但是學生還是不懂，所以她的手勢就越來越明確。老師問說，「還剩下多少呢？」，手很快地指著八顆剩下的豆子。學生沒有回應。所以老師又再問一次，不過這次老師把動作放慢，指著一個一個剩下的豆子。學生正確地回答說：「八顆。」[11]

　　老師會跟所有說話者一樣，也可以利用手勢為自己的口語增添資訊。在教9到10歲大的孩童數學等值時，一位老師把3＋7＋9＝＿＋9的數學問題寫在黑板上。她在口語中描述平衡策略，同時以手勢展示組合策略。換句話說，她出現手勢－言語不相符的情況。[12]

>　　老師口語說：「我們要跟之前一樣，這麼做。我們要讓兩
>　　　　　邊的值相等。」（等化，正確的策略）
>
>　　老師的手勢：手放在3和7下面（組合，正確的策略）

　　一位孩童回應時叫了一聲「哦！」接著就正確解題。請這名孩童解釋自己的解題策略時，孩童做出以下的回應，包含相符的口語跟手勢。

孩童的口語說：「我們有9，所以我們需要一樣的數字
（相等加數），但我們不能放兩個數字，
所以我就把這兩個數字相加，放在這裡，
就等於10」（組合）。

孩童的手勢：指著左邊的9及右邊的9（相等加數），在
3和7之間指了兩次，再指向空格，指著3
和7（組合）。

　　儘管口語的正確策略和手勢不同但也正確的策略之間沒有
重疊，但孩童學到僅在老師手勢中出現的組合策略。顯然孩童
能夠從老師不相符的手勢中收集到資訊。事實上，對還未掌握
數學任務的孩童來說，手勢模態可能特別容易理解。但為什麼
是用手勢－口語不相符來呈現手勢的策略，而不是相符呢？手
勢－口語相符會讓孩童有機會看到**同一種**策略以口語跟手勢模
態呈現。但手勢－口語不相符比相符多了一個好處——在同一
句話中，讓孩童看到兩種不同的策略，因此把二者的差異突顯
出來。這樣的對比強調同一個問題可能會有不同的解決方
法——對於任何正在學習要如何解決數學問題的人來說，這是
非常重要的概念。我覺得這些老師不太可能是刻意讓手勢跟口
語不相符。老師會出現不相符，可能是因為老師也還不太清楚
碰到口語表達一個想法，手勢表達另一個想法的孩童，自己應
該怎麼教比較好。但老師的手勢－口語不相符似乎不會讓孩童

覺得困惑——實際上,這麼做似乎幫助孩童學習。

　　老師會在課堂中上課時使用手勢——至少在數學課是如此,或許所有課堂都適用——並且利用手勢來強化很不錯的想法,釐清、修正錯誤的概念,還有很好的效果。但是,老師們是否已經善用手勢的所有優勢了呢?實際上,跟香港和日本的老師相比,美國老師在上八年級生的數學課時,使用手勢的效果還有差距。我們目前還不清楚理由為何——有可能是因為香港和日本的老師接受的手勢訓練,也有可能只是反映大家對手勢的態度有文化差異。1999年,有一組研究人員進行了「國際數學與科學教育成就趨勢調查」。這是一項針對課堂中教授數學的方式,以影片進行的大型國際研究。我的前同事琳賽‧芮奇蘭(Lindsey Richland)觀看數據中的影片,發現美國老師在上數學課時,介紹類比法的次數跟香港及日本的老師一樣。類比可以讓學生看到不同數學表達之間的共通處,協助學生了解新問題與概念。但是,香港和日本的老師跟美國的老師相比,會更常以手勢來提醒要比較(例如,在比例與等式之間用手指過來再指回去)。沒有利用手勢提醒,引導學生要比較,美國的學生可能就無法學會某個概念,或者他們學到的概念會跟老師原先設想的完全不同。跟美國同年齡層的學生相比,香港和日本的學生的數學表現更優秀,這就暗示用非語言支持類比,可能在數學教學中扮演重要的角色。因此,美國的老師在數學課上使用手勢的情況還有改善空間。[13]

　　在上課時使用手勢會對所有學習者都有幫助。但有些有趣

的新研究發現顯示，手勢對家庭環境較差的孩童會特別有幫助。布蕾奇‧丘奇和她的同事給兩組學生一隻影片，影片中教導數學等值。有一組學生的教學影片在口語中包含了平衡策略；另外一組學生的教學影片則用口語和手勢教授平衡策略。就如我們的預期，整體來說，口語跟手勢一起教的那一組，跟只有口語教學的那一組相比，測驗成績更好。這個研究的新發現是，若孩童來自父母都沒有上大學的家庭，這樣的差異會特別明顯。若孩童來自父或母有上大學，或都上大學的家庭，兩種教學方式都可以讓孩童受益。但是，若孩童來自父母都沒有上大學的家庭，手勢＋口語教學的效果會優於只用口語教學。令人興奮的發現是，若給孩童口語＋手勢的教學，不管父母有沒有上大學，孩童的表現幾乎一樣好。換句話說，只接受口語教學時，孩童之間的差異會最明顯——父母都上大學的孩童，表現會比父母都沒有上大學的孩童好很多。一旦孩童接受口語＋手勢教學，這種差異就會消失。讓人感到意外，但同時也讓人懷抱希望的是，若是要拉近家庭環境差和條件好的學習者之間的差距，在教學中加入手勢特別能幫助家庭資源比較有限的孩童——這麼做能夠提高孩童的學習水準，跟家庭環境較好的孩童不相上下。[14]

　　手勢是非常強大的教學工具，可以也應該用在課堂上。但是，手勢帶來的影響不一定全都很正面——水能載舟，亦能覆舟。老師慎選的手勢能夠幫助學習者更明白，也能加深他們對某個任務的了解。但老師若在無意間以手勢強調任務中錯誤

的部分，學習者可能就會被導向錯誤的方向。所以，請留意你在課堂上比的手勢，確保你的手勢傳達你想說的資訊——你的學生會看著你的一言一行。

第 9 章

假如手勢和語言
一樣重要？

碰到知道該怎麼觀察的人，我們的手會透露我們的想法。如果你沒有管道可以使用自己社群中使用的既定語言，也無法既定語言分享自己的想法，你的雙手就會接手。你會重新建構人類語言的基本結構，使用這些結構，透過家庭式手語表達自己的想法。

　　既使你學了自己社群使用的既定語言，你的雙手也不會閒著。雙手會表達想法，呼應語言中傳達的想法。但雙手也會表達語言中沒有的想法。你可能不知道自己原來有這些想法，但其他人看得到這些想法，也可能會因而有所回應。手勢不需要任何人特別計劃就自然成為對話中的一部分。

　　你的手不只反映你的想法，也可以改變你的想法。觀察其他人的手部動作以及自己的手部動作，能夠改變你的思維方式。光是請你在解釋自己的想法時動動手，就可以引出你自己都不知道自己有的想法。同時，用手表現這些新想法，可以讓你更能接收指示。

　　這種現象到底有多普遍？有沒有什麼想法是雙手**無法**表達的？我們先來想一下家庭式手語，以及聾人兒童在沒有語言社群協助的情況下自創的家庭式手勢系統，在表達想法時，會不會有什麼限制。家庭式手語者傳達的很多想法，跟很多一般孩童從語言模型學習到的語言來傳達的想法一樣。既然家庭式手語者辦得到，就代表這些想法**不受語言框架影響**。我們反而應該說是想法塑造語言。

　　不過家庭式手語者確實無法表達某些想法。這可能是因為他們沒有興趣要表達這些想法。但也可能是因為他們沒有適當的工具可以表達這些想法。若是如此，這些想法就是需要有語言模型才能發展的想法。我們來看看一個例子。我在西北大學（Northwestern University）的朋友兼同事，德德‧根特納（Dedre Gentner）帶領一個團隊，裡面包含我和我另一名學生，目前在荷蘭奈梅亨馬斯‧布蘭克心理語言學院擔任主任的阿斯利‧奧茲列克（Asli Ozyurek），一起判斷土耳其的家庭式手語者是否能夠處理一個需要理解空間關係的非語言學任務。我們懷疑家庭式手語者可能會失敗，因為他們的手勢並沒有空間關係的編碼。他們會使用家庭式手語來形容物品往向其他物品移動（方向關係）。但他們不會使用家庭式手語來描述兩個物品間最後靜止時的關係（空間關係）。舉例來說，一隻玩具豬往籬笆前進，要描述這隻玩具豬最後靜止的狀態，最好的方式是描述豬在圍欄**旁邊**。儘管要比出玩具豬在籬笆旁的手勢很簡單，但家庭式手語者沒有比出帶有這個訊息的句子。[1]

　　如果我們要依據聾人兒童的家庭式手語來評估他們對空間關係的理解，我們也許會猜測，他們可能碰到這類關係都會有問題。這個猜測是正確的。我們給家庭式手語者一個描繪空間的任務，任務中有個三層的盒子——頂層、中層、底層。每一層上面都有不同的圖片，其中一張照片的背後有一顆星星。每個孩子都有自己的盒子，每個盒子都在相同的層有相同的圖片。我們讓孩子看我們的盒子上星星放在哪個位置，再問他們，那星星應該放在他們盒子的那裡。這項任務對聽人兒童來說很簡單，每位孩童都掌握了用土耳其語表達空間關係所需的語言策略。但土耳其家庭式手語者就表現得不太好，即使我們在一項與理解空間關係無關的認知任務上，把他們跟聽人兒童配對，也是一樣。家庭式手語者無法用手勢及非語言任務表現空間關係。

　　家庭式手語沒有相關語言結構可以說明空間關係。這代表要表達空間關係並不容易——即使你是用手在交流，（原則上）要表達空間關係應該會很簡單，但是並非自然而然形成。家庭式手語者無法描繪空間，就表示他們沒有表達空間關係必要的認知能力。教導他們如何用手勢及語言結構來表達空間關係，可能會幫助他們發展這些能力，但這個重要的假說需要經過驗證。其實，這個假說成立的機會很高。德德・根特納和她的同事在另一個研究發現，教授講英語的聽人兒童與掌握盒子空間關係的單詞——「頂」（也就是盒子最上層）、「底」（也就是盒子最下層）「中」（兩層中間）——都會改善孩子

描繪空間關係的表現。重點是有些想法可能需要有語言才能發展。家庭式手語中沒有傳達的概念是發現這些想法很好的指南。[2]

家庭式手語不會發展出所有想法。那搭配語言的手勢呢？有沒有某些想法不可能或至少很難用手勢表達呢？如果有，這些想法應該是我們無法用雙手表達，只能用語言（或者其他表現方式）來表達的想法。帶有圖像的想法，以及能在空間中展現的想法，特別適合以手動模態表達。但當然任何想法都可以在空間中表現出來。正如我在這整本書中談到的，如果你要談權力關係，雖然權力關係本來並不是空間關係，你還是會自然而然以垂直空間的高低來表達你的想法，最有權力的在頂端，最沒權力的在底端。手勢可以用空間呈現思想。但是，或許有些想法就是無法以空間呈現，特別是沒有空間譬喻可以表現的想法。比方說**仁慈**——我們很難想到有哪個手勢可以完美表達這個概念。你可以用手來表達某人比較仁慈或不仁慈，但要用哪個角度？垂直高低好像不太適合。另外還有些想法可能就是不適合用手勢表達。如果你想表達這些想法，你就必須找到雙手之外的工具。

我在這本書的一開頭就說，我想談談，如果我們讓人們意識到自己的手勢，那會發生什麼事。我們看到，我們說出口的話、聽到的內容，都會受到我們沒留意到的手勢影響。如果我們鼓勵人們要意識到，也要關注自己跟其他人比的手勢，那會發生什麼事呢？手勢會不會因此失去反映及改變我們思想的能

力？

　　我以前曾經認為，如果我們注意自己的手勢，這些手勢就不會再洩露我們自然流露、潛意識的想法。但我錯了。我們請孩童在解釋自己如何解決數學問題，或自己對道德難題的看法時比手勢，他們的手勢依然會呈現一些口語中沒有出現的想法——他們還是會出現手勢－口語不相符的現象。事實上，告訴孩童比手勢會使不相符的情況增加。刻意比手勢能揭露口語中沒有的想法。這些不相符又能讓比手勢的孩童更可能在接著上完數學及道德課程後有所改善。刻意比手勢也能夠幫助我們改變想法。[3]

　　我們的重要發現是，有意識的關注自己或別人的手勢，並不會導致手勢無法反映你隱藏的想法。也無法阻止手勢改變你的想法。但可能會使步調變慢。我可以想像，碰到比較具爭議的想法，可能不要認可也不要專注於其上，會讓你比較容易接受。若是如此，不要留意手勢可能會讓這些想法更茁壯。就算讓手勢維持在下意識狀態可能只會讓學習效果改善一點點，了解手勢有這個特質也是件好事，未來需要時，我們就可以善用。手勢是很有趣，對未來也很重要的研究領域。但是要如何掌控人們究竟如何有意識的關注自己的手勢絕非易事——很值得思考要怎麼樣才能辦到。

　　既然關注手勢似乎不會破壞手勢啟發和應用潛在認知的能力，我會主張我們應該提高手勢的地位，讓手勢成為語言的重心。語言仍然是人類交流的基石——自發比出的手勢可以像變

色龍一樣，根據搭配的口語改變自己的功能——但口語不太能因為手勢改變自己的功能。但手勢讓我們的思想更完整。忽略對話中的手勢，就像只看見冰山一角，而忽略海面下的資訊。

若說話者目前沒有意識到自己會透過手勢傳達訊息，鼓勵他們留意自己的手勢，會產生很大的效果。在教室裡，學生會透過手勢傳達自己也沒留意的訊息，老師則會利用這些手勢評估學生的技能。反之，老師會透過手勢傳達自己也沒留意的訊息，學生會回應這些手勢。法律訊問是另一個會出現許多無意識訊息的場合。法律互動是「透過對話建立結構」。這就意味著，不用參考非語言環境，也能理解互動。面部表情，凝視方向，還有手勢都可以提供相關資訊。但是一旦沒有非語言提示——例如在訊問時錄音或打成文字紀錄——人們還是多多少少可以理解。如果法律訊問時，參與者使用手勢透露他們口語沒有表達的知識，這些資訊就不會出現在該事件的文字紀錄。但是，正如我們先前看到的那樣，訊問當下的參與者不會忽略手勢。個人在評估情況時，會把這些資訊納入考量，即使這些資訊沒有出現在相關書面記錄中。這會對法律行為造成問題。[4]

我們舉一個假設案例來看。想像一下，有位訊問者懷疑有名孩童受到某位有小鬍子的人虐待。雖然訊問者很小心，避免在口語中談到自己的懷疑（他們很清楚引導性問題會對幼兒產生很大的影響力），但他們可能會在詢問孩童時，無意識地比出「小鬍子」的手勢。接著孩童就可能會描述某個有小鬍子的

人，並不是因為那個人真的有小鬍子，而是回應訊問者（無意間）以手勢提出的建議。換句話說，就像我們現在都知道，訊問者在訊問時很可能會在說話時，透過手勢帶入自己的建議。然而，訊問者不太會察覺自己的手勢，也不會像留意自己的話語一樣留意自己的手勢。可能還沒注意到就已經消失。我們需要讓法律訊問者——事實上應該說所有的採訪者，都要確認自己的手勢。[5]

現在，我們再來想想，有一名孩童受訪者在形容傷害他的那個人時，比出一個小鬍子的手勢，但沒有在口語中提及小鬍子。訊問者留意到孩童的手勢，詢問說「他有小鬍子嗎？」如果只是閱讀這段對話的文字記錄，可能會認為訊問者已經提出引導性問題——但實際上，這個「引導」來自孩童自己。以這個案例來看，孩童自發性提出的資訊被誤認為是成年訊問者引導出來的結果——全都是因為法律圈沒有考慮到手勢。訊問時以手勢默默進行的對談內容，不會出現在文字記錄中，也因此不會成為法律文件。考量到成年人與孩童對某個事件的記憶時常會受到訊問者的提問方式影響，這個議題就會帶來很重要的影響。

在我們提到的情況和很多其他情況中，人們會有機會接收到手勢傳達的知識。身為聽者的我們也時常會接收到這些知識，只是我們很少會留意確認這些資訊的來源。在需要記錄說話內容、誰說了什麼的領域——法律領域就是個很重要的例子——這一點尤其明顯。我們可能需要開始記錄手勢和口語。

聽障教育是另一個曾經禁止非語言行為，尤其是手勢的領域。先前討論過，很多聾人兒童的父母都聽力正常，而這些父母都會期望孩童學習開口說話。人類之所以會發展出口語教學法的傳統，就是為了回應這些父母的期望。但口語教學法有很多不同的面向。有些傳統主張要一直不斷發展聾人兒童的聽力，不管其實際聽力究竟如何。他們也主張使用助聽器或者植入人工電子耳增加聾人兒童的聽力，是教導聾人兒童說話最好的方法。這些教育工作者會把嘴巴遮起來，也時常會叫孩童背對他們，想辦法讓孩童調整自己的聽力。但是**聽人兒童**在跟人溝通時，他們的溝通對象不會遮住自己的嘴巴或手勢。事實上，聽力正常的聽者也要依靠這些提示。因此，我們為什麼要讓聾人兒童面對比聽人兒童更艱難的任務？這些人的理由是聾人兒童如果有視覺線索可以看，就不會利用聽覺線索。但是我沒看到任何支持這個說法的好證據。另一個作法是要充分利用**所有**對聾人兒童有用的線索，包括聽覺跟視覺線索。充分利用全部的線索，會讓聾人兒童有機會更進一步融入自己所處的社交世界，幫助他們與世界交流。如果我們要讓聽人兒童有更多機會學習語言，那我們也應該讓聾人兒童有更多學習的機會。口語表達會遺漏對話一些重要的資訊。那為什麼聾人兒童不能接觸這部分的資訊？[6]

我們要如何提升大家對手勢的意識？首先是要請大家留意自己看到的手勢。再來是告訴大家要留意自己比的手勢。但是針對規劃自己比的手勢，我們應該給什麼建議呢？阿曼達・戈

爾曼做了很好的示範。她是國家青年詩人桂冠獎的首位得主。
2021年1月20日，她在喬・拜登就職典禮上朗誦自己的詩**《我
們攀登的山丘》**。她在總統就職典禮上說出口的文字相當激勵
人心，但她的手勢也很令人感動。戈爾曼運用手勢，讓她的想
法變得栩栩如生，讓我們了解她、看見她、感受到她身為黑人
女性的獨特經歷。她**特別設計了**自己的手勢來強調她用的文
字。她把雙手拇指點著自己的肩膀說：「在這個時代，一位奴
隸的後裔，一位由單親媽媽撫養長大，又瘦又小的黑人女
孩。」再接著說：「可以夢想有一天會成為總統，」並且優雅
的把雙手從頭部朝上攤平，清楚表達這是她的夢想。

　　戈爾曼有意識的在總統就職典禮上編排自己的手勢。但她
編排的手勢是以本來就會使用的手勢當作基礎。在總統就職典
禮後，戈爾曼上詹姆斯・柯登的**《深夜秀》**接受訪問。她說她
和孿生姊妹小時候經過攝影棚時，都會偷偷看柯登在攝影棚拍
攝節目——我們「會把臉貼在鐵柵欄上」她一面說，一面把雙

手手掌貼在兩邊臉頰，模擬把小臉蛋貼在柵欄上偷瞄的樣子。戈爾曼表示接受柯登採訪，對她來說是「圓滿的一刻」，並透過將雙手手掌交疊放在胸前，讓這一刻的感受更明顯。戈爾曼和其他人一樣，有時候會不經意透過手勢流露口語中沒有講到的想法。例如，她告訴柯登自己收到就職典禮表演的邀請時，就出現這樣的情況。她表示自己「接到Zoom電話，」同時出比一個**接電話**的手勢（拇指與尾指放在耳朵旁）。她用手勢告訴我們，Zoom這種遠距且相對不活躍的通話方式，對她來說，並沒有取代傳統上比較強調合作的溝通形式。戈爾曼自發的手勢，成為她的素材，把手勢穿插在詩歌中。她學會以雙手強化自己文字的藝術，並藉此展現絕佳的效果。

我們真的該承認，人類交流的全貌會**包含**口語及手勢。這麼做可能會幫我們減少誤會——如果你察覺到自己的雙手談到男女時會不平等的狀況，那有人指責你有偏見時，你就不會感到意外。這也可能會讓你比較不容易想都不想就接受會讓手勢從對話中消失的科技發展——紙本文字和電話只是朝這個方向發展的第一步。FaceTime和Zoom都只專注臉部，不會追蹤雙手，所以你藉著手勢傳達的訊息就會消失。就算我們能看到人們的臉，但這些科技平台常常讓我們很難比手勢——比方說，你要拿著手機用FaceTime講電話，很難比手勢。我們會因此失去手勢為我們帶來的好處。這些發展可能會減少雙手在溝通交流時扮演的角色，也會對未來的交流與學習帶來重大的影響。

　　你該怎麼做，才能減緩讓手勢從對話中流失的趨勢？你可以先讓自己意識到自己跟他人的雙手有多重要，因為手勢可以傳遞訊息。接著，你可以支持把手勢重新帶回來的科技。我在Zoom錄製談話時，會有意識的舉起我的雙手，確保視窗中會看到我的手勢，這樣聽眾才能看到我的手勢。我知道我的手勢對我的訊息非常重要。但很多人都沒有意識到這一點，所以也不會特別費功夫。對程式設計師來說，把雙手進入虛擬世界應該不是什麼很困難的事。

　　另一個需要特別關注手勢的領域，就是線上教學。很多時候，進行線上教學時，老師不會露臉——像可汗學院的課程，會只聽到聲音和範例，或只看到螢幕上的範例。除了無法看見老師的視線與臉部表情之外，學習者也沒辦法看到老師的手勢。忽略這些元素可能會對弱勢家庭孩童造成很大的傷害。在課程中增加手勢，可以幫助弱勢家庭的孩童改善他們的表現，讓他們和來自優渥家庭的孩童有相同的表現。換句話說，手勢有潛力，可以讓教育更公平。應用手勢來消弭長久以來的落差，是讓人很興奮且具有前景的應用方式。要讓教育更公平，就要讓上線上課程的學生可以看見老師和老師的手勢。[7]

　　我們每個人都可以學著在對話中，運用手勢來強調，加深意義，說明意圖——實際上，我們本來就會這麼做。我們只是需要學著在比手勢時更深思熟慮、更刻意，就好。同時，我們也必須要留意別人比的手勢，並且以同樣的態度，正視自己雙手表達的想法跟口語表達的想法。留意自己用雙手表達什麼思

想能夠幫助我們減少對他人的威脅，同時協助我們了解其他人
為什麼會感受到威脅。手勢無法幫我們解決彼此交流時會有的
誤解。但了解自己的思想會像重要的電流一般透過雙手表達是
極為重要的第一步。

謝辭

　　這本書是愛的產物。我要把這本書獻給我的丈夫比爾‧梅洛（Bill Meadow），他於 2019 年 9 月 14 日逝世。比爾在這本書中的貢獻，多到我數不清。我大三那年出國念書時，發現自己未來想專注於心理學。當時他支持我學習心理學的目標。他對我有信心，即使我自己都沒自信。但比爾做的不僅僅只是為我加油。他會讀我寫的每一個字（當然，這本書例外），並以他的語言天賦和敏銳的科學眼光，讓我的文筆更流暢。我們會爭論彼此的想法，討論怎麼表達才適合。沒有人比我丈夫更重視我。

　　比爾非常擅長在聽到令人百思不解的想法後，以簡單又迷人的方式再說一遍。我也嘗試要仿傚他這方面的天賦，因為這種天賦使他成為我眼中最好的老師。他也很懂得在上課時（不管是上網球、風帆衝浪、化學、數學，還是任何東西），在學生需要踏出下一步的時候，適時給予學生需要的支持。在教學和寫作上，我有幸成為他其中一名學生。

　　比爾古道熱腸。我熱愛我的工作，一直都是如此。他很了解我對工作的熱愛，也以自己的熱誠支持我對工作的熱愛。如

果我在這本書中提到的任何想法讓你覺得很興奮，那他和我都算成功了。

比爾尊重科學。他喜歡數據，我也是。我們兩個都是喜歡觀察世界、試圖了解世界究竟是如何運作的人。

這並不是說我對自己可能的研究結果沒有什麼理論或直覺，只不過，若數據不支持我的理論，那還是得以數據為主。我試著要強調我跟比爾都很尊重的科學，所以我在書中提過，當我的直覺不準，科學是如何幫助我回到正確（或比較正確）的軌道。

比爾和我是一個團隊。我們設法建立一個根系統，支持了我們這個兩人團隊50年之久。如果我們可以有更多時間的話，那這個支持的時間會更久。同時，我們兩人之間盤根錯節的根也讓我們兩個人都可以向外發展（應該可以這麼說），追尋自己的路。與比爾相遇、與他結婚讓我的生活變得更美好——正如（熱愛用體育來比喻的）他可能會用的比喻，這件事對我們兩個人而言，改變了整個遊戲。

接著回來談科學研究的部分。書中的研究都是跟同事、博士後研究生，以及學生共同合作完成的成果。我很幸運地，有很多很多人要感謝。針對家庭式手語研究，我獲得的幫助，首先要感謝我研究所時期的其中一位導師，萊拉‧葛萊特曼教授（Lila Gleitman）。因為她的啟發，我才會基於很深刻的理論原因開始研究家庭式手語 。四十年來，她一直持續跟我合作（也成為我的好友）——我們兩個人在1978年共同撰寫第一

篇論文,最後一篇論文則是在2019年發表。雖然她如今也離世,但我永遠感謝她在比爾過世後一直陪著我。她也很愛比爾。我要感謝我研究所的同窗海蒂‧費德曼(Heidi Feldman),和我一起開始研究家庭式手語。後來她成為兒科醫師,還繼續學以致用;她成為備受尊崇的臨床醫師和研究人員。我要感謝卡洛琳‧麥蘭(Carolyn Mylander)。她管理我的實驗室長達四十年,也跟我合作進行研究,而且退休後還持續協助我十年。她是一絲不苟的編碼員——如果卡洛琳負責把錄影帶內容做成逐字稿,我就知道這份稿子會掌握影片中的所有內容,非常安心。

在我的家庭式手語研究中,還有很多人扮演了重要的角色——莫莉‧佛萊爾蒂(Molly Flaherty)、莉莉亞‧瑞斯曼(Lillia Rissman)、迪亞‧宏斯克(Dea Hunsicker)、艾米‧富蘭克林(Amy Franklin)、莎拉‧凡杜賽‧菲利浦斯(Sarah van Deusen Phillips)、吉兒‧莫福德(Jill Morford)、賽達‧奧肯斯坎(eyda Özçalı kan)、蘿拉‧霍頓(Laura Horton)、阿斯利‧奧茲列克(Asli Özyürek),以及我的多年好友,德德‧根特納(Dedre Gentner)。還有其他人幫忙把家庭式手語的研究擴展到尼加拉瓜——娜塔莎‧阿布納(Natasha Abner)、蕾斯潔‧史貝朋(Liesje Spaepen)、瑪莉‧柯波拉(Marie Coppola)跟安妮‧塞哈斯(Annie Senghas)。我要感謝他們和我的同事黛安‧布倫塔里(Diane Brentari)。黛安幫助我們在家庭式手語研究、手語跨語言研

究、新興語言研究之間,建立成果豐碩的連結,而且,跟她共事(不管是對我的智識,還是對我個人)都非常愉悅。我很感謝所有跟我合作的人一起奠定基礎,讓露絲.福希(Ruthe Foushee)和蜜雪兒.馬德蘭薩凱(Michelle Madlansacay)可以針對交流互動如何應用家庭式手語進行新的研究。

　　無聲手勢研究(就是我們請聽人用手而不用聲音來描述情境的研究)是家庭式手語研究的理論分支。我與我的同事大衛.麥克尼爾,以及我當時的博士後研究生珍妮.辛格爾頓(Jenny Singleton)一起開始這項研究,之後又與麗莎.葛斯科夫斯托(Lisa Gershkoff-Stowe)、蘇詠芝(Wing-Chee So)及賽達.奧肯斯坎(eyda Özçalı kan)合作繼續研究。奧肯斯坎後來還把這項研究擴展到盲人說話者)。我要感謝他們為這項研究打下穩固的基礎,讓莫妮卡.朵(Monica Do)和西蒙.柯比(Simon Kirby)可以針對影響現代語言發展的各種因素持續進行新研究。

　　家庭式手語的研究還讓我也開始研究聽人兒童的語言學習,並把重點放在手勢如何幫助他們學習語言。我要感謝我(如今也已離世)的同事潔滕娜.哈滕洛(Janellen Huttenlocher)讓我主導一系列總共三個五年計劃項目的經費,長期研究60名發育正常的兒童以及40名腦損傷兒童在家與父母之間的自然互動。二十年後,我和我的同事(及好友)蘇珊.萊文(Susan Levine)、史蒂夫.羅登布什(Steve Raudenbush)與史蒂夫.史莫(Steve Small)仍然持續關注這

群孩子，團隊還增加了兩名成員：**琳賽・芮奇蘭**（Lindsey Richland）和**瑪莉莎・卡斯拉斯**（Marisa Casillas）。長期追蹤這些孩子的影片為無數學生的研究計畫與論文提供數據，而且未來很多年有望持續下去。我要感謝辛蒂・巴特勒（Cindy Butcher）、珍娜・艾佛森（Jana Iverson）（也開始研究失明兒童的手勢）、梅爾迪思・羅（Meredith Rowe）、賽達・奧肯斯坎、艾瑞卡・卡特密爾（Erica Cartmill）和伊芙・勒巴頓（Eve Sauer LeBarton），感謝他們幫助我研究發育正常的兒童和腦損傷兒童的手勢。同時也要感謝依思・德密利拉（Ece Demir-Lira）、安東尼・狄克（Anthony Dick）和史蒂夫・史莫帶我進入大腦成像的世界，探索兒童和成年人如何整合手勢與口語。因為他們奠定的基礎，我才能跟曼蒂・賽西利亞（Mandy Seccia）、郭漢娜（Hannah Guo），以及我的同事馬克・柏曼（Marc Berman）合作，探索手勢跟實際以物品採取動作，對學習、類化和學習保留會有什麼不同的影響。

　　這也讓我們連接到研究搭配言談使用的手勢。這項研究的靈感來自我研究生時期另一位導師，同時也是認知發展大師，羅切爾・傑爾曼（Rochel Gelman）給我的一隻錄影帶。影片的內容是聽人兒童參與皮亞傑的守恆任務以及（當然要有的）手勢。我要感謝布蕾奇・丘奇、蜜雪兒・派瑞、瑪莎・阿利巴利、梅麗莎・辛格、菲利浦・加柏（Philip Garber）、蘇珊・庫克（Susan Cook）、史賓塞・凱利和我的同事霍華德・努斯鮑姆（Howard Nusbaum）。他們幫助我了解手勢對思考和談

話有多重要。我要感謝米瑞米安・諾瓦克、伊萊莎・康德頓（Elisa Congdon）、麗茲・維克菲德（Liz Wakefield）、克莉絲汀・加拉薩（Cristina Carrazza）、艾莉莎・克西（Alyssa Kersey）、瑞亭・平（Raedy Ping）、肯西・庫伯萊德（Kensy Cooperrider）莎拉・布羅德斯和我的前同事西恩・貝利克（Sian Beilock）。他們手勢研究提升到新高度，探索手勢對學習的潛在影響。我要感謝卡洛・帕登（Carol Padden）與亞倫・薛爾德（Aaron Shield）幫助我把手勢研究延伸擴展到聾人手語者搭配手語的手勢；桑蒂・韋克斯曼（Sandy Waxman）、黛安・布倫塔里（Diane Brentari）和米瑞米安・諾瓦克幫助我思考手勢和手語對聾人或聽人年輕語言學習者的認知影響；凱西・費拉拉（Casey Ferrara）和陸珍妮（Jenny Lu）幫助我釐清手勢和手語的差異；還有妮娜・賽慕席那（Nina Semushina）、布蕾奇・丘奇和沙娜・樂維（Zena Levan）幫助我探究教學中包括手勢是否能幫助聾人手語者學習。

這本書也要感謝這麼多年來我與同事針對語言、思想和手勢進行的無數次對話。我要感謝我的同事跟我分享他們的想法、他們的熱誠，最重要的是要感謝他們跟我之間的友誼——黛安・布倫塔里、海蒂・費爾德曼、德德・根特納、莉拉・格雷特曼、芭芭拉・蘭道（Barbara Landau）、蘇珊・萊文、瑪莎・麥克林托克（Martha McClintock）、大衛・麥克尼爾、艾莉沙・紐波特（Elissa Newport），霍華德・努斯鮑姆、史蒂

夫‧羅登布什、琳賽‧芮奇蘭、史蒂夫‧史莫、麗茲‧史貝可（Liz Spelke）、芭芭拉‧特沃斯基、桑蒂‧韋克斯曼、比爾‧伍姆薩特（Bill Wimsatt）和亞曼達‧伍德沃德（Amanda Woodward）。

　　我要感謝資助我的人。這麼多年來，我很幸運獲得許多機構的支持——國家科學基金會（NSF）（BNS-7705990；BNS-8004313；BCS-1654154）、國家耳聾和其他傳播障礙研究所（NIDCD）（R01 DC00491 1-24），以及斯賓塞基金會（Spencer Foundation）針對家庭式手語研究提供的補助；國家兒童健康與人類發育研究所（NICHD）（P01 HD040605）和美國教育科學院（IES）（R305A190467）的資金讓我們可以針對發育正常的兒童和腦損傷兒童進行長期研究；還有國家兒童健康與人類發育研究所（NICHD）R01 HD18617；R01 HD31185；R01 HD47450）和國家科學基金會（BCS-09255595；BCS-142224；DRL-1561405；SMA1640893）的資金讓我們可以研究手勢在學習中扮演什麼角色。我也很幸運能夠獲得最棒的行政支持。我要感謝克莉斯堤‧桑瓦德（Kristi Schonwald）、喬蒂‧可汗（Jodi Khan）、卡洛琳‧麥蘭、馬奇‧希爾費（Markie Theophile）和潔西卡‧布里茲（Jessica Breeze）一直幫助我，讓一切作業順利流暢。我要感謝為這本書創作插圖的琳達‧赫夫（Linda Huff）——她優美的繪圖讓我描述的現象生動自然。

　　接下來要來談寫作的部分。我寫書的過程請同事、學生、

朋友和我的孩子當我的讀者——小名小得意的奈森尼爾‧梅朵（Nathaniel Meadow）、小名貝妮的賈桂琳‧梅朵、梅爾迪思‧羅、瑪莎‧阿利巴利、桑蒂‧韋克斯曼、羅伯特‧塞法斯（Robert Seyfarth）、凱西與凱文‧克勞格帝夫婦（Kathy and Kevin Clougherty）、凱堤‧金斯勒（Katie Kinzler）、吉姆‧錢德勒、唐娜‧沙特、哈麗特‧霍維茨和黛博拉‧愛博斯坦。我非常感謝他們給我各方面的意見——理論、概念、實證、文風，甚至排版印刷。我要感謝艾瑞克‧漢寧（Eric Henney）。我開始寫這本書的時候，他還在 Basic Books 服務。他說服我有出版這本書的必要，並幫助我整理出說服力很強的說明書。我要感謝我在 Basic Books 的編輯艾瑪‧貝利（Emma Berry）與梅莉莎‧克爾斯（Marissa Koors），感謝他們為了這本書提供了許多閱讀材料，還為這本書找到最合適的組織方式，同時也要感謝凱利‧賴維奇（Kelly Lenkevich）深慎的審稿。我由衷感謝每一位讀者對我、這本書的關心。因為有這些讀者的意見回饋，才能讓這本書更上一層樓。2021年，我在威斯康辛州華盛頓島西側的吉布森家開始寫這本書，並於隔年夏天完成。過去四十二年間，我們家每年八月都會在島上度過。這裡非常適合沈思（和風帆衝浪）。我也要感謝吉布森一家人的友誼和支持，尤其是在比爾生病期間。華盛頓島是美得像田園詩歌的好地方，很適合思考手勢（跟其他主題）和寫作。我要感謝我的孩子——小名山德的亞　山大、小名小得意的奈森尼爾和小名貝妮的賈桂琳‧梅朵——以及他們的另一半——潔西

卡・庫瑪（Jessica Kumar）、露西・賈可比・梅朵（Lucy Jacobson Meadow）和德魯・威爾曼（Drew Weirman）——感謝他們像比爾一樣一直鼓勵我。我還要感謝山德、小得意跟和貝妮，從小學語言就彷彿絲毫不費力，而且在學習語言時都會比手勢。

我要感謝我的孫子孫女——科迪、芝亞和威爾——讓我有機會再次看到這整個過程，但這次是以祖母的視角。最後，我要感謝我一輩子的伴侶比爾，他一直陪在我身邊，陪在我們身邊。從某個角度來看，他現在也仍然在我們身邊。

註釋

導論：我研究手勢的旅程

1　*The Crown*, season 4, written by Peter Morgan, and produced by Left Bank Pictures and Sony Pictures Television for Netflix.

2　Haviland, J. (1993). Anchoring, iconicity and orientation in Guugu Yimithirr pointing gestures. *Linguistic Anthropology*, 1, 3-45; Haviland, J. (2000). Pointing, gesture spaces, and mental maps. In D. McNeill (ed.), *Language and gesture* (pp. 13-46). Cambridge: Cambridge University Press.

3　"The Good Conversationalist: The Basics," Emily Post Institute, https://emilypost.com/advice/the-good-conversationalist-the-basics.

4　On communication in all species, see Hauser, M.D. (1996). *The evolution of communication*. Cambridge, MA: MIT Press.

5　《尼克森的白宮》錄音檔是理查・尼克森總統跟行政官員、家人、以及白宮幕僚於 1971 年到 1973 年間的對話錄音。尼克森／甘迺迪的辯論是在 1960 年的總統大選前進行。大部分廣播聽眾都覺得，第一場辯論的結果是雙方平手，或宣稱尼克森為勝方，但看電視的觀眾中，認為甘迺迪獲勝的人比尼克森方多七萬人。History.com Editors, "The Kennedy-Nixon Debates," updated June 10, 2019, History.com, https://www.history.com/topics/us-presidents/kennedy-nixon-debates.

6　Franklin, A. (2007). Liar, liar hands on fire: What gesture-speech asynchrony reveals about thinking. Unpublished doctoral dissertation, University of Chicago.

第一章：我們說話時為什麼會比手勢？

1　On mechanism and function in alligators, see Lang, J. W., 1976, Amphibious behavior of *Alligator mississippiensis*: Roles of a circadianrhythm and light: *Science*, v. 191, p. 575-577.

2　Cook, S.W., Tanenhaus, M.K. (2009). Embodied communication: Speakers' gestures affect listeners' actions. *Cognition*, 113(1), 98-104.

3   Hostetter, A.B. Alibali, M.W. (2008). Visible embodiment: Gestures as simulated action. *Psychonomic Bulletin Review*, 15, 495-514.On theories of embodied cognition, see Pulvermüller, F. (2005). Brain mechanisms linking language and action. *Nature Reviews Neuroscience*, 6(7), 576-82. doi: 10.1038/nrn1706. PMID:15959465; Chambers, C. G., Tanenhaus, M. K., Eberhard, K. M., Filip, H., Carlson, G. N. (2002). Circumscribing referential domains during real-time language comprehension. *Journal of Memory Language*, 47, 30-49; Wilson, M. (2002). Six views of embodied cognition. *Psychonomic Bulletin Review*, 9, 625-636.Wilson, M., & Knoblich, G. (2005). The case for motor involvement in perceiving conspecifics. *Psychological Bulletin*, 131,460-473.

4   Aglioti, S., DeSouza, J. F. X., Goodale, M. A. (1995). Size-contrast illusions deceive the eye but not the hand. *Current Biology*, 5(6), 679–685. https://doi.org/10.1016/ S0960-9822(95)00133-3; Bruno, N., Franz, V. H. (2009). When is grasping affected by the Müller-Lyer illusion? A quantitative review. *Neuropsychologia*, 47(6), 1421– 1433. https:// doi.org/10.1016/j.neuropsychologia.2008.10.031.

5   Brown, A.R., Pouw, W., Brentari, D., Goldin-Meadow, S. (2021). People are less susceptible to illusion when they use their hands to communicate rather than estimate. *Psychological Science*, https://doi: 10.1177/0956772199552.

6   Wakefield, E., Congdon, E.L., Novack, M.A., Goldin-Meadow, S., James, K.H. Learning math by hand: The neural effects of gesture-based instruction in 8-year-old children. *Attention, Perception Psychophysics*, 2019, 1-14. http://doi.org/10.3758/ s13414-019-01755-y. James, K.H., Atwood, T.P. (2009). The role of sensorimotor learning in the perception of letter-like forms: Tracking the causes of neural specialization for letters. *Cognitive Neuropsychology*, 26, 91–110.

7   Cole, J. (1991). *Pride and a daily marathon*. London: Duckworth.Gallagher, S., Cole, J., & McNeill, D. (2001). The language-thought-hand system. In C. Cave, I. Guaitella S. Santi (eds.), *Oralite et gestualite: Interactions et comportements multimodaux dans la communication* (pp. 420-424).Paris: L'Harmattan.

8   Ramachandran, V. S., Blakeslee, S. (1998). *Phantoms in the brain: Probing the mysteries of the human mind*. N.Y.: William Morrow & Co. p. 41.

9   Graham, J.A., Argyle, M. (1975). A cross-cultural study of the communication of extra-verbal meaning by gestures. *International Journal of Psychology*, 10, 57-67. McNeil, N., Alibali, M.W., & Evans, J.L. (2000). The Role of Gesture in Children's Comprehension of Spoken Language: Now They Need it, Now They Don't. *Journal of Nonverbal Behavior*, 24, 131-150.Hostetter, A. B. (2011). When do gestures communicate? A meta-analysis. *Psychological Bulletin*, 137(2), 297.

10 Trujillo, J., Özyürek, A., Holler, J. et al.(2021). Speakers exhibit a multimodal Lombard effect in noise. *Scientific Reports* 11,16721. https://doi.org/10.1038/ s41598-021-95791-0.

11 On gesture facilitating lexical retrieval when you talk, see Butterworth, B., Hadar, U. (1989). Gesture, speech, and computational stages: A reply to McNeill. *Psychological Review*, 96, 168-174. Krauss, R. M. (1998).Why do we gesture when we speak? *Current Directions in Psychological Science*, 7, 54–60. Rauscher, F.H., Krauss, R. M., & Chen, Y. (1996).Gesture, speech, and lexical access: The role of lexical movements in speech production. *Psychological Science*, 7, 226-231.On gesture not facilitating lexical retrieval when you talk, see Alibali, M. W., Kita, S., Young, A. J. (2000). Gesture and the process of speech production: We think, therefore we gesture. *Language and cognitive processes*, 15(6), 593-613.Kisa, Y.D., Goldin-Meadow, S., Casasanto, D. (2021). Do gestures really facilitate speech production? *Journal of Experimental Psychology: General*, Advance online publication. https://doi.org/10.1037/xge0001135.

12 Wakefield, E., Novack, M.A., Congdon, E.L., Franconeri, S., Goldin-Meadow, S. (2018). Gesture helps learners learn, but not merely by guiding their visual attention. *Developmental Science,* 21(6), DOI: 10.1111/desc.12664.

13 Alibali, M.W. DiRusso, A.A. (1999). The function of gesture in learning to count: More than keeping track. *Cognitive Development*, 14, 37-56.

14 Cook, S. W., Yip, T.K-Y., Goldin-Meadow, S. (2010). Gesturing makes memories that last. *Journal of Memory and Language*, 63, 465–475.

15 Cowan, N., & Morey, C. C. (2007). How can dual-task working memory retention limits be investigated? *Psychological Science*, 18(8), 686–688. doi: 10.1111/j.1467-9280.2007.01960.x.

16 Goldin-Meadow, S., Nusbaum, H., Kelly, S., & Wagner, S. (2001). Explaining math: Gesturing lightens the load. *Psychological Science*, 12, 516–522. Wagner, S., Nusbaum, H., & Goldin-Meadow, S. (2004). Probing the mental representation of gesture: Is handwaving spatial? *Journal of Memory and Language*, 50, 395–407.

17 Ping, R., & Goldin-Meadow, S. (2010). Gesturing saves cognitive resources when talking about non-present objects. *Cognitive Science*, 34(4), 602–619.

18 Beaudoin-Ryan, L., & Goldin-Meadow, S. (2014). Teaching moral reasoning through gesture. *Developmental Science*, 17(6), 984–990. doi: 10.1111/desc.12180.

19 Tversky, B. (2019). *Mind in motion: How action shapes thought*. New York: Basic Books.

20 Newcombe, N. S. (2017). Harnessing spatial thinking to support STEM learning. *Organisation for Economic Co-operation and Development (OECD) Reports*. doi: 10.1787/7d5cae6-en. On the method of loci, see O'Keefe, J., & Nadel, L. (1978). *The hippocampus as a cognitive map*. Oxford: Oxford University Press.

21 Mayer, R. (2009). *Multimedia learning, 2nd edition*. New York: Cambridge University Press.

22 Goldin-Meadow, S., & Brentari, D. (2017). Gesture, sign and language: The coming

of age of sign language and gesture studies. *Behavioral and Brain Sciences*, 40, e46. doi: 10.1017/S0140525X15001247. Emmorey, K. (1999). Do signers gesture? In L. S. Messing & R. Campbell (eds.), *Gesture, speech, and sign* (pp. 133–159). Oxford: Oxford University Press.

23 Perry, M., Church, R. B., & Goldin-Meadow, S. (1988). Transitional knowledge in the acquisition of concepts. *Cognitive Development*, 3, 359–400.

24 Goldin-Meadow, S., Shield, A., Lenzen, D., Herzig, M., & Padden, C. (2012). The gestures ASL signers use tell us when they are ready to learn math, *Cognition*, 123, 448–453.

25 On actions impacting how you see the world, see Barsalou, L.W. (1999). Perceptual symbol systems. *Behavioral and Brain Sciences*,22, 577–660.Beilock, S. L., Lyons, I. M., Mattarella-Micke, A., Nusbaum, H. C., & Small, S. L. (2008). Sports experience changes the neural processing of action language. *Proceedings of the National Academy of Sciences*, USA, 105, 13269-13273.Casile, A. & Giese, M. A. (2006). Nonvisual motor training influences biological motion perception. *Current Biology* 16, 69–74. Glenberg, A.M., & Robertson, D.A. (2000).Symbol grounding and meaning: A comparison of high-dimensional and embodied theories of meaning. *Journal of Memory and Language*,43, 379–401.Niedenthal, P. M. (2007). Embodying emotion. *Science*, 316, 1002-1005.Zwaan, R.A. (1999). Embodied cognition, perceptual symbols, and situation models. *Discourse Processes*, 28,81-88.

26 Beilock, S. L. Goldin-Meadow, S. (2010).Gesture grounds thought in action. *Psychological Science*, 21, 1605-1610. Goldin-Meadow, S. & Beilock, S. L. (2010). Action's influence on thought: The case of gesture. *Perspectives on Psychological Science*, 5, 664-674.

27 Maimon-Mor, R. O., Obasi, E., Lu, J., Odeh, N., Kirker, S., MacSweeney, M., Goldin-Meadow, S., & Makin, T. R. (2020). Talking with your (artificial) hands: Communicative hand gestures as an implicit measure of embodiment, *iScience*, 23(11). doi: 10.1016/j.isci.2020.101650.

28 On watching action that activates your own motor system, see Buccino, G., Binkofski, F., Fink, G. R., Fadiga, L., Fogassi, L., Gallese, V., Seitz, R.J., Zilles, K., Rizzolatti, G. Freund, H.J. (2001). Action observation activates premotor and parietal areas in a somatotopic manner: An fMRI study. *European Journal of Neuroscience*, 13(2),400-404.Hamilton, A., Wolpert, D.M. & Frith, U. (2004). Your own action influences how you perceive another person's action. *Current Biology*, 14,493-498. Wilson, A. D., Collins, D. R., & Bingham, G. P. (2005). Perceptual coupling in rhythmic movement coordination: Stable perception leads to stable action. *Experimental Brain Research*, 164, 517-528. Sebanz, N., Bekkering, H. & Knoblich, G. (2006). Joint action: Bodies and minds moving together. *Trends in*

Cognitive Sciences, 10(2), 70-76. On the overlap between neural circuitry activated when seeing someone act and planning/producing that same action yourself, see Buccino, G., Binkofski, F., Fink, G. R., Fadiga, L., Fogassi, L., Gallese, V., Seitz, R.J., Zilles, K., Rizzolatti, G. & Freund, H.J. (2001). Action observation activates premotor and parietal areas in a somatotopic manner: An fMRI study. *European Journal of Neuroscience*, 13(2),400-404. Calvo-Merino, G., Glaser, D.E., Grezes, J., Passingham, R.E. & Haggard, P. (2005). Action observation and acquired motor skills: An fMRI study with expert dancers. *Cerebral Cortex*, 15(8),1243-1249. Jacobs, A. & Shiffrar, M. (2005). Walking perception by walking observers. *Journal of Experimental Psychology: Human Perception and Performance*, 31,157-169. Hamilton, A., Wolpert, D.M. & Frith, U. (2004). Your own action influences how you perceive another person's action. *Current Biology*, 14,493-498.Maeda, F., Mazziotta, J. & Iacoboni, M. (2002). Transcranial magnetic stimulation studies of the human mirror neuron system. *International Congress Series*, 1232,889-894. On reducing motor resources and its effect on understanding a task, see Beilock, S. L. & Holt, L. E. (2007). Embodied preference judgments: Can likeability be driven by the motor system? *Psychological Science*, 18, 51-57.

29 Ping, R., Goldin-Meadow, S., Beilock S. (2014). Understanding gesture: Is the listener's motor system involved? *Journal of Experimental Psychology: General*, 143(1), 195-204, doi: 10.1037/a0032246.

30 Novack, M. A., Congdon, E. L., Hemani-Lopez, N., & Goldin-Meadow, S. (2014). From action to abstraction: Using the hands to learn math. *Psychological Science*, 25(4), 903–910. doi: 10.1177/0956797613518351.

31 Wakefield, E. M., Hall, C., James, K. H., Goldin-Meadow, S. (2018). Gesture for generalization: Gesture facilitates flexible learning of words for actions on objects, *Developmental Science*, 21(5).DOI 10.1111/desc.12656.

32 Hegarty, M. Mayer, S. Perez-Kriz, S. Keehner, M. (2005). The Role of Gestures in Mental Animation. *Spatial Cognition and Computation*, 5, 333-356.10.1207/ s15427633scc0504_3.

33 Lakoff, G., Nunez, R. (2000). *Where mathematics come from: How the embodied mind brings mathematics into the being*. N.Y.: Basic Books

34 Marghetis, T., Núñez, R. (2013). The motion behind the symbols: A vital role for dynamism in the conceptualization of limits and continuity in expert mathematics. *Topics in Cognitive Science*, 5, 299–316. doi: 10.1111/tops.12013.

第二章：雙手會反映我們的思想

1 Darwin, C. (2009). *The expression of the emotions in man and animals*. New York, NY: Oxford. (Original work published 1872). de Waal, F. (1998). *Chimpanzee*

politics: Power and sex among apes. Baltimore, MD: Johns Hopkins University Press. Mayr, E. (1974). Behavior programs and evolutionary strategies. *American Scientist*, 62, 650–659.

2   Carney, D.R., Cuddy, A. J. C. Yap, A.J. (2010). Power posing: Brief nonverbal displays affect neuroendocrine levels and risk tolerance. *Psychological Science*,21 (10), 1363-1368. doi:10.1177/0956797610383437. Ranehill, E., Dreber, A., Johannesson, M., Leiberg, S., Sul, S., & Weber, R. A. (2015). Assessing the robustness of power posing: No effect on hormones and risk tolerance in a large sample of men and women. *Psychological Science*, 26(5), 653-656.Cuddy, A.J.C., Schultz, J., & Fosse, N.E., (2018). P-Curving a more comprehensive body of research on postural feedback reveals clear evidential value for power-posing effects: Reply to Simmons and Simonsohn. *Psychological Science*, 29 (4), 656-666. doi. org/10.1177/0956797617746749.

3   Ekman, P. Friesen, W. (1969). The repertoire of nonverbal behavior: Categories, origins, usage, and coding. *Semiotica*, 1, 49-98.

4   Iverson, J. M. Goldin-Meadow, S. (1998). Why people gesture as they speak. *Nature*, 396, 228.

5   Ozcaliskan, S., Lucero, C., Goldin-Meadow, S. (2016). Is seeing gesture necessary to gesture like a native speaker? *Psychological Science*, 27(5), 737-747. doi: 10.1177/0956797616629931.

6   Kendon, A. (1980). Gesticulation and speech: Two aspects of the process of utterance .In M. R. Key (Ed.), *Relationship of verbal and nonverbal communication* (pp. 207-228).The Hague: Mouton. McNeill, D. (1992). *Hand and Mind.* Chicago, IL: University of Chicago Press. Kita, S. (1993). Language and thought interface: A study of spontaneous gestures and Japanese mimetics. Unpublished doctoral dissertation, University of Chicago. Nobe, S. (2000). Where do *most* spontaneous representational gestures actually occur with respect to speech? In D. McNeill (ed.), *Language and gesture* (pp. 186-198).N.Y.: Cambridge University Press. Graziano, M., & Gullberg, M. (2018).When speech stops, gesture stops: Evidence from developmental and crosslinguistic comparisons. *Frontiers in Psychology*, June. DOI: 10.3389/fpsyg.2018.00879.Mayberry, R. I., & Jaques, J. (2000). Gesture production during stuttered speech: Insights into the nature of speech-gesture integration. In D. McNeill (Ed.), *Language and gesture* (pp. 199–214).Cambridge: Cambridge University Press.

7   Argyle, M. (1975).*Bodily communication.* New York: International Universities Press.

8   On gesture identifying us as liars, see Ekman, P., Friesen, W. V. (1972).Hand Movements. *The Journal of Communication*, 22, 353-374.On facial expressions telling us about others' minds, see Wu, Y., Schulz, L., Frank, M., & Gweon, H.,

Emotion as information in early social learning. *Current Directions in Psychological Science*, in press.

9　Kendon, A. (1980). Gesticulation and speech: Two aspects of the process of utterance. In M. R. Key (Ed.), *Relationship of verbal and nonverbal communication* (pp. 207-228).The Hague: Mouton. McNeill, D. (1992).*Hand and Mind*. Chicago, IL: University of Chicago Press.

10　Beattie, G., Shovelton, H. (1999).Do iconic hand gestures really contribute anything to the semantic information conveyed by speech? An experimental investigation. *Semiotica*, 123, 1-30 (quote is on page 5).Kendon, A. (1985).Some uses of gesture. In D. Tannen M. Saville-Troike (eds.), *Perspectives on silence* (pp. 215-234, quote is on page 225).Norwood, NJ: Ablex.

11　Piaget, J. (1965).*The child's conception of number*. New York: W.W. Norton and Company.

12　Church, R. B. Goldin-Meadow, S. (1986).The mismatch between gesture and speech as an index of transitional knowledge. *Cognition*, 23, 43-71.

13　Perry, M., Church, R.B. Goldin-Meadow, S. (1988).Transitional knowledge in the acquisition of concepts. *Cognitive Development*, 3, 359-400.Perry, M., Church, R.B., & Goldin-Meadow, S. (1992).Is gesture-speech mismatch a general index of transitional knowledge? *Cognitive Development*, 7(1), 109-122.Pine, K.J., Lufkin, N., & Messer, D. (2004).More gestures than answers: Children learning about balance. *Developmental Psychology*, 40, 1059-106.Gibson, D., Gunderson, E.A., Spaepen, E., Levine, S.C., & Goldin-Meadow, S.(2018).Number gestures predict learning of number words. *Developmental Science*, 22(3), DOI:10.1111/desc.12791.

14　Gershkoff-Stowe, L. Smith, L.B. (1997).A curvilinear trend in naming errors as a function of early vocabulary growth. *Cognitive Psychology*, 34, 37-71.Evans, M. A. & Rubin, K. H. (1979).Hand gestures as a communicative mode in school-aged children. *The Journal of Genetic Psychology*, 135, 189-196.Alibali, M. W., & DiRusso, A. A. (1999).The function of gesture in learning to count: More than keeping track. *Cognitive Development*, 14, 37-56.Graham, T. A. (1999).The role of gesture in children's learning to count. *Journal of Experimental Child Psychology*, 74, 333-355.Gunderson, E. A., Spaepen, E., Gibson, D., Goldin-Meadow, S., & Levine, S. C. (2015).Gesture as a window onto children's number knowledge. *Cognition*, 144, 14-28. http://dx.doi.org/10.1016/j.cognition.2015.07.008.Crowder, E. M., & Newman, D. (1993).Telling what they know: The role of gesture and language in children's science explanations. *Pragmatics and Cognition*, 1, 341-376. Church, R. B., Schonert-Reichl, K., Goodman, N., Kelly, S.D., & Ayman-Nolley, S. (1995). The role of gesture and speech communication as reflections of cognitive understanding. *Journal of Contemporary Legal Issues*, 6, 123-154.Garber, P., & Goldin-Meadow, S. (2002).Gesture offers insight into problem-solving in children and adults. *Cognitive Science*, 26, 817-831.Stone, A., Webb, R., & Mahootian, S. (1992).The generality of gesture-speech mismatch as an index of transitional knowledge: Evidence from a control-of-variables task. *Cognitive Development*, 6, 301-313.Schwartz, D. L. & Black, J. B. (1996).Shuttling between depictive models and abstract rules: Induction and fallback. *Cognitive Science*, 20, 457-497.Morrell-Samuels, P., & Krauss, R. M. (1992).Word familiarity predicts temporal asynchrony of hand gestures and speech. *Journal of Experimental Psychology: Learning, Memory, and Cognition*, 18, 615-622.Alibali, M. W., Bassok, M., Solomon, K. O., Syc, S. E., & Goldin-Meadow, S. (1999).Illuminating mental representations through speech and gesture. *Psychological Sciences*, 10, 327-333.Beattie, G., & Shovelton, H. (1999).Do iconic hand gestures really contribute anything to the semantic information conveyed by speech? An experimental investigation. *Semiotica*, 123, 1-30.McNeill, D. (1992).Hand and Mind.Chicago, IL: University of Chicago Press. Rauscher, F.H., Krauss, R. M., & Chen, Y. (1996).Gesture, speech, and lexical access: The role of lexical movements in speech production. *Psychological Science*, 7, 226-231.

15 Lakshmi, A., Fiske, S.T., Goldin-Meadow, S. (2020, July 20). The communication of stereotype content through gestures. Retrieved from aspredicted.org.

16 Iverson, J.M., Goldin-Meadow, S. (2005).Gesture paves the way for language development. *Psychological Science*, 16, 368-371.

17 Ping, R., Church, R. B., Decatur, M-A., Larson, S. W., Zinchenko, E., & Goldin-Meadow, S. (2021). Unpacking the gestures of chemistry learners: What the hands tell us about correct and incorrect conceptions of stereochemistry. *Discourse Processes*, 58(2), 213–232. doi: 10.1080/0163853X.2020.1839343.

18 On seamlessly integrating the gesture and speech we see, see Neill, D. (1992).*Hand and Mind.* Chicago, IL: University of Chicago Press.Kelly, S. D., Ozyurek, A., & Maris, E., (2009).Two sides of the same coin: Speech and gesture mutually interact to enhance comprehension. *Psychological Science*, 21 (2), 260-267. doi. org/10.1177/0956797609357327.

19 McNeill, D., Cassell, J., McCullough, K-E. (1994).Communicative effects of speech-mismatched gestures. *Research on Language and Social Interaction*, 27, 223-237.

20 Goldin-Meadow, S., Wein, D., Chang, C., (1992).Assessing knowledge through gesture: Using children's hands to read their minds. *Cognition and Instruction*, 9, 201-219.Alibali, M. W., Flevares, L., & Goldin-Meadow, S. (1997).Assessing knowledge conveyed in gesture: Do teachers have the upper hand? *Journal of Educational Psychology*, 89, 183-193.

21 Geary, D. C. (1995).Reflections of evolution and culture in children's cognition: Implications for mathematical development and instruction. *American Psychologist*, 50, 24-37.

22 Goldin-Meadow, S. Sandhofer, C. M. (1999).Gesture conveys substantive information about a child's thoughts to ordinary listeners. *Developmental Science*, 2, 67-74. Morford, M., & Goldin-Meadow, S. (1992).Comprehension and production of gesture in combination with speech in one-word speakers. *Journal of Child Language*, 19, 559-580.Kelly, S. D. (2001).Broadening the units of analysis in communication: Speech and nonverbal behaviours in pragmatic comprehension. *Journal of Child Language*, 28, 325-349.Kelly, S.D. & Church, R.B. (1997).Can children detect conceptual information conveyed through other children's nonverbal behaviors? *Cognition and Instruction*, 15, 107-134.Kelly, S.D. & Church, R. B. (1998).A comparison between children's and adults' ability to detect conceptual information conveyed through representational gestures. *Child Development*, 69, 85-93.

23 Goldin-Meadow, S. Singer, M. A. (2003).From children's hands to adults' ears: Gesture's role in teaching and learning. *Developmental Psychology*, 39 (3), 509-520.Goldin-Meadow, S., Kim, S., & Singer, M. (1999).What the teacher's hands tell the student's mind about math. *Journal of Educational Psychology*, 91, 720-730.

24 Singer, M. A., Goldin-Meadow, S. (2005). Children learn when their teachers' gestures and speech differ. *Psychological Science*, 16, 85-89.

第三章：雙手可以改變思想

1 McNeil, N. M., Alibali, M. W., & Evans, J. L. (2000). The role of gesture in children's comprehension of spoken language: Now they need it, now they don't. *Journal of Nonverbal Behavior*, 24(2), 131–150. https://doi.org/10.1023/A:1006657929803; see also Perry, M., Berch, D., & Singleton, J. (1995). Constructing shared understanding: The role of nonverbal input in learning contexts. *Journal of Contemporary Legal Issues*, 6, 213–235. Valenzeno, L., Alibali, M. W., & Klatzky, R. (2003).

2 Teachers' gestures facilitate students' learning: A lesson in symmetry. *Contemporary Educational Psychology*, 28(2), 187–204.

3 Church, R.B., Ayman-Nolley, S. Mahootian, S. (2004). The role of gesture in bilingual education: Does gesture enhance learning? *International Journal of Bilingual Education and Bilingualism*, 7:4, 303-319, DOI:10.1080/13670050408667815.

4 Singer, M. A., Goldin-Meadow, S. (2005).Children learn when their teachers' gestures and speech differ. *Psychological Science*, 16, 85-89.

5 Congdon, E.L., Novack, M.A., Brooks, N., Hemani-Lopez, N., O'Keefe, L., Goldin-Meadow, S. Better together: Simultaneous presentation of speech and gesture in math instruction supports generalization and retention. *Learning and Instruction*, 2017, 50, 65-74. doi: 10.1016/j.learninstruc.2017.03.005.

6 On the benefits of providing more than on solution strategy, see Woodward, J.,

Beckman, S., Driscoll, M., Franke, M., Herzig, P., Jitendra, A., Koedinger, K. R., Ogbuehi, P. (2018). *Improving mathematical problem solving in grades 4 through 8*(NCEE 2012-4055). U.S. Department of Education, Institute of Education Sciences, National Center for Education Evaluation and Regional Assistance. https://ies.ed.gov/ ncee/wwc/PracticeGuide/16. On teachers adjusting their input to student gesture, which helps them learn, see Goldin-Meadow, S. Singer, M. A. (2003). From children's hands to adults′ ears: Gesture's role in teaching and learning. *Developmental Psychology*, 39 (3), 509-520. Singer, M. A., & Goldin-Meadow, S. (2005). Children learn when their teachers′ gestures and speech differ. *Psychological Science*, 16, 85-89.

7   Iverson, J.M., Goldin-Meadow, S. Gesture paves the way for language development. *Psychological Science*, 2005, 16, 367-371.Goldin-Meadow, S., Goodrich, W., Sauer, E., & Iverson, J. Young children use their hands to tell their mothers what to say. *Developmental Science*, 2007, 10, 778-785.

8   Newell, A., Simon, H. A. (1972). *Human problem-solving*. Englewood Cliffs, NJ: Prentice-Hall.

9   Beilock, S. L. Goldin-Meadow, S. (2010). Gesture grounds thought in action. *Psychological Science*,21, 1605-1610.Goldin-Meadow, S. & Beilock, S. L. Action's influence on thought: The case of gesture. *Perspectives on Psychological Science*, 2010, 5, 664-674.Trofatter, C., Kontra, C., Beilock, S., Goldin-Meadow, S. Gesturing has a larger impact on problem-solving than action, even when action is accompanied by words. *Language, Cognition and Neuroscience*, 2015, 30(3), 251-260. doi: 10.1080/ 23273798.2014.905692.

10 Pine, K.J., Lufkin, N., Messer, D. (2004). More gestures than answers: Children learning about balance. *Developmental Psychology*, 40, 1059-106.Schwartz, D. L. & Black, J. B. (1996). Shuttling between depictive models and abstract rules: Induction and fallback. *Cognitive Science*, 20, 457-497.Cook, S. W. & Tanenhaus, M. (2009). Embodied communication: Speakers′ gestures affect listeners′ actions. *Cognition*, 113(1), 98-104, DOI:10.1016/j.cognition.2009.06.006. Cook, S. W. & Tanenhaus, M. (2009). Embodied communication: Speakers′ gestures affect listeners′ actions. *Cognition*, 113(1), 98-104, DOI:10.1016/j.cognition.2009.06.006. Stevanoni, E., & Salmon, K. (2005).Giving memory a hand: Instructing children to gesture enhances their event recall. *Journal of Nonverbal Behavior*, 29(4), 217-233.

11 Alibali, M., Spencer, R.S., Knox, L., Kita, S. (2011).Spontaneous gestures influence strategy choices in problem solving. *Psychological Science*, 22(9), 1138-44. DOI:10.1177/0956797611417722.

12 Bates, E., Benigni, L., Bretherton, I., Camaioni, L., Volterra, V. (1979). *The emergence of symbols: Cognition and communication in infancy*. N.Y.: Academic Press.Acredolo, L. P., & Goodwyn, S. W. (1988). Symbolic gesturing in normal

infants. *Child Development*, 59, 450-466.Iverson, J.M., & Goldin-Meadow, S. (2005). Gesture paves the way for language development. *Psychological Science*, 16, 368-371.Rowe, M.L., & Goldin-Meadow, S. (2009). Differences in early gesture explain SES disparities in child vocabulary size at school entry. *Science*, 323, 951-953.Rowe, M.L, & Goldin-Meadow, S. (2009).Early gesture selectively predicts later language learning. *Developmental Science*, 12, 182-187.

13 LeBarton, E. S., Raudenbush, S., & Goldin-Meadow, S. (2015). Experimentally-induced increases in early gesture lead to increases in spoken vocabulary. *Journal of Cognition and Development*, 16(2), 199-220. doi 10.1080/15248372.2013.858041.

14 Wakefield, E. M., Hall, C., James, K. H., Goldin-Meadow, S. (2018). Gesture for generalization: Gesture facilitates flexible learning of words for actions on objects, *Developmental Science*, 21(5).DOI 10.1111/desc.12656.

15 Cook, S. W., Mitchell, Z., Goldin-Meadow, S. (2008). Gesturing makes learning last. *Cognition*, 106,1047-1058.Goldin-Meadow, S., Cook, S. W., & Mitchell, Z. A. (2009). Gesturing gives children new ideas about math. *Psychological Science*, 20(3) 267-272.

16 Broaders, S., Cook, S. W., Mitchell, Z., Goldin-Meadow, S. (2007).Making children gesture brings out implicit knowledge and leads to learning. *Journal of Experimental Psychology: General*,136 (4), 539-550.

17 Nunez, R., Sweetser, E. (2006). With the future behind them: Convergent evidence from Aymara language and gesture in the crosslinguistic comparison of spatial construals of time. *Cognitive Science* 30, 401–450.

18 Jamalian, A. Tversky, B. (2012). Gestures alter thinking about time. In N. Miyake, D. Peebles, R. P. Cooper (Eds.), Proceedings of the 34th Annual Conference of the Cognitive Science Society, Pp. 551-557.Austin TX: Cognitive Science Society. *IES Prize for Excellence in Research on Cognition and Student Learning*.

19 On training moral reasoning, see Walker, L., & Taylor, J. (1991). Stage transitions in moral reasoning: A longitudinal study of developmental processes. *Developmental Psychology*, 27, 330–337. On using gesture to teach moral reasoning, see Beaudoin-Ryan, L., & Goldin-Meadow, S. (2014). Teaching moral reasoning through gesture. *Developmental Science*, 17(6), 984–990. doi: 10.1111/desc.12180.

20 Carrazza, C., Wakefield, E.M., Hemani-Lopez, N., Plath, K., Goldin-Meadow, S. (2021). Children integrate speech and gesture across a wider temporal window than speech and action: A case for why gesture helps learning. *Cognition*, 2021 doi: 10.1016/j.cognition.2021.104604.

第四章：有人的地方，就有語言

1 Edwards, T., Brentari, D., (2020). Feeling phonology: The conventionalization of phonology in protactile communities in the United States. *Language* 96 (4), 819-840.

2 Klima, E., Bellugi, U. (1979). *The signs of language*. Cambridge, MA: Harvard University Press.Perniss, P.M., Pfau, R., Steinbach, M. (eds) (2007).*Visible variation: Comparative studies on sign language structure*. New York: Mouton De Gruyter. Brentari, D. (ed.). (2012).*Sign languages*. New York: Cambridge University Press.

3 Novack, M. A., Brentari, D., Goldin-Meadow, S., & Waxman, S. (2021). *Cognition*, 215. doi: 10.1016/j.cognition.2021.104845.

4 Goldin-Meadow, S., & Brentari, D. (2017). Gesture, sign and language: The coming of age of sign language and gesture studies. *Behavioral and Brain Sciences*, 40, e46. doi: 10.1017/S0140525X15001247.

5 On deaf children acquiring sign language naturally, see LilloMartin, D. (2009). Sign language acquisition studies. In E. Bavin (ed.). *The Cambridge handbook of child language* (pp. 399–415). Cambridge: Cambridge University Press. Newport, E. L., & Meier, R. P. (1985). *The acquisition of American Sign Language*. In D. I. Slobin (ed.), *The crosslinguistic study of language acquisition*, Vol. 1: The data (pp. 881–938). Mahwah, NJ: Lawrence Erlbaum Associates. Petitto, L. A., & Marentette, P. F. (1991). Babbling in the manual mode: Evidence for the ontogeny of language. *Science*, 251, 1493–1496. Petitto, L. (2000). The acquisition of natural signed languages: Lessons in the nature of human language and its biological foundations. In C. Chamberlain, J. P. Morford, & R. Mayberry (eds.), *Language Acquisition by Eye* (pp. 41–50). Mahwah, NJ: Lawrence Erlbaum Associates.

6 Mitchell, R. E., & Karchmer, M. A. (2004). Chasing the mythical ten percent: Parental hearing status of deaf and hard of hearing students in the United States. *Sign Language Studies*, 4(2), 138–163. doi: 10.1353/sls.2004.0005. Summerfield, A. Q. (1983). Audio-visual speech perception, lipreading and artificial stimulation. In M. E. Lutman & M. P. Haggard (eds.), *Hearing science and hearing disorders* (pp. 132–179). New York: Academic Press.

7 Goldin-Meadow, S. (2020). Discovering the biases children bring to language learning. *Child Development Perspectives*, 14(4), 195–201.

8 Goldin-Meadow, S., & Feldman, H. (1977). The development of language-like communication without a language model. *Science*, 197, 401–403. Feldman, H., Goldin-Meadow, S., & Gleitman, L. (1978). Beyond Herodotus: The creation of a language by linguistically deprived deaf children. In A. Lock (ed.), *Action, symbol, and gesture: The emergence of language*, 351–414. New York: Academic Press.

Goldin-Meadow, S. (1979). Structure in a manual communication system developed without a conventional language model: Language without a helping hand. In H. Whitaker & H. A. Whitaker (eds.), *Studies in Neurolinguistics*, Vol. 4 (pp. 125–207). New York: Academic Press. Goldin-Meadow, S., & Mylander, C. (1984). Gestural communication in deaf children: The effects and non-effects of parental input on early language development. *Monographs of the Society for Research in Child Development*, 49 (3–4), 1–151, chaps. 2 and 3. Goldin-Meadow, S., Mylander, C., & Butcher, C. (1995). The resilience of combinatorial structure at the word level: Morphology in self-styled gesture systems. Cognition, 56, 195–262. Goldin-Meadow, S. (2003). *The resilience of language: What gesture creation in deaf children can tell us about how all children learn language.* New York: Psychology Press.

9 Goldin-Meadow, S., Butcher, C., Mylander, C., & Dodge, M. (1994). Nouns and verbs in a self-styled gesture system: What's in a name? *Cognitive Psychology*, 27, 259–319.

10 Hunsicker, D., & Goldin-Meadow, S. (2012). Hierarchical structure in a self-created communication system: Building nominal constituents in homesign. *Language*, 88(4), 732–763.

11 Greenfield, P. M., & Savage-Rumbaugh, E. S. (1991). Imitation, grammatical development, and the invention of protogrammar by an ape. In N. A. Krasnegor, D. M. Rumbaugh, R. L. Schiefelbusch, & M. Studdert-Kennedy (eds.), *Biological and behavioral determinants of language development* (pp. 235–262). Hillsdale, NJ: Lawrence Erlbaum Associates.

12 Franklin, A., Giannakidou, A., & Goldin-Meadow, S. (2011). Negation, questions, and structure building in a homesign system. *Cognition*, 118(3), 398–416.

13 Phillips, S. B. V. D., Goldin-Meadow, S., & Miller, P. J. (2001). Enacting stories, seeing worlds: Similarities and differences in the crosscultural narrative development of linguistically isolated deaf children. *Human Development,* 44, 311–336.

14 On Chinese hearing parents interacting differently with their children than American hearing parents, see Wu, D. Y. H. (1985). Child training in Chinese culture. In W.-S. Tseng, & D. Y. H. Wu (eds.), *Chinese culture and mental health* (pp. 113–134). New York: Academic Press. Chen, C., & Uttal, D. H. (1988). Cultural values, parents' beliefs, and children's achievement in the United States and China. *Human Development*, 31, 351–358. Lin, C.-Y. C., & Fu, V. R. (1990). A comparison of child-rearing practices among Chinese, immigrant Chinese, and Caucasian-American parents. *Child Development*, 61, 429–433. On Chinese hearing mothers gesturing more than American hearing mothers, see Goldin-Meadow, S., & Saltzman, J. (2000). The cultural bounds of maternal accommodation: How Chinese and American mothers communicate with deaf and hearing children. *Psychological*

Science, 11, 311–318. On similarities in homesign in the United States, Turkey, and Nicaragua, see Goldin-Meadow, S., Özyürek, A., Sancar, B., & Mylander, C. (2009). Making language around the globe: A cross-linguistic study of homesign in the United States, China, and Turkey. In J. Guo, E. Lieven, N. Budwig & S. Ervin-Tripp (eds.), *Crosslinguistic approaches to the psychology of language: Research in the tradition of Dan Isaac Slobin* (pp. 27–39). New York: Taylor & Francis. Goldin-Meadow, S., Namboodiripad, S., Mylander, C., Özyürek, A., & Sancar, B. (2015). The resilience of structure built around the predicate: Homesign gesture systems in Turkish and American deaf children. *Journal of Cognition and Development*, 16, 55–88. doi: 10.1080/15248372.2013.803970.

15 Flaherty, M., Hunsicker, D., & Goldin-Meadow, S. (2021). Structural biases that children bring to language-learning: A cross-cultural look at gestural input to homesign. *Cognition*, 211, 104608. doi: 10.1016/j.cognition.2021.104608.
On similarities in homesign in the United States and China, see Zheng, M., & Goldin-Meadow, S. (2002). Thought before language: How deaf and hearing children express motion events across cultures. *Cognition*, 85, 145–175. Goldin-Meadow, S., & Mylander, C. (1998). Spontaneous sign systems created by deaf children in two cultures. Nature, 391, 279–281. Goldin-Meadow, S., Mylander, C., & Franklin, A. (2007). How children make language out of gesture: Morphological structure in gesture systems developed by American and Chinese deaf children. *Cognitive Psychology*, 55, 87–135. Goldin-Meadow, S., Gelman, S., & Mylander, C. (2005). Expressing generic concepts with and without a language model. *Cognition*, 96, 109–126.

16 Miller, P. J., Fung, H., & Mintz, J. (1996). Self-construction through narrative practices: A Chinese and American comparison of early socialization. *Ethos*, 24(2), 237–280.

17 Phillips, S. B. V. D., Goldin-Meadow, S., & Miller, P. J. (2001). Enacting stories, seeing worlds: Similarities and differences in the crosscultural narrative development of linguistically isolated deaf children. *Human Development,* 44, 311–336.

18 On the prevalence of gesturing in speakers, see Kendon, A. (1980). Gesticulation and speech: Two aspects of the process of utterance. In M. R. Key (ed.), *Relationship of verbal and nonverbal communication* (pp. 207–228). The Hague: Mouton. McNeill, D. (1992). *Hand and mind.* Chicago: University of Chicago Press. Feyereisen, P., & de Lannoy, J.-D. (1991). *Gestures and speech: Psychological investigations.* Cambridge: Cambridge University Press. Goldin-Meadow, S. (2003). *Hearing gesture: How our hands help us think.* Cambridge, MA: Harvard University Press.

19 On emblems, see Ekman, P., & Friesen, W. (1969). The repertoire of nonverbal behavior: Categories, origins, usage, and coding. *Semiotica*, 1, 49–98.

20 On iconic gestures, see Wang, X.-L., Mylander, C., & GoldinMeadow, S. (1993).

Language and environment: A cross-cultural study of the gestural communication systems of Chinese and American deaf children. *Belgian Journal of Linguistics*, 8, 167–185. Wang, X.-L., Mylander, C., & Goldin-Meadow, S. (1995). The resilience of language: Mother-child interaction and its effect on the gesture systems of Chinese and American deaf children. In K. Emmorey & J. Reilly (eds.), *Language, gesture, and space* (pp. 411–433). Hillsdale, NJ: Lawrence Erlbaum Associates.

21 On hearing English speakers producing one gesture per clause, see McNeill, D. (1992). *Hand and mind.* Chicago: University of Chicago Press. On the differences between homesign and hearing parents' gestures, see Goldin-Meadow, S., & Mylander, C. (1983). Gestural communication in deaf children: Non-effect of parental input on language development. *Science*, 221(4608), 372–374. Goldin-Meadow, S., & Mylander, C. (1984). Gestural communication in deaf children: The effects and non-effects of parental input on early language development. *Monographs of the Society for Research in Child Development*, 49(3–4), 1–151, chaps. 4 and 5. Goldin-Meadow, S., Mylander, C., & Butcher, C. (1995). The resilience of combinatorial structure at the word level: Morphology in self-styled gesture systems. *Cognition*, 56, 195–262. Zheng, M., & Goldin-Meadow, S. (2002). Thought before language: How deaf and hearing children express motion events across cultures. *Cognition*, 85, 145–175.

22 On how hearing parents respond to their hearing children, see Brown, R., & Hanlon, C. (1970). Derivational complexity and order of acquisition in child speech. In J. R. Hayes (ed.), *Cognition and the development of language* (pp. 11–53). New York: Wiley.

23 On similarities in how hearing parents respond to deaf versus hearing children's communications, see Goldin-Meadow, S., & Mylander, C. (1984). Gestural communication in deaf children: The effects and non-effects of parental input on early language development. *Monographs of the Society for Research in Child Development*, 49(3–4), 1–151, chap. 6.

24 Pica, P., Lemer, C., Izard, V., & Dehaene, S. (2004). Exact and approximate arithmetic in an Amazonian indigene group. *Science*, 306, 499–503. Gordon, P. (2004). Numerical cognition without words: Evidence from Amazonia. *Science*, 306, 496–499. Frank, M. C., Everett, D. L., Fedorenko, E., & Gibson, E. (2008). Number as a cognitive technology: Evidence from Pirahã language and cognition. *Cognition*, 108, 819–824.

25 Gelman, R., & Butterworth, B. (2005). Number and language: How are they related? Trends in *Cognitive Science*, 9, 6–10.

26 On the absence of large exact numbers in homesigning adults, see Spaepen, E., Coppola, M., Spelke, E., Carey, S., & Goldin-Meadow, S. (2011). Number without a language model. *Proceedings of the National Academy of Sciences of the United*

States of America, 108(8), 3163–3168. Spaepen, E., Coppola, M., Flaherty, M., Spelke, E., & Goldin-Meadow, S. (2013). Generating a lexicon without a language model: Do words for number count? *Journal of Memory and Language*, 69(4), 496–505. doi: 10.1016/j.jml.2013.05.004. On the absence of large exact numbers in homesigning children, see Abner, N., Namboodiripad, S., Spaepen, E., & Goldin-Meadow, S. (2021). Emergent morphology in child homesign: Evidence from number language. *Language Learning and Development*, 18(1), 16–40. doi: 10.1080/15475441.2021.1922281. Coppola, M., Spaepen, E., & Goldin-Meadow, S. (2013). Communicating about quantity without a language model: Number devices in homesign grammar. *Cognitive Psychology*, 67, 1–25. doi: 10.1016/j . cogpsych.2013.05.003.

第五章：觀察語言的自然成長以及實驗室中的語言

1　Brentari, D., & Goldin-Meadow, S. (2017). Language emergence. *Annual Review of Linguistics*, 3, 363–388. doi: 10.1146/annurevlinguistics-011415-040743. Fusellier-Souza, I. (2006). Emergence and development of sign languages: From a semiogenetic point of view. *Sign Language Studies*, 7(1), 3–56. Kegl, J. (1994). The Nicaraguan Sign Language project: An overview. Signpost, 7, 24–31. Kegl, J., Senghas, A., & Coppola, M. (1999). Creation through contact: Sign language emergence and sign language change in Nicaragua. In M. DeGraff (ed.), *Language creation and language change: Creolization, diachrony, and development* (pp. 179–237). Cambridge, MA: MIT.

2　Polich, L. (2005). *The emergence of the deaf community in Nicaragua: "With sign language you can learn so much."* Washington, DC: Gallaudet University Press.

3　Gleitman, L. R., Senghas, A., Flaherty, M., Coppola, M., & Goldin-Meadow, S. (2019). The emergence of a formal category "symmetry" in a new sign language. *Proceedings of the National Academy of Sciences of the United States of America*, 116(24), 11705–11711. doi: 10.1073/pnas.1819872116.

4　Goldin-Meadow, S., Brentari, D., Coppola, M., Horton, L., & Senghas, A. (2015). Watching language grow in the manual modality: Nominals, predicates, and handshapes. *Cognition*, 135, 381–395. doi: 10.1016/j.cognition.2014.11.029.

5　Rissman, L., Horton, L., Flaherty, M., Senghas, A., Coppola, M., Brentari, D., & Goldin-Meadow, S. (2020). The communicative importance of agent-backgrounding: Evidence from homesign and Nicaraguan Sign Language. *Cognition*, 203. doi: 10.1016/j.cognition.2020.104332.

6　Kirby, S., Tamariz, M., Cornish, H., & Smith, K. (2015). Compression and communication in the cultural evolution of linguistic structure. *Cognition,* 141, 87–102.

7　Fay, N., Lister, C., Ellison, T. M., & Goldin-Meadow, S. (2014). Creating a communication system from scratch: Gesture beats vocalization hands down. *Frontiers in Psychology (Language Sciences),* 5, 354. doi: 10.3389/fpsyg.2014.00354.

8　Goldin-Meadow, S., McNeill, D., & Singleton, J. (1996). Silence is liberating: Removing the handcuffs on grammatical expression in the manual modality. *Psychological Review,* 103, 34–55.

9　Gershkoff-Stowe, L., & Goldin-Meadow, S. (2002). Is there a natural order for expressing semantic relations? *Cognitive Psychology,* 45(3), 375–412.

10　On silent gesturers using the same gesture orders and the same transparency orders, no matter what language they speak, see Goldin-Meadow, S., So, W.-C., Özyürek, A., & Mylander, C. (2008). The natural order of events: How speakers of different languages represent events nonverbally. *Proceedings of the National Academy of Sciences of the United States of America,* 105(27), 9163–9168. On the replicability of the silent gesture effect across languages, see Langus, A., & Nespor, M. (2010). Cognitive systems struggling for word order. *Cognitive Psychology,* 60(4), 291–318. doi: 10.1016/j.cogpsych.2010.01.004. Gibson, E., Piantadosi, S. T., Brink, K., Bergen, L., Lim, E., & Saxe, R. (2013). A noisy-channel account of crosslinguistic word order variation. *Psychological Science,* 24(7), 1079–1088. Hall, M. L., Mayberry, R. I., & Ferreira, V. S. (2013). Cognitive constraints on constituent order: Evidence from elicited pantomime. *Cognition,* 129(1), 1–17. Hall, M. L., Ferreira, V. S., & Mayberry, R. I. (2014). Investigating constituent order change with elicited pantomime: A functional account of SVO emergence. *Cognitive Science,* 38(5), 943–972. Meir, I., Aronoff, M., Börstell, C., Hwang, S. O., Ilkbasaran, D., Kastner, I., Lepic, R., Ben-Basat, A., Padden, C., & Sandler, W. (2017). The effect of being human and the basis of grammatical word order: Insights from novel communication systems and young sign languages. *Cognition,* 158, 189–207.

11　Özçalışkan, Ş., Lucero, C., & Goldin-Meadow, S. (2016). Does language shape silent gesture? *Cognition,* 148, 10–18. doi: 10.1016/j.cognition.2015.12.001.

12　Bohn, M., Kachel, G., & Tomasello, M. (2019). Young children spontaneously recreate core properties of language in a new modality. *Proceedings of the National Academy of Sciences of the United States of America,* 116(51), 26072–26077. doi: 10.1073/pnas.1904871116.

13　Schouwstra, M., & de Swart, H. (2014). The semantic origins of word order. *Cognition,* 131(3), 431–436.

14　On moving from the lab to a natural situation of language emergence, see Flaherty, M., & Schouwstra, M. (2023). Validating lab studies of silent gesture with a naturally emerging sign language: How order is used to describe intensional vs. extensional events. *Topics in Cognitive Science,* in press.

15 Abner, N., Flaherty, M., Stangl, K., Coppola, M., Brentari, D., & Goldin-Meadow, S. (2019). The noun-verb distinction in established and emergent sign systems. *Language*, 95(2), 230–267. doi: 10.1353/lan.2019.0030.

16 On moving from language emergence in a natural situation to the lab, see Motamedi, Y., Montemurro, K., Abner, N., Flaherty, M., Kirby, S., & Goldin-Meadow, S. (2022). The seeds of the noun-verb distinction in the manual modality: Improvisation and interaction in the emergence of grammatical categories. *Languages*, 7, 95. doi: 10.3390/languages7020095.

第六章：用手教養

1 On hearing children's gestures, see Bates, E. (1976). *Language and context: The acquisition of pragmatics*. New York: Academic Press. Bates, E., Benigni, L., Bretherton, I., Camaioni, L., & Volterra, V. (1979). *The emergence of symbols: Cognition and communication in infancy*. New York: Academic Press. Iverson, J. M., Capirci, O., & Caselli, M. S. (1994). From communication to language in two modalities. *Cognitive Development*, 9, 23–43. Özçalışkan, Ş., & Goldin-Meadow, S. (2011). Is there an iconic gesture spurt at 26 months? In G. Stam & M. Ishino (eds.), *Integrating gestures: The interdisciplinary nature of gesture* (pp. 163–174). Amsterdam: John Benjamins.

2 On early gestures predicting later vocabulary, see Acredolo, L. P., & Goodwyn, S. W. (1988). Symbolic gesturing in normal infants. *Child Development*, 59, 450–466. Rowe, M. L., & Goldin-Meadow, S. (2009). Differences in early gesture explain SES disparities in child vocabulary size at school entry. *Science*, 323, 951–953. Özçalışkan, Ş., Gentner, D., & Goldin-Meadow, S. (2014). Do iconic gestures pave the way for children's early verbs? *Applied Psycholinguistics*, 35(6), 1143–1162. doi: 10.1017/S0142716412000720. Rowe, M., Özçalışkan, Ş., & GoldinMeadow, S. (2008). Learning words by hand: Gesture's role in predicting vocabulary development. *First Language*, 28, 185–203.

3 3. On hearing children not combining gestures, see Goldin-Meadow, S., & Morford, M. (1985). Gesture in early child language: Studies of deaf and hearing children. *Merrill-Palmer Quarterly*, 31(2), 145–176. On the gestures in children's earliest gesture + speech combinations complementing speech, see Capirci, O., Iverson, J. M., Pizzuto, E., & Volterra, V. (1996). Communicative gestures during the transition to two-word speech. *Journal of Child Language*, 23, 645–673. de Laguna, G. (1927). *Speech: Its function and development*. Bloomington: Indiana University Press. Greenfield, P., & Smith, J. (1976). *The structure of communication in early language development*. New York: Academic Press. Guillaume, P. (1927). Les debuts de la phrase dans le langage de L'enfant. *Journal de Psychologie*, 24, 1–25.

On the onset of complementary gesture + speech combinations predicting the onset of determiner + noun combinations, see Cartmill, E. A., Hunsicker, D., & Goldin-Meadow, S. (2014). Pointing and naming are not redundant: Children use gesture to modify nouns before they modify nouns in speech. *Developmental Psychology*, 50(6), 1660–1666. doi: 10.1037/a0036003.

4　On gesture + speech combinations that supplement speech, see Goldin-Meadow, S., & Morford, M. (1985). Gesture in early child language: Studies of deaf and hearing children. *Merrill-Palmer Quarterly*, 31(2), 145–176. Greenfield, P., & Smith, J. (1976). *The structure of communication in early language development*. New York: Academic Press. Masur, E. F. (1982). Mothers' responses to infants' object-related gestures: Influences on lexical development. *Journal of Child Language*, 9, 23–30. Masur, E. F. (1983). Gestural development, dual-directional signaling, and the transition to words. *Journal of Psycholinguistic Research* 12: 93–109. Morford, M., & Goldin-Meadow, S. (1992). Comprehension and production of gesture in combination with speech in one-word speakers. *Journal of Child Language*, 19, 559–580. On the onset of supplementary gesture + speech combinations predicting the onset of sentences, see Goldin-Meadow, S., & Butcher, C. (2003). Pointing toward two-word speech in young children. In S. Kita (ed.), *Pointing: Where language, culture, and cognition meet* (pp. 85–107). Mahwah, NJ: Lawrence Erlbaum Associates. Iverson, J. M., Capirci, O., Volterra, V., & Goldin-Meadow, S. (2008). Learning to talk in a gesture-rich world: Early communication of Italian vs. American children. *First Language*, 28, 164–181. Iverson, J. M., & Goldin-Meadow, S. (2005). Gesture paves the way for language development. *Psychological Science*, 16, 367–371.

5　Rowe, M. L., & Goldin-Meadow, S. (2009). Early gesture selectively predicts later language learning. Developmental Science, 12, 182–187.

6　Özçalışkan, Ş., & Goldin-Meadow, S. (2005). Gesture is at the cutting edge of early language development. Cognition, 96, B01–113.

7　. On gesture taking a character's perspective and predicting the structure of later stories, see McNeill, D. (1992). *Hand and mind*. Chicago: University of Chicago Press. Demir, O. E., Levine, S., & Goldin-Meadow, S. (2015). A tale of two hands: Children's gesture use in narrative production predicts later narrative structure in speech. *Journal of Child Language,* 42(3), 662–681.

8　On integrating gesture and speech in comprehension, see Morford, M., & Goldin-Meadow, S. (1992). Comprehension and production of gesture in combination with speech in one-word speakers. *Journal of Child Language*, 19, 559–580.

9　On integrating gesture and speech in comprehension, see Morford, M., & Goldin-Meadow, S. (1992). Comprehension and production of gesture in combination with speech in one-word speakers. *Journal of Child Language*, 19, 559–580.

10 On brain structures underlying gesture-speech integration, see Dick, A. S., Goldin-Meadow, S., Hasson, U., Skipper, J., & Small, S. L. (2009). Co-speech gestures influence neural activity in brain regions associated with processing semantic information. *Human Brain Mapping*, 30(11), 3509–3526. doi: 10.1002/hbm.20774.

11 Demir-Lira, Ö. E., Asaridou, S. S., Beharelle, A. R., Holt, A. E., Goldin-Meadow, S., & Small, S. L. (2018). Functional neuroanatomy of gesture-speech integration in children varies with individual differences in gesture processing. *Developmental Science*, 21(5), e12648. doi: 10.1111/desc.12648.

12 On teachable moments, see Havighurst, R. J. (1953). *Human development and education*. New York: Longmans, Green.

13 Golinkoff, R. M. (1986). "I beg your pardon?" : The preverbal negotiation of failed messages. Journal of Child Language, 13, 455–476. Shwe, H. I., & Markman, E. M. (1997). Young children's appreciation of the mental impact of their communicative signals. *Developmental Psychology*, 33, 630–636.

14 14. On adults reacting to others' gestures and recasting them into speech, see Beattie, G., & Shovelton, H. (1999). Mapping the range of information contained in the iconic hand gestures that accompany spontaneous speech. *Journal of Language and Social Psychology*, 18, 438–462. Driskell, J. E., & Radtke, P. H. (2003). The effect of gesture on speech production and comprehension. *Human Factors*, 45, 445–454. Goldin-Meadow, S., Kim, S., & Singer, M. (1999). What the teacher's hands tell the student's mind about math. *Journal of Educational Psychology*, 91, 720–730. Goldin-Meadow, S., & Sandhofer, C. M. (1999). Gesture conveys substantive information about a child's thoughts to ordinary listeners. *Developmental Science*, 2, 67–74. Goldin-Meadow, S., & Singer, M. A. (2003). From children's hands to adults' ears: Gesture's role in teaching and learning. *Developmental Psychology*, 39(3), 509–520. McNeill, D., Cassell, J., & McCullough, K.-E. (1994). Communicative effects of speech-mismatched gestures. *Research on Language and Social Interaction*, 27, 223–237. Thompson, L. A., & Massaro, D. W. (1986). Evaluation and integration of speech and pointing gestures during referential understanding. *Journal of Experimental Child Psychology*, 42, 144–168. On mothers responding to their children's gestures and translating them into words, see Golinkoff, R. M. (1986). "I beg your pardon?" : The preverbal negotiation of failed messages. *Journal of Child Language*, 13, 455–476.

15 On mothers' responses to children's points without speech, see Goldin-Meadow, S., Goodrich, W., Sauer, E., & Iverson, J. (2007). Young children use their hands to tell their mothers what to say. *Developmental Science*, 10, 778–785.

16 Olson, J., & Masur, E. (2015). Mothers' labeling responses to infants' gestures predict vocabulary outcomes. *Journal of Child Language*, 1(6), 1–23. doi: 10.1017/S0305000914000828.

17 On mothers' responses to children's gesture + speech combinations, see Goldin-Meadow, S., Goodrich, W., Sauer, E., & Iverson, J. (2007). Young children use their hands to tell their mothers what to say. *Developmental Science*, 10, 778–785.

18 Kovacs, A. M., Tauzin, T., Teglas, E., György, G., & Csibra, G. (2014). Pointing as epistemic request: 12-month-olds point to receive new information. *Infancy*, 19(6), 534–557. doi: 10.1111/infa.12060. Begus, K., & Southgate, V. (2012). Infant pointing serves an interrogative function. Developmental Science, 15(5), 611–617. Lucca, K., & Wilbourn, M. P. (2016). Communicating to learn: Infants' pointing gestures result in optimal learning. *Child Development*, 89(3), 941–960.

19 On the size of a child's vocabulary on entering school predicting school success, see Anderson, R. C., & Freebody, P. (1981). Vocabulary knowledge. In J. Guthrie (ed.), *Comprehension and teaching: Research reviews* (pp. 77–117). Newark, DE: International Reading Association. On early gesture predicting later vocabulary, see Rowe, M. L., & Goldin-Meadow, S. (2009). Differences in early gesture explain SES disparities in child vocabulary size at school entry. *Science*, 323, 951–953.

20 LeBarton, E. S., Raudenbush, S., & Goldin-Meadow, S. (2015). Experimentally-induced increases in early gesture lead to increases in spoken vocabulary. *Journal of Cognition and Development*, 16(2), 199–220. doi 10.1080/15248372.2013.858041.

21 Goodwyn, S., Acredolo, L., & Brown, C. (2000). Impact of symbolic gesturing on early language development. *Journal of Nonverbal Behavior*, 24(2), 81–103. doi: 10.1023/A:1006653828895. Acredolo, L., & Goodwyn, S. (2002). *Baby signs: How to talk with your baby before your baby can talk*. New York: McGraw-Hill.

22 Johnston, J. C., Durieux-Smith, A., & Bloom, K. (2005). Teaching gestural signs to infants to advance child development: A review of the evidence. *First Language*, 25(2), 235–251. doi: 10.1177/0142723705050340. Kirk, E., Howlett, N., Pine, K. J., & Fletcher, B. (2013). To sign or not to sign? The impact of encouraging infants to gesture on infant language and maternal mind-mindedness. *Child Development*, 84, 574–590. doi: 10.1111/j.1467-8624.2012.01874.x.

23 On teaching learners gesture to help them get more out of a lesson, see Carrazza, C., Wakefield, E. M., Hemani-Lopez, N., Plath, K., & Goldin-Meadow, S. (2021). Children integrate speech and gesture across a wider temporal window than speech and action: A case for why gesture helps learning. *Cognition*, 210, 104604. doi: 10.1016/j.cognition.2021.104604. Cook, S. W., Mitchell, Z., & Goldin-Meadow, S. (2008). Gesturing makes learning last. Cognition, 106, 1047–1058. Goldin-Meadow, S., Cook, S. W., & Mitchell, Z. A. (2009). Gesturing gives children new ideas about math. *Psychological Science*, 20(3), 267–272. Novack, M. A., Congdon, E. L., Hemani-Lopez, N., & Goldin-Meadow, S. (2014). From action to abstraction: Using the hands to learn math. *Psychological Science*, 25(4), 903–910. doi: 10.1177/0956797613518351. Cook, S. W., Yip, T. K-Y., & Goldin-Meadow, S.

(2010). Gesturing makes memories that last. *Journal of Memory and Language*, 63(4), 465–475.

24 Broaders, S., Cook, S. W., Mitchell, Z., & Goldin-Meadow, S. (2007). Making children gesture brings out implicit knowledge and leads to learning. *Journal of Experimental Psychology: General*, 136(4), 539–550.

25 On telling children to gesture any way they want and its positive effect on learning an abstract concept, see Beaudoin-Ryan, L., & Goldin-Meadow, S. (2014). Teaching moral reasoning through gesture. *Developmental Science*, 17(6), 984–990. doi: 10.1111/desc.12180. On explanations helping children learn, see Chi, M. T. H., Bassok, M., Lewis, M. W., Reimann, P., & Glaser, R. (1989). Self-explanations: How students study and use examples in learning to solve problems. *Cognitive Science*, 13, 145–182.

26 . Iverson, J. M., Capirci, O., Longobardi, E., & Caselli, M. C. (1999). Gesturing in mother-child interactions. *Cognitive Development*, 14, 57–75. Namy, L. L., Acredolo, L., & Goodwyn, S. (2000). Verbal labels and gestural routines in parental communication with young children. *Journal of Nonverbal Behavior*, 24, 63–79. doi: 10.1023/A:1006601812056. Özçalışkan, Ş., & Dimitrova, N. (2013). How gesture input provides a helping hand to language development. *Seminars in Speech and Language*, 34(4), 227–236. doi: 10.1055/s-0033–1353447. Rowe, M. L., & Goldin-Meadow, S. (2009). Differences in early gesture explain SES disparities in child vocabulary size at school entry. *Science*, 323, 951–953. Salomo, D., & Liszkowski, U. (2013). Sociocultural settings influence the emergence of prelinguistic deictic gestures. *Child Development*, 84(4), 1296–1307.

27 Cartmill, E. A., Armstrong, B. F., III, Gleitman, L. R., Goldin-Meadow, S., Medina, T. N., & Trueswell, J. C. (2013). Quality of early parent input predicts child vocabulary 3 years later. *Proceedings of the National Academy of Sciences of the United States of America*, 110(28), 11278–11283. doi: 10.1073/pnas.1309518110.

28 On using gesture to create joint attention and its impact on language learning, see Yu, C., & Smith, L. B. (2013). Joint attention without gaze following: Human infants and their parents coordinate visual attention to objects through eye-hand coordination. *PLOS ONE* 8(11), e79659. doi: 10.1371/journal.pone.0079659. Tomasello, M., & Farrar, M. (1986). Joint attention and early language. *Child Development*, 57, 1454–1463. Tomasello, M., & Todd, J. (1983). Joint attention and lexical acquisition style. *First Language*, 4(12), 197–211. doi: 10.1177/014272378300401202.

29 On learning words more deeply when the words are presented with gesture, see Capone, N. C., & McGregor, K. K. (2005). The effect of semantic representation on toddlers' word retrieval. *Journal of Speech, Language, and Hearing Research*, 48(6), 1468–1480. doi: 10.1044/1092–4388(2005/102).

30 Mumford, K. H., & Kita, S. (2014). Children use gesture to interpret novel verb

meanings. *Child Development*, 85(3), 1181–1189. doi: 10.1111/cdev.12188.

31 Rowe, M. L., & Leech, K. A. (2018). A parent intervention with a growth mindset approach improves children's early gesture and vocabulary development. *Developmental Science*, 22(4), e12792. doi: 10.1111/desc.12792.

第七章：用手診斷與治療

1 Sauer, E., Levine, S. C., & Goldin-Meadow, S. (2010). Early gesture predicts language delay in children with pre- and perinatal brain lesions. *Child Development,* 81, 528–539.

2 On case studies of children with brain injury and gesture, see DalL'Oglio, A. M., Bates, E., Volterra, V., Di Capua, M., & Pezzini, G. (1994). Early cognition, communication and language in children with focal brain injury. *Developmental Medicine and Child Neurology*, 36, 1076–1098. On children with brain injury displaying plasticity that adults don't, see Bates, E., & Dick, F. (2002). Language, gesture, and the developing brain. *Developmental Psychobiology*, 40, 293–310. Feldman, H. M. (2005). Language learning with an injured brain. *Language Learning and Development*, 1(3–4), 265–288. Levine, S. C., Kraus, R., Alexander, E., Suriyakham, L., & Huttenlocher, P. (2005). IQ decline following early unilateral brain injury: A longitudinal study. *Brain and Cognition*, 59, 114–123. Reilly, J., Levine, S. C., Nass, R., & Stiles, J. (2008). Brain plasticity: Evidence from children with prenatal brain injury. In J. Reed & J. Warner (eds.), *Child neuropsychology* (pp. 58–91). Oxford, UK: Blackwell. Stiles, J., Reilly, J., Paul, B., & Moses, P. (2005). Cognitive development following early brain injury: Evidence for neural adaptation. *Trends in Cognitive Sciences*, 9(3), 136–143.

3 On gesture as an indicator for autism, see American Psychiatric Association. (2000). *Diagnostic and statistical manual of mental disorders*, 4th edition, text revision. Washington, DC: American Psychiatric Association. Asperger, H. (1944/1991). "Autistic psychopathy" in childhood. In U. Frith (ed.), *Autism and Asperger syndrome* (pp. 37–92). Cambridge: Cambridge University Press (originally published as Die "autistichen psychopathen" im kindesalter. *Archive für Psychiatrie und Nervenkrankheiten*, 117, 76–136). Wing, L. (1981). Language, social, and cognitive impairments in autism and severe mental retardation. *Journal of Autism and Developmental Disorders*, 11, 31–44. On late diagnosis of autism, see Mandell, D., Novak, M. M., & Zubritsky, C. D. (2005). Factors associated with age of diagnosis among children with autism spectrum disorders. *Pediatrics*, 116, 1480–1486. On the Autism Diagnostic Observation Schedule as the gold standard for evaluating autism, see Lord, C., Risi, S., Lambrecht, L., Cook, E. H., Jr., Leventhal, B. L., DiLavore, P. C., Pickles, A., & Rutter, M. (2000). The Autism Diagnostic Observation Schedule—

Generic: A standard measure of social and communication deficits associated with the spectrum of autism. *Journal of Autism and Developmental Disorders*, 30, 205–223. On failure to point by 12 months as a red flag for autism, see Filipek, P., Accardo, P., Ashwal, S., Baranek, G., Cook, E., Dawson, G., Gordon, B., Gravel, J., Johnson, C., Kallen, R., Levy, S., Minshew, N., Ozonoff, S., Prizant, B., Rapin, I., Rogers, S., Stone, W., Teplin, S., Tuchman, R., & Volkmar, F. (2000). Practice parameter: Screening and diagnosis of autism. *Neurology*, 55, 468–479.

4   Osterling, J., & Dawson, G. (1994). Early recognition of children with autism: A study of first birthday home videotapes. *Journal of Autism and Developmental Disorders*, 24, 247–257. Crais, E. R., Watson, L. R., Baranek, G. T., & Reznick, J. S. (2006). Early identification of autism: How early can we go? *Seminars in Speech and Language*, 27, 143–160. Colgan, S. E., Lanter, E., McComish, C., Watson, L. R., Crais, E. R., & Baranek, G. T. (2006). Analysis of social interaction gestures in infants with autism. *Child Neuropsychology*, 12, 307–319. Clifford, S. M., & Dissanayake, C. (2008). The early development of joint attention in infants with autistic disorder using home video observations and parental interview. *Journal of Autism and Developmental Disorders*, 38(5), 791–805. Buitelaar, J. K., van Engeland, H., de Kogel, K. H., de Vries, H., & van Hooff, J. A. R. A. M. (1991). Differences in the structure of social behavior of autistic children and non-autistic controls. *Journal of Child Psychology and Psychiatry*, 32(6), 995–1015. Wetherby, A. Yonclas, D. G., & Bryan, A. A. (1989). Communicative profiles of preschool children with handicaps: Implications for early identification. *Journal of Speech and Hearing Disorders*, 54, 148–158.

5   On younger siblings of children with autism being very likely to be diagnosed as autistic, see Iverson, J. M., Poulos-Hopkins, S., Winder, B., & Wozniak, R. H. (May 2008). Gestures and words in the early communication of infant siblings of children with autism. Poster presented at the International Meeting for Autism Research, London, United Kingdom. On gesture being more informative about diagnosis of autism than words, see Iverson, J. M., Poulos-Hopkins, S., Winder, B., & Wozniak, R. H. (May 2008). Gestures and words in the early communication of infant siblings of children with autism. Poster presented at the International Meeting for Autism Research, London, United Kingdom. Parlade, M. V., & Iverson, J. M. (2015). The development of coordinated communication in infants at heightened risk for autism spectrum disorder. *Journal of Autism and Developmental Disorders*, 45, 2218–2234.

6   On spontaneous communication not showing a gesture advantage for children with Down syndrome, see Chan, J., & Iacono, T. (2001). Gesture and word production in children with Down syndrome. *AAC: Alternative and Augmentative Communication*, 17, 73–87. Iverson, J. M., Longobardi, E., & Caselli, M. C. (2003).

Relationship between gestures and words in children with Down's syndrome and typically developing children in the early stages of communicative development. *International Journal of Language & Communication Disorders*, 38, 179–197. On lab studies showing a gesture advantage for children with Down syndrome, see Caselli, M. C., Vicari, S., Longobardi, E., Lami, L., Pizzoli, C., & Stella, G. (1998). Gestures and words in early development of children with Down syndrome. *Journal of Speech, Language, and Hearing Research*, 41, 1125–1135. Singer Harris, N., Bellugi, U., Bates, E., Jones, W., & Rossen, M. (1997). Contrasting profiles of language development in children with Williams and Down syndromes. *Developmental Neuropsychology*, 13, 345–370. Stefanini, S., Caselli, M. C., & Volterra, V. (2007). Spoken and gestural production in a naming task by young children with Down syndrome. *Brain and Language*, 101, 208–221.

7　On children with Williams syndrome having poor visuo-spatial processing skills but relatively intact facial recognition and some deficiencies in language, see Bellugi, U., Lichtenberger, L., Jones, W., Lai, Z., & St. George, M. (2000). The neurocognitive profile of Williams syndrome: A complex pattern of strengths and weaknesses. *Journal of Cognitive Neuroscience*, 12, 7–30. Karmiloff-Smith, A., Grant, J., Berthoud, I., Davies, M., Howlin, P., & Udwin, O. (1997). Language and Williams syndrome: How intact is "intact"? *Child Development*, 68, 274–290. Rossen, M., Klima, E., Bellugi, U., Bihrle, A., & Jones, W. (1997). Interaction between language and cognition: Evidence from Williams syndrome. In J. H. Beitchman, N. Cohen, M. Konstantareas, & R. Tannock (eds.), *Language, learning and behaviour disorders: Developmental, biological and clinical prospectives* (pp. 367–392). New York: Cambridge University Press. Vicari, S., Carlesimo, G., Brizzolara, D., & Pezzini, G. (1996). Short-term memory in children with Williams syndrome: A reduced contribution of lexical-semantic knowledge to word span. *Neuropsychologia*, 34, 919–925. Stevens, T., & Karmiloff-Smith, A. (1997). Word learning in a special population: Do individuals with Williams syndrome obey lexical constraints? *Journal of Child Language*, 24, 737–765. On children with Williams syndrome using gesture differently from typically developing children on a naming task, see Bello, A., Capirci, O., & Volterra, V. (2004). Lexical production in children with Williams syndrome: Spontaneous use of gesture in a naming task. *Neuropsychologia*, 42, 201–213.

8　On children with specific language impairment having no identifiable intellectual impairments yet not acquiring age-appropriat language skill, see Leonard, L. B. (1998). *Children with Specific Language Impairment*. Cambridge, MA: MIT Press. On children with specific language impairment compensating for their language deficiencies with gesture, see Evans, J. L., Alibali, M. W., & McNeil, N. M. (2001). Divergence of embodied knowledge and verbal expression: Evidence from gesture and speech in children with specific language impairment. *Language and Cognitive Processes*, 16, 309–331. Kirk, E., Pine, K. J., & Ryder, N. (2010). I hear what you say but I see what you mean: The role of gestures in children's pragmatic comprehension. *Language and Cognitive Processes*, 26(2), 149–170. doi: 10.1080/01690961003752348. Mainela Arnold, E., Evans, J. L., & Alibali, M. W. (2006). Understanding conservation delays in children with specific language impairment: Task representations revealed in speech and gesture. *Journal of Speech, Language, and Hearing Research*, 49, 1267–1279. Iverson, J. M., & Braddock, B. A. (2011). Gesture and motor skill in relation to language in children with language impairment. *Journal of Speech, Language, and Hearing Research*, 54(1), 72–86. doi: 10.1044/1092-4388(2010/08-0197).

9　On late talkers and gesture, see Klee, T., Pearce, K., & Carson, D. K. (2000). Improving the positive predictive value of screening for developmental language disorder. *Journal of Speech, Language, and Hearing Research*, 43, 821–833. Rescorla, L. A. (1989). The Language Development Survey: A screening tool for delayed language in toddlers. *Journal of Speech and Hearing Disorders*, 54, 587–599. Thal, D. J., & Tobias, S. (1992). Communicative gestures in children with delayed onset of oral expressive vocabulary. *Journal of Speech and Hearing Research*, 35, 1281–1289. Thal, D., Tobias, S., & Morrison, D. (1991). Language and gesture in late talkers: A 1-year follow-up. *Journal of Speech and Hearing Research*, 34, 604–612.

10　10. Dimitrova, N., Özçalışkan, Ş., & Adamson, L. B. (2016). Parents' translations of child gesture facilitate word learning in children with autism, Down syndrome and typical development. *Journal of Autism and Developmental Disorders*, 46(1), 221–231. doi: 10.1007/s10803-015-2566-7. Lorang, W., Sterling, A., & Schroeder, B. (2018). Maternal responsiveness to gesture in children with Down syndrome. *American Journal of Speech Language Pathology*, 27(3), 1018–1029. doi: 10.1044/2018_AJSLP-17-0138. Leezenbaum, N. B., Campbell, S. B., Butler, D., & Iverson, J. M. (2014). Maternal verbal responses to communication of infants at low and heightened risk of autism. *Autism*, 18(6), 694–703. doi: 10.1177/1362361313491327.

11　Linn, K., Cifuentes, F. S. V., Eugenin, M. I., Rio, B., Cerda, J., & Lizama, M. (2019). Development of communicative abilities in infants with Down syndrome after systematized training in gestural communication. *Revista Chilena de Pediatria*, 90(2):175–185. doi: 10.32641/rchped.v90i2.670. Özçalışkan, S., Adamson, L. B., Dimitrova, N., Bailey, J., & Schmuck, L. (2016). Baby sign but not spontaneous gesture predicts later vocabulary in children with Down syndrome. *Journal of Child Language,* 43(4), 948–963. doi: 10.1017/S030500091500029X.

12　Özçalışkan, Ş., Adamson, L. B., Dimitrova, N., & Baumann, S. (2018). Do parents model gestures differently when children's gestures differ? *Journal of Autism and Developmental Disorders*, 48, 1492–1507. doi: 10.1007/s10803-017-3411-y.

13 Iverson, J. M., Longobardi, E., Spampinato, K., & Caselli, M. C. (2006). Gesture and speech in maternal input to children with Down's syndrome. *International Journal of Language & Communication Disorders*, 41(3), 235–251. doi: 10.1080/13682820500312151.

14 On simulating interviews in the lab, see Broaders, S., & Goldin-Meadow, S. (2010). Truth is at hand: How gesture adds information during investigative interviews. *Psychological Science*, 21(5), 623–628.

15 On misleading verbal information having continuous effects on children's testimony, see Fivush, R., Hamond, N. R., Harsch, N., & Singer, N. (1991). Content and consistency in young children's autobiographical recall. *Discourse Processes*, 14, 373–388. Loftus, E. F. (2003). Our changeable memories: Legal and practical implications. *Nature Reviews Neuroscience,* 4, 231–234.

16 On an interviewer's preconceptions making their way into the interview, see Ceci, S. J., Hembrooke, H., & Bruck, M. (1997). Children's reports of personal events. In D. Cicchetti & S. L. Toth (eds.), *Developmental perspectives on trauma: Theory, research, and intervention* (pp. 515–534). Rochester Symposium on Developmental Psychopathology 8. Rochester, NY: University of Rochester Press.

17 Philippot, P., Feldman, R., & Coats, E. (2003). The role of non-verbal behavior in clinical settings (pp. 3–13). In Pierre Philippot, Robert S. Feldman, Erik J. Coats, *Nonverbal behavior in clinical settings* (pp. 3–13). New York: Oxford University Press. Foley, G. N., & Gentile, J. P. (2010). Nonverbal communication in psychotherapy. *Psychiatry*, 7(6), 38–44.

第八章：在教學中應用雙手

1 Crowder, E. M. (1996). Gestures at work in sense-making science talk. *Journal of the Learning Sciences,* 5, 173–208, p. 196.

2 Crowder, E. M., & Newman, D. (1993). Telling what they know: The role of gesture and language in children's science explanations. *Pragmatics and Cognition,* 1, 341–376, p. 370.

3 Kelly, S. D., Singer, M., Hicks, J., & Goldin-Meadow, S. (2002). A helping hand in assessing children's knowledge: Instructing adults to attend to gesture. *Cognition and Instruction*, 20, 1–26.

4 Singer, M., Radinsky, J., & Goldman, S. R. (2008). The role of gesture in meaning construction. *Discourse Processes*, 45(4), 365–386, pp. 366–367, p. 377.

5 Goldin-Meadow, S., & Singer, M. A. (2003). From children's hands to adults' ears: Gesture's role in the learning process. *Developmental Psychology*, 39(3), 509–520,

p. 516.

6 Cook, S. W., & Goldin-Meadow, S. (2006). The role of gesture in learning: Do children use their hands to change their minds? *Journal of Cognition and Development*, 7, 211–232.

7 On encouraging mathematics teachers to present ideas through a variety of representations, see National Council of Teachers of Mathematics (NCTM). (1989). *Curriculum and evaluation standards for school mathematics*. Reston, VA: NCTM. Shavelson, R. J., Webb, N. M., Stasz, C., & McArthur, D. (1988). Teaching mathematical problem solving: Insights from teachers and tutors. In R. I. Charles & E. A. Silver (eds.), *The teaching and assessing of mathematical problem solving* (pp. 203–231). Reston, VA: NCTM. On teachers in nonmath classrooms using gesture to augment their speech, see Neill, S., & Caswell, C. (1993). *Body language for competent teachers*. London: Routledge., p. 113.

8 On the effectiveness of visual information when it's timed with spoken information, see Baggett, P. (1984). Role of temporal overlap of visual and auditory material in forming dual media associations. *Journal of Educational Psychology*, 76, 408–417. Mayer, R. E., & Anderson, R. B. (1991). Animations need narrations: An experimental test of a dual-coding hypothesis. *Journal of Educational Psychology*, 83, 484–490.

9 Goldin-Meadow, S., Kim, S., & Singer, M. (1999). What the teacher's hands tell the student's mind about math. *Journal of Educational Psychology*, 91, 720–730.

10 10. On gesture being used in talk about a variety of topics taught in schools, see Graham, T. A. (1999). The role of gesture in children's learning to count. *Journal of Experimental Child Psychology*, 74, 333–355. Alibali, M. W., & Goldin-Meadow, S. (1993). Gesture-speech mismatch and mechanisms of learning: What the hands reveal about a child's state of mind. *Cognitive Psychology*, 25, 468–523. Perry, M., Church, R. B., & Goldin-Meadow, S. (1988). Transitional knowledge in the acquisition of concepts. Cognitive Development, 3, 359–400. Stone, A., Webb, R., & Mahootian, S. (1992). The generality of gesture-speech mismatch as an index of transitional knowledge: Evidence from a control-of-variables task. *Cognitive Development*, 6, 301–313. Perry, M., & Elder, A. D. (1997). Knowledge in transition: Adults' developing understanding of a principle of physical causality. *Cognitive Development*, 12, 131–157. Alibali, M. W., Bassok, M., Solomon, K. O., Syc, S. E., & Goldin-Meadow, S. (1999). Illuminating mental representations through speech and gesture. Psychological Sciences, 10, 327–333. On gesture grounding speech in the world of objects and actions, see Glenberg, A. M., & Robertson, D. A. (2000). Symbol grounding and meaning: A comparison of high-dimensional and embodied theories of meaning. *Journal of Memory and Language*, 43, 379–401. On gesture being used in classrooms, see Crowder, E. M., & Newman,

D. (1993). Telling what they know: The role of gesture and language in children's science explanations. *Pragmatics and Cognition*, 1, 341–376. Flevares, L. M., & Perry, M. (2001). How many do you see? The use of nonspoken representations in first-grade mathematics lessons. *Journal of Educational Psychology*, 93, 330–345. Neill, S. (1991). *Classroom nonverbal communication.* London: Routledge. Roth, W.-M., & Welzel, M. (2001). From activity to gestures and scientific language. *Journal of Research in Science Teaching*, 38, 103– 136. Zukow-Goldring, P., Romo, L., & Duncan, K. R. (1994). Gestures speak louder than words: Achieving consensus in Latino classrooms. In A. Alvarez & P. del Rio (eds.), *Education as cultural construction: Exploration in socio-cultural studies*, Vol. 4 (pp. 227–239). Madrid: Fundacio Infancia y Aprendizage. On experienced teachers being likely to use gesture, see Neill, S., & Caswell, C. (1993). *Body language for competent teachers.* London: Routledge.

11　Flevares, L. M., & Perry, M. (2001). How many do you see? The use of nonspoken representations in first-grade mathematics lessons. *Journal of Educational Psychology,* 93, 330–345, p. 340.

12　Goldin-Meadow, S., & Singer, M. A. (2003). From children's hands to adults' ears: Gesture's role in the learning process. *Developmental Psychology,* 39(3), 509–520, p. 517.

13　On the Trends in International Mathematics and Science Study, see Hiebert, J., Gallimore, R., Garnier, H., Givvin, K. B., Hollingsworth, H., Jacobs, J., Chui, A. M.-Y., Wearne, D., Smith, M., Kersting, N., Manaster, A., Tseng, E., Etterbeek, W., Manaster, C., Gonzales, P., & Stigler, J. (2003). Teaching mathematics in seven countries: Results from the TIMSS 1999 Video Study (NCES 2003-013). Washington, DC: US Department of Education, NCES. On teachers in the United States not using gesture as effectively as teachers in Hong Kong and Japan, see Richland, L. E., Zur, O., & Holyoak, K. (2007). Cognitive supports for analogies in the mathematics classroom. *Science*, 316, 1128–1129.

14　On helping children from disadvantaged homes with gesture, see Tank, S., Pantelic, J., Sansone, J., Yun, Y. E., Alonzo, Y., Koumoutsakis, T., & Church, R. B. (March 2019). The effect of gesture on math learning in conjunction with effects of parental education level on math learning. Poster presented as part of the 2019 Biennial Meeting Society for Research in Child Development (SRCD) Conference, Baltimore, Maryland.

第九章：假如手勢和語言一樣重要？

1　Gentner, D., Özyürek, A., Gurcanli, O., & Goldin-Meadow, S. (2013). Spatial language facilitates spatial cognition: Evidence from children who lack language input. *Cognition,* 127(3), 318–330.

2　Loewenstein, J., & Gentner, D. (2005). Relational language and the development of relational mapping. *Cognitive Psychology,* 50, 315–353.

3　Broaders, S., Cook, S. W., Mitchell, Z., & Goldin-Meadow, S. (2007). Making children gesture brings out implicit knowledge and leads to learning. *Journal of Experimental Psychology: General,* 136(4), 539–550. Beaudoin-Ryan, L., & Goldin-Meadow, S. (2014). Teaching moral reasoning through gesture. *Developmental Science,* 17(6), 984–990. doi: 10.1111/desc.12180.

4　On legal interactions structured through talk, see Philips, S. U. (1985). Interaction structured through talk and interaction structured through ˮsilence.ˮ In D. Tannen & M. Saville-Troike (eds.), *Perspectives on silence* (pp. 205–213). Norwood, NJ: Ablex Publishing Corporation, p. 206.

5　On interviewers and leading questions, see Ceci, S. J. (1995). False beliefs: Some developmental and clinical considerations. In D. L. Schacter (ed.), *Memory distortion: How minds, brains, and societies reconstruct the past* (pp. 91–125). Cambridge, MA: Harvard University Press.

6　On listeners relying on cues from the lips and the hands to process language, see Skipper, J. I., Nusbaum, H. C., & Small, S. L. (2005). Listening to talking faces: Motor cortical activation during speech perception. *Neuroimage,* 25(1), 76–89. doi: 10.1016/j.neuroimage.2004.11.006. Skipper, J. I., Goldin-Meadow, S., Nusbaum, H., & Small, S. (2009). Gestures orchestrate brain networks for language understanding. *Current Biology,* 19(8), 661–667. doi: 10.1016/j.cub.2009.02.051. On using all cues available to deaf children, see Friedner, M. (2021). *Sensory futures: Deafness and cochlear implant infrastructures in India.* Minneapolis: University of Minnesota Press.

7　On gesture leveling the playing field for children from disadvantaged homes, see Tank, S., Pantelic, J., Sansone, J., Yun, Y. E., Alonzo, Y., Sansone, J., Pantelic, J., Koumoutsakis, T., & Church, R. B. (March 2019). The effect of gesture on math learning in conjunction with effects of parental education level on math learning. Poster presented as part of the 2019 Biennial Meeting Society for Research in Child Development (SRCD) Conference, Baltimore, Maryland. On Khan Academy, and online learning platform, see ˮKhan Academy,ˮ Wikipedia, https:// en.wikipedia. org/wiki/Khan_Academy.

國家圖書館出版品預行編目資料

手勢心理學：我們為什麼會比手勢？切勿讓手勢出賣你真實的內心！／蘇珊·戈爾丁－梅多（Susan Goldin-Meadow）著；李姿瑩、高梓侑譯. -- 初版. -- 臺中市：晨星出版有限公司，2023.09
面；　公分. --（勁草生活；539）

譯自：Thinking with your hands : the surprising science behind how gestures shape our thoughts.

ISBN 978-626-320-532-1（平裝）

1.CST: 肢體語言　2.CST: 行為心理學　3.CST: 手語

176.8   112010484

勁草生活
539

手勢心理學
我們為什麼會比手勢？切勿讓手勢出賣你真實的內心！
Thinking with Your Hands: The Surprising Science Behind How Gestures Shape Our Thoughts

填回函，送 Ecoupon

作者	蘇珊·戈爾丁－梅多（Susan Goldin-Meadow）
譯者	李姿瑩、高梓侑
執行編輯	謝永銓
校對	謝永銓
封面設計	戴佳琪
內頁排版	黃偵瑜
創辦人	陳銘民
發行所	晨星出版有限公司 台中市 407 工業區 30 路 1 號 TEL:（04）23595820　FAX:（04）23550581 E-mail:health119@morningstar.com.tw https://star.morningstar.com.tw 行政院新聞局局版台業字第 2500 號
法律顧問	陳思成律師
初版	西元 2023 年 09 月 15 日
讀者服務專線	TEL:（02）23672044 /（04）23595819#212
讀者傳真專線	FAX:（02）23635741 /（04）23595493
讀者專用信箱	service@morningstar.com.tw
網路書店	https://www.morningstar.com.tw
郵政劃撥	15060393（知己圖書股份有限公司）
印刷	上好印刷股份有限公司

定價 390 元
ISBN 978-626-320-532-1

This edition published by arrangement with Basic Books, an imprint of Perseus Books, LLC, a subsidiary of Hachette Book Group, Inc., New York, New York, USA.
All rights reserved.
Traditional Chinese translation copyright © 2023 by Morning Star Publishing Co., Ltd.
Printed in Taiwan